Olsen, Rasmussen, Egendal, Mygind
Av, min arm!

Hempen Verlag

Stig Olsen, Carsten Erick Rasmussen,
Helle Egendal, Mette Mygind

Av, min arm!

Dänisch für Deutschsprachige

HEMPEN VERLAG
BREMEN 2005

Illustrationen: Bjarne Erick Rasmussen, Kopenhagen

Das Dänisch-Lehrwerk »Av, min arm!«
entspricht den Stufen A1 – B1 des Europäischen Referenzrahmens.

Bibliografische Information Der Deutschen Bibliothek
Die Deutsche Bibliothek verzeichnet diese Publikation in der Deutschen Nationalbibliografie;
detaillierte bibliografische Daten sind im Internet über http://dnb.ddb.de abrufbar.

ISBN-10: 3-934106-41-2
ISBN-13: 978-3-934106-41-3

2., leicht korrigierte Auflage 2006. Die 1. und 2. Aufl. können nebeneinander benutzt werden. Eine Übersicht der geringfügigen Änderungen finden Sie als PDF-Datei auf unserer Dänisch-Seite im Internet (http://www.hempen-verlag.de/html/danisch.php?action=showdetail&gid=3934106412)

Hinweise und Anmerkungen, für die Autoren und Verlag
immer dankbar sind, bitten wir zu richten an:
Dr. Ute Hempen Verlag, Carl-Schurz-Str. 87, 28209 Bremen
www.hempen-verlag.de

Umschlaggestaltung: igelstudios, Igel b. Trier, Berlin, www.igelstudios.de
Gesamtherstellung: Memminger MedienCentrum AG
Gedruckt auf alterungsbeständigem Papier
Printed in Germany

Inhaltsverzeichnis

Vorwort

Der junge deutsche Journalist Gert Lindenau reist im Sommer nach Dänemark, um seine dänischen Freunde zu besuchen. Aber kaum ist er in Kopenhagen angekommen, wird er in einen merkwürdigen Kriminalfall verwickelt ...
Das Lehrbuch »Av, min arm!« bietet Ihnen in 21 Lektionen eine fortlaufende Geschichte. Text, Grammatik und Übungen folgen einer natürlichen Progression, so dass Sie schnell in der Lage sein werden, Dänisch lesen, verstehen und sprechen zu können.
Das vorliegende Lehrwerk ist als Gemeinschaftsarbeit von Dänisch-Dozenten an vier deutschen Universitäten entstanden. Es war unser Ziel, auf der Grundlage unserer langjährigen Unterrichtserfahrung ein Gesamtkonzept zu entwickeln, das ein effizientes und unterhaltsames Erlernen der dänischen Sprache ermöglicht. Das Material ist während der Entstehungszeit in mehreren universitären Anfängerkursen erprobt worden und hat sich außerdem an Volkshochschulen und als Lehrbuch für das Selbststudium bewährt.

Unser besonderer Dank gilt Bjarne Erick Rasmussen, der sämtliche Illustrationen für das Buch gezeichnet hat. Außerdem danken wir Else Kjær und Thomas Bindslev für Ihr Mitwirken als Sprecher bei der Audio-CD, Ella Mølgaard für viele Anregungen und natürlich auch allen Studentinnen und Studenten, die mit diesem Material bereits Dänisch gelernt haben.

Ihnen wünschen wir vor allem: »God arbejdslyst!« – Viel Spaß bei der Arbeit!

Mette Mygind, Helle Egendal,
Carsten Erick Rasmussen, Stig Olsen

Einleitung

Didaktische Ziele

Mit dem Lehrwerk »Av, min arm!« erwerben Dänischlernende eine grundlegende kommunikative Kompetenz im Dänischen. Sie erlernen die Grundgrammatik, erwerben einen Grundwortschatz von etwa 1800 Wörtern, erhalten eine sukzessive Einführung in die Aussprache und lernen, kommunikative Strategien zu entwickeln, um Alltagssituationen in Dänemark sicher bewältigen zu können. Allgemeine Kompetenzen und rezeptive Fertigkeiten werden durch die Landeskundetexte vermittelt, die verschiedenste Aspekte von Dänemark beleuchten und sprachlich so angelegt sind, dass sie zur Lektüre etwa von Zeitungsartikeln hinführen.
»Av, min arm!« entspricht den Niveaus A1 bis B1 des Gemeinsamen Europäischen Referenzrahmens für Sprachen.

Aufbau des Lehrwerks

Das Lehrwerk besteht aus drei Teilen:
- aus einem ***Lehrbuch*** mit Texten, Grammatik, Übungen und Vokabeln
- aus einem ***Zusatzheft*** mit alphabetischen Wörterverzeichnissen und den Lösungen zu den Übungen des Lehrbuchs.
- aus einer ***Audio-CD*** mit den Lektionstexten und den Texten zur Landeskunde.

Das ***Lehrbuch*** besteht aus 21 Lektionen, die sich aus verschiedenen Abschnitten zusammensetzen: Text, »Wortschätze«, Lückentext, Aussprache, Grammatik, Übungen und Wiederholungsübungen zur Grammatik, Übersetzung, mündliche und schriftliche Übungen, Landeskunde. Die Vokabeln der einzelnen Lektionen sind separat zusammengestellt und beigelegt.

In den **Lektionstexten** wird ein Krimi als Fortsetzungsgeschichte erzählt. Wir erleben mit der Hauptperson dieses Krimis, dem deutschen Journalisten Gert Lindenau, eine Vielfalt von Alltagssituationen, als er versucht, das Verbrechen – es geht um eine größere Geldsumme und um das dänische Nationalkleinod, die Kleine Meerjungfrau – aufzuklären. Dabei begleiten wir unseren ›Helden‹ auf einer Reise durch Dänemark und lernen verschiedene dänische Städte und Gegenden kennen.

Die »**Wortschätze**« bieten themenbezogene Redewendungen und Vokabeln, die für den Aufbau eines Basiswortschatzes wichtig sind. Sie vertiefen und erweitern somit die sprachlichen Mittel, die durch die Lektionstexte zur Verfügung gestellt werden.
Die Vokabeln der »Wortschätze« finden sich in den alphabetischen Listen (Dänisch-Deutsch, Deutsch-Dänisch) im Zusatzheft.

Die **Lückentexte** helfen bei der Verankerung des neuen Wortschatzes im Gedächtnis, indem der Inhalt in leicht veränderter sprachlicher Form wiederholt wird.

Deutsche können sich relativ schnell eine gewisse Lesekompetenz im Dänischen aneignen. Viele Wörter sind leicht zu erschließen. Die dänische **Aussprache** lässt sich dagegen nicht so leicht vom Textbild ableiten. Es gibt eine zwar nicht willkürliche, aber doch uneinheitliche Zuordnung von Buchstabe und Laut. Um den Dänischlernenden diese Zuordnung von Schrift und Aussprache zu erleichtern, gibt es in den Lektionen 1 bis 15 kleine systematische Übersichten zu Buchstaben und ihren Aussprachemöglichkeiten sowie zu anderen phonetischen Phänomenen wie Stoßton, Kurzformen oder Betonung. Bei der phonetischen Transskription wurde das IPA-System in leicht abgewandelter Form verwendet.

Die Darstellung der **Grammatik** ist kontrastiv. Durch den ständigen bewussten Vergleich von Deutsch und Dänisch wird das Erlernen der Grammatik erleichtert. Dabei entstammen die zur Erklärung herangezogenen Beispiele weitestgehend den Lektionstexten. In den **Übungen (Øvelser)** müssen die neu erlernten grammatischen Themen praktisch angewendet werden. Ab Lektion 3 kommen **Wiederholungsübungen (Repetition)** dazu, mit denen bereits behandelte grammatische Themen früherer Lektionen systematisch wiederholt werden.

In dem Abschnitt **Übersetzung (Oversættelse)** wird die Fähigkeit der Lernenden geübt, sich anhand des bisher gelernten Wortschatzes und der sprachlichen Strukturen möglichst präzise auf Dänisch auszudrücken.

In den **mündlichen** und **schriftlichen Übungen (mundtlige und skriftlige øvelser)** gibt es eine große Bandbreite verschiedener Übungsformen. Sie beziehen sich in ihrer Themenwahl meistens auf die Lektionstexte bzw. die »Wortschätze« und regen zur freien und kreativen Weiterarbeit, z.B. durch Rollenspiele, an. Die kleinen schriftlichen Aufgaben eignen sich für die Gruppenarbeit im Unterricht oder als zusätzliche Hausarbeit.

Der Abschnitt **Landeskunde**, der jede Lektion abrundet, trägt zum einen dazu bei, Informationen unterschiedlichster Art über Dänemark zu vermitteln, zum anderen wird das Lesen von

Sachprosa geübt und somit auch die Lektüre von authentischen Texten, wie z.B. Zeitungsartikeln, vorbereitet. Die zu jedem Landeskundetext gehörenden Vokabeln sind ebenfalls in den alphabetischen Listen zu finden.

Im **Anhang** des Lehrbuchs sind die unregelmäßigen Verben sowie Zeitangaben in Übersichtsform aufgelistet; das Grammatikregister erleichtert die Suche nach einem bestimmten grammatischen Thema.

Das ***Zusatzheft*** bietet den gesamten Wortschatz, ca. 1800 Vokabeln, in alphabetischer Reihenfolge, und zwar sowohl Dänisch-Deutsch als auch Deutsch-Dänisch. Dort finden sich auch die wesentlichen grammatischen Informationen zu einem Wort, etwa Genus, Pluralbildung oder zur Konjugation. Die Lösungen zu den Übungen im Lehrbuch schließen das Zusatzheft ab.

Die ***Audio-CD*** mit den Lektionstexten und den Texten zur Landeskunde stellt den Lernenden umfangreiches Hörmaterial zur Verfügung, das sowohl authentische Aussprachemuster als auch die Möglichkeit bietet, das Hörverständnis zu trainieren.

Lektion 1

A. Mandag den 10.6.

En mand kommer ind i et tog.
Det er Gert.

Gert	Goddag!
En mand	Goddag!
Gert	Er der en ledig plads her?
En mand	Ja. Plads tre er ledig.
Gert	Det er fint. Jeg har pladsbillet til plads nummer to.
En mand	Dér sidder allerede en pige, men hun er her ikke lige nu.
Gert	Hvor er hun?
En mand	Jeg tror, hun henter en avis. Hun kommer nok snart tilbage igen.
Gert	Jeg tager plads nummer tre. Den er lige så god som plads to. Jeg har en kuffert. Kan jeg sætte den her?
En mand	Ja, værsgo!

En pige kommer ind.

En pige	Hej! Åh, undskyld! Er det din plads?
Gert	Ja, jeg har pladsbillet til plads to. Men nu sidder jeg allerede på plads tre.
En pige	Udmærket! Jeg hedder Marianne. Jeg skal til Roskilde. Hvad hedder du?
Gert	Jeg hedder Gert. Jeg skal til København.
Marianne	Er du dansker?
Gert	Nej. Jeg kommer fra Tyskland. Men jeg taler lidt dansk. Men er du dansker?
Marianne	Nej, jeg er ikke dansker. Jeg er fra Frankrig. Jeg studerer dansk i Paris. Hvad laver du?
Gert	Jeg er journalist i Braunschweig. Men nu har jeg ferie.
En mand	Nå, nu er vi allerede i Roskilde. Jeg bor her.
Marianne	Er vi her allerede? Jeg skal også af her. Farvel!
Gert	Farvel!

B. Wortschätze

Hvem er du? Wer bist du?

Jeg hedder Ute.	Ich heiße Ute.
Hvad hedder du?	Wie heißt du?
Jeg er fra Tyskland.	Ich komme aus Deutschland.
Hvor kommer du fra?	Wo kommst du her?
Hvad laver du?	Was machst du?
Jeg arbejder. Jeg er lærer.	Ich arbeite. Ich bin Lehrer(in).
Jeg er studerende.	Ich bin Student(in).
Jeg læser/studerer dansk.	Ich studiere Dänisch.

C. Lückentext

En mand .... ind .... et tog. Han .... Gert. Han .... pladsbillet .... plads .... Dér sidder allerede en .... hedder Marianne. Hun er ikke fra ...., men hun kan .... dansk. Hun .... dansk .... Paris. Nu skal hun til .... Gert er .... taler også dansk. Han kommer .... Braunschweig i Tyskland. Nu har han .... og skal til ....

D. Aussprache

Der Buchstabe d

Aussprache	Regel	Beispiele
1. [d]	im Silbenanlaut	dansker, dér, studerer, goddag
2. [ð]	nach Vokal	allerede, ledig, udmærket
3. [ð]	auch *dd* spricht sich [ð]	sidde, hedde
4. [-]	1) in der Regel nach *n, l, r* 2) vor *t* und *s* (wenn kein Genitiv-*s*)	mand, Tyskland, undskyld, Roskilde, bord lidt, plads

5. [-]	in häufig benutzten Wörtern wird [ð] oft weggelassen	god, goddag, hvad, med

! In der druckschwachen Endsilbe »-et« spricht sich das »t« [ð]. Beispiele: *meget, udmærket*

E. Grammatik

1. Der unbestimmte Artikel

Dänisch kennt zwei grammatische Geschlechter:

Utrum (*fælleskøn*)
Neutrum (*intetkøn*)

Die meisten Substantive gehören dem Utrum an, aber es ist schwierig, für die Verteilung Regeln aufzustellen.

Der unbestimmte Artikel lautet:

Utrum:	en	en mand, en pige, en plads
Neutrum:	et	et tog, et nummer

2. Das Personalpronomen im Singular

1.	jeg	ich	
2.	du	du	
3.	han	er	nur bei Personen
	hun	sie	nur bei Personen
	den	er, sie, es	nur bei Sachen im Utrum
	det	er, sie, es	nur bei Sachen im Neutrum

Her er en *mand. Han* hedder Gert.
Her er en *pige. Hun* hedder Marianne.
Her er en *plads. Den* er ledig.
Her er et *tog. Det* kører til Roskilde.

3. Das Verb. Präsens und Infinitiv

Infinitiv + *r* = Präsens, *at* bedeutet »zu«. Fast alle Verben enden im Infinitv auf *-e*.

Infinitiv	at komme	at købe	at sidde	at bo
Präsens	kommer	køber	sidder	bor

4. Die Verben *at være* und *at have*. Präsens

Die Verben *at være* und *at have* haben eine besondere Präsensform:

Infinitiv	at være	at have
Präsens	er	har

5. Das Verb. Die Personalendung

Das finite Verb im Dänischen kennt weder Personal- noch Numerusendungen. Deshalb heißt es durchgehend:

1. Pers.	jeg	kommer
2. Pers.	du	kommer
3. Pers.	han, hun	kommer

6. Wortstellung

Im dänischen Hauptsatz steht, wie im Deutschen, das finite Verb an zweiter Stelle:

Jeg *er* journalist. Nu *er* vi i Roskilde. Hvad *hedder* du?

7. Fragewörter

Hvem	Wer	*Hvornår*	Wann
Hvad	Was	*Hvorfor*	Warum
Hvor	Wo	*Hvordan*	Wie

! *Hvad* hedder du? Wie heißt du?

E. Øvelser

1. Das Personalpronomen

a. (En mand) *Han* sidder i et tog.

b. (Marianne) .... køber en avis.

c. (Gert) .... kommer ind.

d. (En plads) .... er ledig.

e. (En pige) .... kommer fra Paris.

f. (En avis) .... er god.

g. (Et tog) .... er i Roskilde.

h. Kan (en kuffert) .... være her?

2. Das Verb im Präsens

a. En mand .... ind i et tog.

b. Han .... Gert.

c. Han .... pladsbillet til plads to.

d. Dér .... allerede en pige.

e. Men plads nummer tre .... ledig.

f. Marianne .... en avis.

g. Hun .... i Paris.

h. Gert .... journalist og .... fra Braunschweig, men nu ....
han ferie.

3. Das Verb im Infinitiv

a. Gert kan .... på plads nummer tre.

b. Marianne kan .... en avis.

c. Gert kan .... en kuffert her.

4. Fragen

Hvad hedder du? ....

Bor du i Danmark? ....

Hvad laver du? ....

Studerer du i Paris? ....

F. Oversættelse

Ein Mann sitzt in einem Zug. Er heißt Gert. Er ist Journalist. Er wohnt in Deutschland. Ein Mädchen holt eine Zeitung. Sie heißt Marianne. Sie studiert Dänisch in Paris.

....

....

....

....

....

---

fem

G. Mundtlige øvelser

1. M: En Mand / G: Gert / P: En pige

M: »Goddag!«	G: »........! Er der en ledig plads her?«
M: »Ja, plads ....«	G: »Fint. Jeg har en .... Kan jeg sætte ....?«
M: »........!«	
P: »Hej!«	G: » ....! Hvad hedder du?«
P: »........! .... hedder ....?«	G: »Jeg ....! Hvor kommer ....?«
P: »........!«	G: »Hvad laver du?«
P: »........ studerer .... i .... Hvor .... du fra?«	G: »Jeg .... fra ....«
P: »Hvad .... du?«	G: »........ journalist. Skal du også til København?«
P: »Nej, ... Roskilde.«	

2.

Teilen Sie sich in Gruppen mit jeweils drei Personen auf. Spielen Sie – ohne auf den Text zu sehen – die Situation im Zug, indem Sie dabei die Rollen von »Gert«, »En mand« und »Marianne« einnehmen.

3. Mündliche und schriftliche Übung. Hvor kommer du fra?

Sprechen Sie mit den anderen Teilnehmern darüber, wo Sie herkommen und welche Sprachen Sie sprechen. Tragen Sie dabei Land, Nationalität und Sprache in die Tabelle ein.

Land	Nationalitet	Sprog
Danmark	dansker	dansk
....	....	....
....	....	....
....	....	....
....	....	....
....	....	....
....	....	....
....	....	....
....	....	....
....	....	....
....	....	....

H. Danmark

Danmark er et lille land med cirka fem millioner indbyggere. København og Roskilde ligger på Sjælland, som er en stor ø. Sjælland og Fyn er de to største øer i Danmark. Jylland er en stor halvø. Den største by i Jylland er Århus, den største by på Fyn er Odense. København er den største by i Danmark og landets hovedstad.

lille klein
et land, -e Land
cirka (ca.) zirka, ungefähr
fem fünf
en indbygger, -e Einwohner
at ligge, -r, lå, har ligget liegen
en ø, -er Insel
en halvø, -er Halbinsel
som der, die, das (Rel.pron.)
stor, større, størst groß, größer, am größten
en by, -er Stadt
en hovedstad, -stæder Hauptstadt

Lektion 2

A. Mandag den 10.6. – Aften

Kirsten og Niels er fra Århus, men de bor i København. Kirsten og Niels sidder i en bil. Bilen holder foran Københavns Hovedbanegård. De skal hente Gert. Han kommer med toget: IC 131 fra Hamborg.

Kirsten Hvor ankommer toget?
Niels På banegården, tror jeg!
Kirsten Fjols! Selvfølgelig ankommer toget på banegården. Jeg mener: Hvilken perron?
Niels Det ved jeg ikke. Vi kan se på en køreplan.

Kirsten og Niels ser på planen.

Kirsten Her er toget: IC 131 fra Hamborg.
Niels Det kommer ind ved perron syv om ti minutter.

Ti minutter senere.

Kirsten Dér kommer Gerts tog. Kan du se Gert?
Niels Nej. – Jo, dér er han!
Gert Hej Kirsten! Og hej Niels! Hvordan har I det?
Kirsten Hej Gert! Tak, vi har det fint. Hvordan har du det?
Gert Tak, jeg har det også fint.
Niels Er du ikke træt?
Gert Jo, lidt!

På gaden foran banegården.

Kirsten	Her er bilen! Nu skal jeg tage kufferten! Den kan være i bilens bagagerum.
Gert	Tak! – Hvor bor I nu?
Niels	Vi har en lejlighed i et hus i Nyhavn.
Kirsten	Om ti minutter er vi der.

B. Wortschätze

Hej, hvordan går det? **Hallo, wie geht's?**

Hej/Hej hej	Hallo	Godmorgen	Guten Morgen
Goddag	Guten Tag	Godaften	Guten Abend
Dav / Davs	Tag/Hallo	Godnat	Gute Nacht
		Sov godt	Schlaf gut
Farvel	Auf Wiedersehen	Vi ses.	Bis dann.
Hej hej	Tschüs	Du må ha' det.	Mach's gut.

Hvordan går det?	Wie geht's?
Hvordan har du det?	Wie geht's dir/Ihnen?
Hvordan går du og har det?	Wie geht's dir so?
Det går fint.	Es geht sehr gut.
Det går godt.	Gut.
Det går meget godt.	Ganz gut.
Det går nogenlunde.	Einigermaßen.
Det går ikke så godt.	Nicht so gut.
Det går dårligt.	Schlecht.

C. Lückentext

Kirsten .... Niels er .... Århus, men de .... København. De skal .... Gert på Hovedbanegården. De .... ikke, hvor toget .... Derfor ser de på .... Gert kommer med IC 131 fra Hamborg. Han .... det fint, men han er lidt .... De tager bilen .... lejligheden i Nyhavn.

D. Aussprache

1. Der Buchstabe *i*

Aussprache	Regel	Beispiele
1. [i:]	als Langvokal mit oder ohne Stoßton	ti, min, bil, fin, fordi, spise, sine
2. [i]	als Kurzvokal	Kirsten, minut, i, lejlighed, Roskilde, lille
3. [e]	als Kurzvokal ohne Stoßton wird »i« oft zu [e] abgesenkt	Niels, sidde, ikke, hvilken, ind
4. [ɛ]	nach »r« wird »i« oft um zwei Stufen zu [æ] abgesenkt	prins, Frederik, drikke, rigtig
5. [j]	oft vor einem Vokal	Marianne, familie, Langelinie

2. *i* als Bestandteil eines Diphthongs

Aussprache	Regel	Beispiele
1. [j]	in dem Diphthong [ɑj]	mig, dig, sig

3. Der Buchstabe *h*

Aussprache	Regel	Beispiele
1. [h]	immer, außer vor v und j	her, hun, hente, hovedbanegård, Nyhavn
2. [-]	vor v und j	hvem, hvad, hvor, hvorfor, hvordan, hjul hjælpe

! *hjul* »Rad« und *jul* »Weihnachten« sind lautlich identisch.

E. Grammatik

1. Das Personalpronomen im Singular und Plural

	Singular	Plural
1. Pers.	jeg	vi
2. Pers.	du	I
	De	De
3. Pers.	han	de
	hun	
	den/det	

!

1. Die Aussprache von *de / De* ist: [di]
2. Die höfliche Anrede *De* wird seltener verwendet als das deutsche *Sie*.

2. Das Substantiv in der bestimmten Form

Der bestimmte Artikel im Singular ist im Prinzip derselbe wie der unbestimmte, wird aber »nachgehängt« und mit dem Substantiv zusammengeschrieben.

Unbestimmt		Bestimmt	
en bil	ein Auto	bilen	das Auto
en mand		manden	
en banegård		banegården	
et tog		toget	
et hus		huset	
et nummer		nummeret	

Endet das Substantiv auf ein kurzes unbetontes *-e*, wird in der bestimmten Form nur *-n* oder *-t* angehängt:

en pige	et æble	Aber: en ske
pigen	æblet	skeen

3. Die Konsonantenverdoppelung

Endet der Wortstamm auf einen kurzen Vokal vor einem einfachen Konsonanten, muss, wenn eine Endung nachgehängt wird, der letzte Konsonant verdoppelt werden, damit der Vokal kurz bleibt:

en ven	vennen
en billet	to billetter

4. Das Substantiv, die Kasus

Im Dänischen haben die Substantive im Gegensatz zum Deutschen nur zwei Kasus. Der **Grundform** entsprechen im Deutschen Nominativ, Akkusativ und Dativ. Nur der **Genitiv** hat im Dänischen eine besondere Endung, er wird durch Hinzufügen von *-s* gebildet:

	Grundform		Genitiv	
Unbest.	en bil	ein Auto	en bils	eines Autos
	et tog	ein Zug	et togs	eines Zuges
Best.	bilen	das Auto	bilens	des Autos
	toget	der Zug	togets	des Zuges

Auch an Namen wird im Genitiv ein *-s* angehängt:

Gerts tog, Kirstens bil

Der Genitiv steht im Dänischen immer vor dem Wort, auf das er sich bezieht (das regierende Wort):

bilens bagagerum	der Kofferraum *des Autos*

Der Genitiv gilt als Bestimmung. Das regierende Wort kann deshalb nur in der unbestimmten Form auftreten:

Gerts kuffert_	Gerts Koffer
en mands kuffert_	*der* Koffer eines Mannes
mandens kuffert_	*der* Koffer des Mannes

5. Das Verb *at vide*

Infintiv:	*at vide*	Marianne kommer fra Paris. Men det kan Gert ikke *vide*.
Präsens:	*ved*	Marianne kommer fra Paris, men det *ved* Gert ikke.

6. Die Zahlen von 1 - 10

0	nul	4	fire	8	otte
1	en, et	5	fem	9	ni
2	to	6	seks	10	ti
3	tre	7	syv		

7. Bejahende Antwort: *ja/jo*

Ja ist im Dänischen das normale Wort für »ja«. Wenn aber in der Frage ein ›negatives‹ Wort wie *ikke* oder *aldrig* vorkommt, ist mit *jo* (entspricht etwa »doch«) zu antworten:

Kommer du?	–	Ja!
Kommer du ikke?	–	Jo!
Har vi det ikke dejligt?	–	Jo, dét har vi!

F. Øvelser

1. Das Personalpronomen

1.1.

a. Her er Niels og Kirsten. .... kommer fra Århus. De henter Gert. .... kommer med toget fra Hamborg.

b. Kirsten og Niels — Hej Gert! Hvordan har .... det?

c. Gert — Tak, ... har det fint! Hvordan har .... det?

d. Kirsten og Niels — Tak, ... har det også fint!

e. Gert — Hvor bor .... nu?

f. Kirsten og Niels — .... har en lejlighed i et hus i Nyhavn.

1.2.

a. Hvor bor Kirsten og Niels? ....

b. Taler I dansk? ....

c. Hvor skal vi hente Gert? ....

d. Er I fra København? ....

e. Er Kirsten fra København? ....

f. Bor Gert ikke i Braunschweig? ....

g. Hvor er Gerts kuffert? ....

h. Hvor ankommer toget? ....

2. Das Substantiv. Die Grundform der bestimmten Form Singular

a. Gert sidder i .... (Zug).

b. .... (Zug) kører til København.

c. Kirsten og Niels henter Gert på .... (Bahnhof).

d. Kirsten: »Nu skal jeg tage .... (Koffer)!«

e. .... (Koffer) er i bilens bagagerum.

f. Niels, Kirsten og Gert tager .... (Auto) til .... (Wohnung).

g. .... (Wohnung) er i .... (Haus) i Nyhavn.

3. Das Substantiv im Genitiv Singular

a. Gert har en kuffert.	*Det er Gerts kuffert.*
b. Bilen har et bagagerum.	*Det er*..
c. Kirsten har en bil.	....
d. Niels har en lejlighed.	....
e Toget har et nummer.	....
f. Manden har en plads.	....
g. Pigen har pladsen.	....
h. En pige har en plads.	....

4. Numeralia

Syv + (plus) tre = (er) ti   Ti – (minus) tre = (er) syv.

a. tre + to = ...	b. seks – fem = ...	c. syv + tre = ...
d. ti – .... = tre	e. to + otte = ...	f. fem – tre = ...
g. otte – tre = ...	h. ni + ... = ti	i. otte + en = ...
j. ni - fire = ...	k. et + ... = otte	l. to + ... = seks
m. to + fire = ...	n. seks + tre = ...	o. syv – .... = to
p. ni – .... = tre		

5. Wortstellung

Fangen Sie den Satz mit dem kursiv gedruckten Satzglied an:

a. Vi er i Nyhavn *om ti minutter.*	*Om ti minutter* ....
b. Manden skal af *i Roskilde*	....
c. Jeg bor *her*	....
d. Gert har ferie *nu*	....
e. Kufferten ligger *i bagagerummet*	....
f. Bilen holder *foran banegården*	....
g. Marianne er ikke i toget *lige nu*	....

G. Oversættelse

Kirsten und Niels müssen Gert am Bahnhof abholen. Er kommt mit dem Zug aus Hamburg. Sie wissen nicht, auf welchem Bahnsteig er kommt. Gerts Zug kommt auf Bahnsteig sieben an. Kirsten nimmt den Koffer des Journalisten. Sie fahren mit dem Auto. Zehn Minuten später sind sie in der Wohnung im Haus in Nyhavn.

H. Mundtlige øvelser

1.

A Hvor er Kirsten og Niels fra?

A Den ....
Hvad skal de?

A Det ....
Er Gert træt?

A Den ....
Hvor bor Kirsten og Niels?

B De ...., men ....
Hvor holder bilen?

B De ....
Ved hvilken perron ankommer toget?

B Ja, han ....
Hvor kan Gerts kuffert være?

B De bor ....

2.
Gert kommt mit dem Zug in Kopenhagen an und wird von Kirsten – oder Niels – empfangen. Spielen Sie die Szene zu zweit.

I. Skriftlig øvelse

1. Schreiben Sie auf Dänisch eine kleine Geschichte über Gerts Ankunft in Kopenhagen, indem Sie folgende Wörter verwenden:

Kirsten Niels Gerts bilens
banegården ser henter
kører lejlighed holder

J. København

Der er omkring 1,5 millioner indbyggere i København, som blev grundlagt i 1167 af biskop Absalon. I centrum er der mange interessante bygninger, for eksempel Rundetårn, som Christian IV (1588 - 1648) byggede, eller Amalienborg (dronningens slot). I centrum finder man også Kongens Nytorv, hvor det Kongelige Teater ligger, og Nyhavn. Kvartererne omkring centrum hedder Vesterbro, Nørrebro og Østerbro. Hovedbanegården ligger på Vesterbro.

omkring etwa
blive, blev, er blevet werden
biskop, -pen, -per Bischof
centrum, -(m)et, -(m)er Zentrum, Stadtmitte
mange viele
interessant interessant
bygning, -en, -er Gebäude
for eksempel zum Beispiel
bygge (1) bauen
dronning, -en, -er Königin
slot, -tet, -te Schloss
hvor wo
kvarter, -et, -er Viertel
omkring um

Lektion 3

A. Tirsdag den 11.6. – Eftermiddag

I går var Gert i Braunschweig. Da var det mandag. I dag er det tirsdag, og han ligger i en seng i København. I morgen vågner Gert i en fængselscelle, men det ved han ikke endnu ...
De to danskere er på arbejde. Næsten alle mennesker skal på arbejde i dag. På gader og veje kører der biler og busser med kvinder og mænd og børn.
Busser og tog har flag på taget, for det er Prins Henriks fødselsdag. På Rådhuspladsen reklamerer tyve piger og fem køer for mælkeprodukter fra Danmark. Foran Amalienborg, hvor dronning Margrethe bor, holder der femten politibiler. Men det ved Gert heller ikke endnu. Han sover nemlig til klokken tolv.

Så står han op. På bordet i køkkenet står morgenmaden. Gert drikker altid te om morgenen. Sommetider bruger han mælk, men aldrig sukker. Han spiser tre rundstykker. Et rundstykke med smør og ost og to rundstykker med smør og syltetøj.
Bagefter går han ned i Nyhavn. Der er mange skibe i havnen. Gert har et kamera med og tager billeder af huse, skibe og danskere. Han har ferie, og han glemmer tiden. Klokken fire kommer Gerts venner hjem, og han går tilbage til lejligheden.

B. Wortschätze

Måltider **Mahlzeiten**

morgenmad	*Frühstück*	formiddagskaffe	*Vormittagskaffee*
frokost	*kaltes Mittagessen, Lunch*	eftermiddagskaffe	*Nachmittagskaffee*
aftensmad	*Abendessen*	aftenkaffe	*Kaffee am Abend*
forret	Vorspeise	kaffepause	Kaffeepause
hovedret	Hauptgericht		
dessert	Nachtisch		

C. Lückentext

Mandag

Kirsten	.... skal du lave i morgen, Gert?
Gert	Først skal jeg sove til klokken .... Så står jeg op.
Niels	Morgenmaden står på bordet. Der er te og .... Der er også smør og ....
Gert	Mange tak. Efter morgenmaden .... jeg ned i Nyhavn.
Kirsten	Dér kan du fotografere .... og skibe.
Gert	Ja, men nu skal jeg først sove. Godnat!
Niels	Godnat! Sov godt!

D. Aussprache

Der Buchstabe *g*

Aussprache	Regel	Beispiele
1. [g]	1) im Silbenanlaut – auch in manchen Fremdwörtern 2) vor t 3) *-gg-*	Gert, går, gade, glemme genial, magi magt, sagt ligge, ryggen, skægget
3. [-]	1) oft nach Langvokal 2) in der Ableitung *-ig*	pige, noget, fødselsdag, mandag nemlig, lejlighed, aldrig
4. [ʃ]	in manchen Fremdwörtern	geni, bagage
5. [ŋ]	in der Lautverbindung *ng*	seng, fængselscelle, mange

2. *g* als Bestandteil eines Diphthongs

Aussprache	Regel	Beispiele
1. [j]	in den Diphthongen [ɑj] und [ʌj]	jeg, mig, dig løg
2. [w]	in den Diphthongen [ʌw] und [åw]	vogn vågne, tog

E. Grammatik

1. Die Pluralbildung der Substantive, unbestimmte Form

Die Pluralbildung folgt Regeln, die von dem Geschlecht unabhängig sind. Ausnahmen sind häufig, und es ist deshalb wichtig, beim Erlernen neuer Substantive die Pluralform gleich mitzulernen. Die Pluralbildung kann entweder durch Anhängen einer Endung, durch Umlaut oder durch eine Kombination von beiden erfolgen. In wenigen Fällen sind die Singular- und die Pluralform identisch. Die Pluralbildung der Gruppen 1 und 2 kommt am häufigsten vor, während die der Gruppen 3 und insbesondere 4 und 5 seltener auftritt.

Gruppe 1: *-(e)r*

en pige et rundstykke en bil	to piger to rundstykker to biler	Wenn das Wort im Singular auf *-e* endet, wird im Plural nur ein *-r* hinzugefügt.

Gruppe 2: *-e*

en dag	to dage
en havn	to havne
et hus	to huse

en dansker en tysker en køber en forsker	to danskere to tyskere to købere (at købe) to forskere (at forske)	Zu dieser Gruppe gehören auch Wörter, die auf unbetontes *-er* enden. Es sind vor allem Nationalitätsbezeichnungen und von Verben abgeleitete Substantive.

Gruppe 3: ÷ (Singular = Plural)

et tog	to tog
et flag	to flag

Gruppe 4: ÷ (Umlaut/keine Endung)

en mand	to mænd	Diese Gruppe ist sehr selten.
et barn	to børn	

Gruppe 5: *-er* (Umlaut mit Endung *-er*)

en bog	to bøger	Auch diese Gruppe ist selten.
en ko	to køer	
en hånd	to hænder	

2. Zeitangaben

1. Die Wochentage
mandag, tirsdag, onsdag, torsdag, fredag, lørdag, søndag
Montag

2. Heute usw.

		i forgårs	(mandag)
		i går	(tirsdag)
»heute«	=	i dag	(onsdag)
		i morgen	(torsdag)
		i overmorgen	(fredag)

3. Die Monate
januar, februar, *marts*, april, *maj*, juni, juli, august, september, oktober, november, *december*

3. Numeralia

11	elleve	15	femten	19	nitten
12	tolv	16	seksten	20	tyve
13	tretten	17	sytten		
14	fjorten	18	atten		

4. *auch / auch nicht*

»auch«	også	Marianne har en billet. Gert har også en billet.
»auch nicht«	*heller* ikke	Hun har ikke billet til toget. Han har heller ikke billet til toget.

F. Øvelser

1. Substantiv Plural

 *en bil* *to biler*

 ....

 ....

 ....

 ....

 ....

 ....

 ....

 ....

 ....

 ....

2. Zahlwörter

+ (plus); - (minus); x (gange):

a. fire + elleve = ... ; fire + fem = ...; tre + ... = elleve
b. tretten - syv = ... ; atten - elleve = ...; tolv - .... = syv
c. syv + seks = ... ; tre + seksten = ...; fjorten + ... = sytten
d. nitten + en = ... ; fire x fire = ...; tyve - .... = tolv
e. atten - fjorten = ... ; ti + ni = ...; tre + ... = fjorten

3. Zeitangaben

a. I dag er det mandag. I går var det ...., og i morgen er det .... I forgårs var det ...., og i overmorgen er det ....

b. I går var det .... I dag er det lørdag, og i morgen er det ....

c. I overmorgen er det fredag, så i dag er det ....

d. I forgårs var det tirsdag, så i dag er det ...., og i overmorgen er det ...., og i morgen er det ....

4. *auch / auch nicht*

Niels er dansker.	*Jeg er også dansker.*
a. Gert er tysker.	....
b. Marianne er ikke dansker.	....
c. Gert taler ikke fransk.	....
d. Gert fotograferer et skib.	....
e. Gert sover ikke til kl. 12.	....

G. Repetition

1. Das Personalpronomen. Beantworten Sie die Fragen:

a. Hvor kommer Gert fra?	*Han* ....
b. Og Marianne?	....
c. Hvor kommer Gerts tog fra?	....
d. Hvor bor Kirsten og Niels?	....
e. Hvor holder bilen?	....
f. Hvor står morgenmaden?	....
g. »Hej, hvordan har I det?«	»..«
h. »Og hvordan har du det?«	»..«

2. Genitiv

Gert har en kuffert.	*Det er Gerts kuffert.*
a. Kvinden har et barn.	*Det er* ....
b. Barnet har et flag.	....
c. Dronningen har en mand.	....
d. En dansker har et skib.	....
e. Toget har et nummer.	....
f. Pigen har en avis.	....

3. Wortstellung. **Beginnen Sie mit dem kursiv gedruckten Satzglied:**

a. Det er tirsdag *i dag*. — *I dag* ....
b. Gert spiser morgenmad *klokken tolv*. — ....
c. Vi kommer med toget *i morgen*. — ....
d. Tyskeren kommer hjem *klokken fire*. — ....
e. Det er Prins Henriks fødselsdag *i dag*. — ....
f. Gert var i Braunschweig *i forgårs*. — ....

H. Oversættelse

Heute ist [es] Montag. Gert schläft bis 12 Uhr. Dann steht er auf. Auf dem Tisch sind drei Brötchen. Es gibt auch Tee. Nach dem Frühstück fotografiert der Deutsche Schiffe, Häuser und Mädchen im Hafen.

....

....

....

....

....

I. Mundtlige øvelser

1.

1 + 4 = 5	13 + 6 = ...	2 + 16 = ...	19 - 3 = ...
5 + 13 = ...	8 +11 = ...	8 + 8 = ...	14 + 4 = ...
17 - 4 = ...	7 - 5 = ...	10 + 4 = ...	10 - 4 = ...

2. Sprechen Sie mit Ihrem Nachbarn darüber, was Sie auf den Abbildungen zu Beginn der Lektion sehen (Frage/Antwort). Wer geantwortet hat, stellt die nächste Frage, z.B.:

Hvad ser du på billede nr. 1? — Jeg kan se en/et ... oder: Jeg kan se to/tre/fire ...
Er der en avis på billede nr. to? — Nej, der er ikke en avis på ...
Hvem ...?
Hvor mange skibe er der ...?
osv.

J. Skriftlig øvelse

Beantworten Sie die folgenden Fragen auf Dänisch:
a. Hvem er Gert?
b. Hvad laver han i Nyhavn?
c. Hvornår går han tilbage til lejligheden?

K. Monarkiet

Danmark er et monarki, og det danske kongehus er faktisk verdens ældste. Den første konge hed Gorm den Gamle (? - 958). Den nuværende monark hedder dronning Margrethe. Hun er gift med Prins Henrik, som kommer fra Frankrig. De har to sønner: Frederik og Joachim. Frederik er kronprins og skal senere være konge. Danskerne er meget glade for kongehuset, og det er en fast tradition at flage med det danske rød-hvide flag på fødselsdage og andre vigtige dage i kongehuset.

monarki, -et, -er Monarchie
kongehus, -et, -e Königshaus
faktisk in der Tat, tatsächlich
verden die Welt
gammel, ældre, ældst alt
først erst
konge, -en, -r König
nuværende jetzig
monark, -en, -er Monarch
gift verheiratet
prins, -en, -er Prinz
søn, -nen, -ner Sohn
kronprins, -en, -er Kronprinz
være glad for sich freuen über
fast fest
tradition, -en, -er Tradition
flage (1) flaggen
rød-hvid rot-weiß
vigtig wichtig

Lektion 4

A. Tirsdag den 11.6. – Aften

Da Gert kommer tilbage, er Kirsten og Niels allerede hjemme.

Gert	Hej! Her har I mig igen!
Niels	Fint! Vi venter også på dig. Vi skal spise om lidt.
Gert	Kan jeg hjælpe jer med noget?
Niels	Kirsten, kan Gert hjælpe os med noget?
Kirsten	Ja, han kan dække bord!
Niels	Du kan tage knive og gafler i skuffen. Der er tallerkener og glas i skabet.
Gert	Jeg kan ikke finde knivene og gaflerne ...
Kirsten	De ligger i skuffen til højre. Kan du se dem?
Gert	Ja, her er de. Men hvor er tallerkenerne og glassene?
Kirsten	I skabet til venstre!
Gert	Skal jeg også tage skeerne?
Kirsten	Som du dog kan spørge! – Det lyder næsten som en begynderbog i dansk!
Gert	Jeg skal altså ikke tage skeerne?
Kirsten	Nej, ved du nu hvad, Gert! Vi skal have pizza. Brug dog øjnene! Den står lige foran dig.
Gert	Måske hjælper det, hvis jeg tager solbrillerne af ...

Efter pizzaen.

Gert	Tak for mad!
N. og K.	Velbekomme!
Kirsten	Jeg skal nok tage af bordet, hvis I vasker op. Jeg skal til møde i børnehaven, hvor jeg arbejder. Det er allerede klokken syv.
Niels	Jeg skal undervise i tysk på aftenskolen i aften. Men det er først klokken otte.

Kirsten går. De siger farvel til hende, og hun siger farvel til dem. Niels vasker op, og Gert hjælper ham. Bagefter kører Gert med Niels til byen. På Rådhuspladsen siger han farvel til Niels. Da han er alene, køber han en avis i en kiosk og begynder at læse den. På side ét står der:

»**Arm savet af pige ved Øresund**«.

B. Wortschätze

Ved bordet Am Tisch

Hvad skal vi have at spise i aften?	Was gibt's heute Abend?
Hvornår skal vi spise?	Wann essen wir?
Vi skal spise!	Wir essen jetzt!
Må jeg godt bede om smørret?	Kann ich bitte die Butter haben?
Vil du godt række mig mælken?	Reichst du mir bitte mal die Milch?
Det smager dejligt!	Es schmeckt sehr gut!
Vil du ikke have noget mere?	Magst du noch was?
Jo, tak!	Ja, bitte!
Nej tak, jeg er mæt!	Nein, danke, ich bin satt.
Tak for mad!	Wörtlich: Danke fürs Essen!
Velbekomme!	Wörtlich: Wohl bekomm's!

C. Lückentext

Da Gert kommer .... til ...., er Niels og Kirsten der allerede. Gert hjælper .... Han .... bord. Han finder knivene og .... i .... til højre. Glassene og .... står i skabet til .... Efter maden vasker Niels op. Gert hjælper .... Kirsten går. Hun siger farvel til ...., og de siger .... til .... Niels kører med Gert til Rådhuspladsen. Dér .... Gert en avis. På side ét læser han: »Arm .... af pige ved Øresund«.

D. Aussprache

Der Buchstabe *a*

Aussprache	Regel	Beispiele
1. [a:]	im Langvokal (aber nie in r-Verbindung) spricht sich *a* flach	banegård, gade, dame, skab
2. [a]	im Kurzvokal vor -s, -t, -d, -l, -n (aber nie in r-Verbindung) spricht sich *a* ein bisschen offener als [a:]	glas, vaske, hat, mad, plads, allerede, altså, alene, tallerken, altid, han, mand, foran **Merke**: ja, da
3. [ɑ:]	im Langvokal in r-Verbindung ist das *a* tiefer als [a(:)]	bare, spare, arbejde, skrabe, farlig
4. [ɑ]	a) im Kurzvokal in r-Verbindung b) im Kurzvokal vor -p, -b, -k, - g, -f, -m, -ng, -nk, -k	a) fransk, straks, farvel b) snaps, absurd, tak, kaffe, gaffel, aften, gammel, mange, bank **Merke:** aldrig, andre, anderledes, Andersen

a als Bestandteil eines Diphthongs

Aussprache	Regel	Beispiele
1. [ɑw]	*a* zusammen mit *v* und *g* im Diphthong [ɑw]	hav, havn, daglig, afgøre
1. [ɑj]	*a* zusammen mit *j* im Diphthong [ɑj]	maj, Kaj

E. Grammatik

1. Substantiv Plural

Substantive, die im Singular auf unbetontes *-el* oder *-er* enden, verlieren im Plural das *-e-*. Eventuelle Doppelkonsonanten im Wortstamm werden dabei durch eine Art »umgekehrte Konsonantenverdoppelung« vereinfacht:

en gaffel	to gafler	en fætter	to fætre

! Diese Regel gilt nicht für Nationalitätsbezeichnungen und Verbalsubstantive:

en dansker	to danskere	en køber	to købere

2. Das Substantiv im Plural. Der bestimmte Artikel

to piger to borde to køer	pigerne bordene køerne	Der bestimmte Artikel Plural ist für beide Geschlechter *-ne*. Dieser Artikel wird der Pluralform angehängt.

to flag to tog	flagene togene	Hat das Substantiv im Plural keine angehängte Endung (Gruppe 3 und 4), wird als bestimmter Artikel *-ene* nachgehängt.

to glas to kys	glassene kyssene	Auch hier gilt die Konsonantenverdoppelung.

Ausnahme:

to danskere to tyskere to købere	danskerne tyskerne køberne	Bei Nationalitätsbezeichnungen und Substantiven auf *-er*, die von Verben abgeleitet sind, wird der bestimmte Artikel Plural direkt an die Singularform gehängt.

3. Das Personalpronomen. Kasus

Die Personalpronomen treten in zwei Kasus auf:

	Singular		Plural	
	Subj.-kasus	Obj.-kasus	Subj.-kasus	Obj.-kasus
1. Pers.	jeg	mig	vi	os
2. Pers.	du De	dig Dem	I De	jer Dem
3. Pers.	han hun den/det	ham hende den/det	de	dem

Der Objektkasus wird dann verwendet, wenn das Personalpronomen nicht als Subjekt auftritt. Die Objektform wird auch verwendet, wenn das Personalpronomen in prädikativer Stellung steht.

Subjekt:	*Jeg* er dansker
Direktes Objekt:	Peter ser *mig*
Indirektes Objekt:	Marianne giver *mig* et glas
Präp.-verbindung:	Pizzaen står foran *mig*
Subjektsprädikativ:	Hej, det er bare *mig* Er det *dig?*

4. Wortstellung

Da das Kasussystem im Dänischen sehr reduziert ist, müssen Abhängigkeitsrelationen oft durch die Wortstellung ausgedrückt werden. Deshalb ist die dänische Wortstellung *fester* als die deutsche. Es gibt aber viele Übereinstimmungen zwischen der dänischen und deutschen Wortstellung. In dieser und in der Lektion 7 wird die Wortstellung im Hauptsatz behandelt. Die Wortstellung im Nebensatz erfolgt in Lektion 8.

Der Hauptsatz läßt sich in drei Felder aufteilen, die wiederum z.T. mehrere Plätze haben:

Vorfeld	Hauptfeld			Schlussfeld		
	v	n	a	V	N	A
Om aftenen	kan	Gert	ikke	finde	knivene	i skuffen
Han	kan	÷	heller ikke	finde	gaflerne	÷
Gert	er	÷	÷	÷	journalist	÷
Da han er alene,	køber	han	÷	÷	en avis	i en kiosk
Hvorfor	anholder	politiet	ikke	÷	den mystiske mand	÷

Für die einzelnen Felder und die Reihenfolge der hier auftretenden Satzglieder gilt:

Das Vorfeld wird vor allem vom Subjekt, von Adverbialgliedern und Nebensätzen ausgefüllt, seltener vom Objekt und Prädikativ.

Das Hauptfeld **v:** Das finite Verb
n: Das Subjekt
a: Satzadverbiale wie: *måske, nok, alligevel, heldigvis, allerede, altid, aldrig* **und** die Negation ***ikke***

Das Schlussfeld **V:** die infiniten Verbalformen
N: das indirekte bzw. das direkte Objekt, das Prädikativ
A: Adverbialglieder (temporale, lokale, kausale, modale)

! Hauptsätze können durch nebenordnende Konjunktionen (z.B. *og, men, for*) miteinander verbunden sein. Diese stehen dann vor dem Vorfeld.

5. Links, rechts

venstre	links
højre	rechts
til venstre	nach links, linker Hand
til højre	nach rechts, rechter Hand

F. Øvelser

1. Substantive

1.1. Singular und Plural

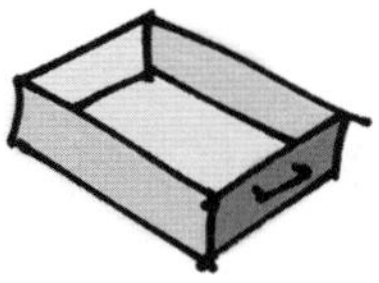

a. Gert dækker ....

b. Han tager i

.... til højre.

c. Han vil også tage ....,
men han kan ikke finde dem.

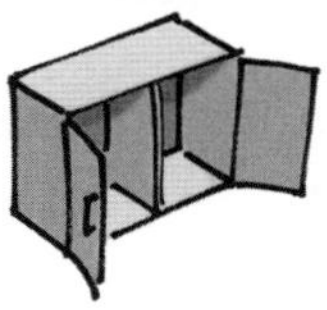
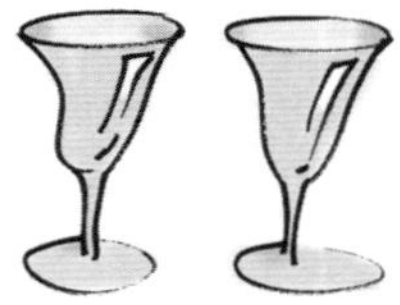

d. .... og ....

er i ....

e. »Skal jeg også tage .... ?«,

spørger Gert.

f. »Brug dog .... !«, siger Kirsten.

g. Gert tager .... af – det

hjælper.

1.2. Singular/Plural – bestimmt/unbestimmt

	*en bil*	*bilen*	*to biler*	*bilerne*
	....	....	....	....
	....	....	....	....

....

....

....

....

....

....

....

....

2. Das Personalpronomen

2.1. Objektkasus

a. Jeg sidder på plads nummer tre: *Vi kan ikke finde dig.*

b. De er på perron nummer otte: ....

c. I sidder til højre på billedet: ....

d. Pizzaen står på bordet: ....

e. Bordet står i lejligheden: ....

f. Han vasker op: *Hvem hjælper ham?*
g. Hun laver pizza: ....?
h. De dækker bord: ....?
i. Jeg laver mad: ....?
j. Du studerer en køreplan: ....?
k. De studerer en køreplan: ....?

2.2. Subjektkasus

a. Kan du finde bordet? *Nej, det er her ikke!*
b. Kan du finde Niels? ....!
c. Kan du finde banegården? ....!
d. Kan du finde dem? ....!
e. Kan du finde hende? ....!
f. Kan du finde os? ....!

3. Wortstellung im Hauptsatz.

3.1. Tragen Sie die folgenden Sätze in die Tabelle ein:

a. I dag kan Gert ikke tage billeder i Nyhavn.
b. Gert vil gerne lave mad i aften.
c. Da han kommer tilbage, har Kirsten allerede stillet pizzaen på bordet.
d. Hvorfor tager Gert toget til København?
e. Gert kan ikke finde knivene i skabet.

Übersetzen Sie die folgenden Sätze und tragen Sie sie in die Tabelle ein:

f. Heute kann Niels das Auto nicht finden.
g. Das Mädchen sitzt nicht in dem Zug.
h. Morgen kauft die Königin eine Zeitung.

Vorfeld	Hauptfeld			Schlussfeld		
	v	n	a	V	N	A

3.2. Beginnen Sie mit dem kursiv gedruckten Satzglied:

a. Busserne har flag på taget *i dag*. *I dag* ....

b. Gert spiser morgenmad *klokken 12*. ....

c. Det var fredag *i går*. ....

d. Niels og Kirsten venter *på banegården*. ....

e. Der er mange skibe *i havnen*. ....

G. Repetition

1. Genitiv. Übersetzen Sie:

a. Der Koffer des Mannes steht im Zug. ....

b. Wo ist die Zeitung des Journalisten? ....

c. Die Wohnung der Dänen liegt in Nyhavn. ....

d. Die Kinder der Frau sitzen auf dem Platz des Mannes. ....

....

2. Verben

1. Gert .... (at komme) ind i et tog. 2. Han .... (at have) en kuffert. 3. Marianne .... (at købe) en avis, men hun .... (at være) snart tilbage. 4. Hun .... (at skulle) til Roskilde. 5. Hun .... (at bo) i Paris, hvor hun .... (at læse) dansk. 6. Derfor .... (at kunne) hun .... (at tale) dansk. 7. Gert .... (at kunne) ikke .... (at se) pizzaen. 8. Men det hjælper, hvis han .... (at tage) solbrillerne af.

3. Präpositionen. Übersetzen Sie ins Dänische:

Er fährt nach Kopenhagen. Sie wohnen in Nyhavn. Morgen kaufen wir eine Zeitung am Kiosk. Sie sitzt auf der Straße. Er kommt in zehn Minuten. Gestern fuhr er mit dem Zug nach Kopenhagen. Jetzt sitzen sie vor dem Haus. Niels kommt aus Århus.

....

....

....

....

....

H. Oversættelse

Niels und Kirsten warten auf Gert. Sie werden gleich essen. Gert deckt den Tisch. Er findet Messer und Löffel im rechten Schrank. Die Gabeln sind in der linken Schublade. Er kann sie nicht finden. Nach zehn Minuten findet er die Teller. Dann essen sie. Nach der Pizza gehen die Dänen. Gert kauft eine Zeitung und fängt an zu lesen.

....

....

....

....

I. Mundtlige øvelser

1. G = Gert; N = Niels

G: Hej!

N: ....! Vi skal spise om lidt!

G: Fint! Kan jeg ....?

N: Ja, du kan ....

G: Hvor er ....?

N: De ....

G: Jeg kan heller ....?

N: De .... Brug dog ....!

G: OK, måske hjælper ....?

2. Paar-Übung:

Verwenden Sie die Zeichnung. Der eine versteckt in Gedanken eine Krone irgendwo in der Küche und schreibt die Stelle auf ein Blatt Papier. Der andere muß diese Stelle erraten durch Fragen wie:

Er kronen i skuffen til højre?
Er kronen i glasset i skabet til venstre?
Er kronen i termokanden?

Wer die Krone »versteckt« hat, darf nur mit *ja* oder *nein* antworten.

3. Niels underviser på aftenskolen. Hvilke fremmedsprog er de mest almindelige i Danmark og i dit land?

J. Skriftlig øvelse

Beantworten Sie die folgenden Fragen:

a. Hvornår skal Kirsten til møde i børnehaven?
b. Hvor køber Gert en avis?
c. Læser du avis hver dag?
d. Hvilke aviser læser du?

K. Børneinstitutioner og skole

I Danmark er det meget normalt, at begge forældre arbejder, selv om de har små børn. Derfor kommer mange spædbørn i vuggestue, når de er 9 måneder gamle. De fleste danske børn mellem 3 og 6 år går først i børnehave og derefter ét år i børnehaveklasse.
Når børnene bliver 6 eller 7 år, kommer de i skole. Man går i den samme skole de næste ni eller ti år. Efter folkeskolen er der mange, der går på gymnasiet, som varer tre år.

børneinstitution, -en, -er Kindertagesstätte
skole, -n, -r Schule
normal normal
begge beide
forældre (Pl.) Eltern
selv om obwohl
små (Pl. von *lille*) klein
barn, -et, børn Kind
derfor deshalb
spædbarn, -et, -børn Säugling
vuggestue, -n, -r Krippe
når wenn (temp.)
måned, -en, -er Monat
gamle (Pl. von *gammel*) alt
de fleste die meisten
mellem zwischen
år, -et, ÷ Jahr
børnehave, -n, -r Kindergarten
derefter danach
børnehaveklasse, -n, -r Vorschulklasse
samme, den ~ dieselbe
næste (de ~) nächst, die ~en
folkeskole, -n, -r Grundschule
gymnasium, gymnasiet, gymnasier Gymnasium
vare (1) dauern

Lektion 5

A. Tirsdag den 11.6. – Aften

Under overskriften er der et stort billede. På billedet ser man en grøn statue. Det er en ung pige, som sidder på en sten. I stedet for ben har hun en lang fiskehale. Hun er pæn, synes Gert, – bortset fra halen, altså ... På billedet mangler statuen ikke kun ben, men også højre arm. Gert læser:

Usmagelig trussel mod dronningen

En mystisk gerningsmand har i nat savet højre arm af Den Lille Havfrue. På Amalienborg bekræfter man, at man i morges har modtaget en grøn bronzearm med posten. Sammen med bronzearmen var der også et kort brev.

I brevet står der:

Kære Dronning,
Homo Sapiens dræber jordens og havets dyr. Han dræber også babysæler for at lave skindpelse af dem. Homo Sapiens er farlig. Han truer hele jordens eksistens. Men mennesker og dyr hører sammen, – det er Den Lille Havfrue et godt eksempel på. Vi forstår ikke, hvordan Deres Majestæt stadig kan finde på at gå med sælskindskamikker. Det er en stor skandale! Hvis mennesket ødelægger naturen og dræber dyrene, må det selv dø. Denne arm er forhåbentlig en virkningsfuld advarsel. Gå ikke i sælskindskamikker!! Ellers ruller hovedet ...

Aktion Neptun

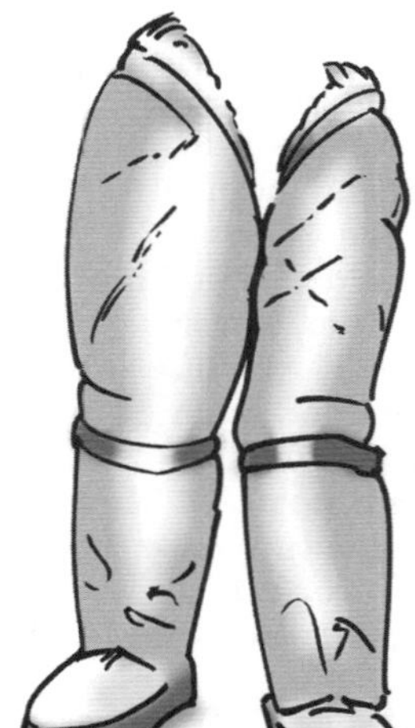

Det er en mærkelig trussel. Og det er et mærkeligt brev, synes Gert. Det er helt uhyggeligt. Danmark er et farligt land!
Men historien er god. Ganske vist har Gert ferie, men han kan altid lugte en god historie. Klokken er otte. Det er endnu lyst udenfor. Gert beslutter sig til at tage et billede af Den Lille Havfrue, før det bliver for mørkt. På Rådhuspladsen tager han linie 19 til Langelinie.

B. Wortschätze

Breve Briefe

Eine Entsprechung der Formel: »Sehr geehrte Damen und Herren« gibt es im Dänischen nicht. In offiziellen Briefen lässt man oft die Anrede weg oder schreibt »Kære« gefolgt von Vor- und Nachnamen, z.B. »Kære Søren Hansen«. Nach der Anrede setzt man keinen Punkt und fängt den Text mit einem Großbuchstaben an.

– – –	Sehr geehrte Damen und Herren
Kære Lis Mortensen	Sehr geehrte/Liebe Lis Mortensen
Kære Jens	Lieber Jens
Hej Jens	Hallo Jens
Med venlig hilsen Venlig hilsen	Mit freundlichen Grüßen
Mange hilsner	Schöne Grüße
Kærlig hilsen	Liebe Grüße
Mange kærlige hilsner	Viele liebe Grüße

København, den 10.06.2000

Kære Gert
Jeg skriver til dig for at invitere dig med til min fødselsdagsfest på mandag. Har du lyst til at komme?

Kærlig hilsen
Niels

C. Lückentext

Niels Her er avisen. På side ét er der en lang artikel om Den Lille Havfrue.

Gert Tak. Ja, her er et .... billede. Havfruen mangler en .... ! En .... gerningsmand har savet .... arm af hende.

Niels Ja, og der står også, at dronningen .... modtaget den med posten.

Gert Hmm!

Niels Det er en .... trussel. »Gå ikke med sælskind!«, står der. »Ellers ruller ....!«

Gert Danmark er et .... land. Men det er en .... historie.

D. Aussprache

Der Buchstabe *u*

Aussprache	Regel	Beispiele
1. [u:]	als langer Vokal mit Stoßton [u:'] und ohne Stoßton [u:]	hus, sur, ur true, havfrue, statue
2. [u]	als Kurzvokal: a) vor *d, g, p, l, r, s* und *t* b) in der Vorsilbe *u* c) am Wortende	udmærket, dug, kup, skulle, rulle, trussel, bussen, beslutte umulig, uheldig nu, endnu
3. [å]	als Kurzvokal vor *f, gt, k, l, m, n* und manchmal vor *p* Ausnahmen: *u* spricht sich in folgenden Fällen [u]	luft, lugte, frugt, bukser, nul, nummer, under, undskyld, suppe, snuppe kunne, hundrede, hund pund, klub
4. [y]	als kurzer Vokal in französischstämmigen Wörtern	menu, bureaukrati, debut

E. Grammatik

1. Das Adjektiv

1.1. Das Adjektiv kann in zwei verschiedenen Stellungen stehen.
Attributiv: Direkt vor dem Substantiv:

En stor sten

Prädikativ: Das Adjektiv ist durch ein Verb mit dem Substantiv verbunden:

Stenen er stor.

1.2. Das Adjektiv hat im Singular eine *starke* und eine *schwache* Form. In diesem Kapitel wird die starke, im folgenden die schwache Form behandelt.

2. Das Adjektiv im Singular, starke Form

Die starke Form des Adjektivs hat im Utrum keine Endung, endet im Neutrum aber auf *-t* und wird in den folgenden zwei Fällen verwendet:

2.1. Das Adjektiv steht attributiv mit dem *unbestimmten* Artikel oder *ohne* Artikel.
2.2. Das Adjektiv steht prädikativ.

	St. Form Singular	Attributiv	Prädikativ
Utrum	stor	en stor sten det er en stor sten	stenen er stor
	varm	varm te	teen er varm
Neutr.	stor*t*	et stor*t* land det er et stor*t* land	landet er stor*t*
	varm*t*	varm*t* brød	brødet er varm*t*

! Endet die Grundform des Adjektivs auf *-t* oder *-sk*, wird im Neutrum kein *-t* hinzugefügt:

et kort brev
et mystisk brev

3. Die Relativpronomen *som* und *der*

Die Relativpronomen *som* und *der* sind unflektierbar. Sie können sich auf Personen, Gegenstände und Wörter im Utrum oder Neutrum beziehen. Im Nebensatz kann *som* verschiedene Satzgliedfunktionen übernehmen, während *der* nur das Subjekt des Nebensatzes sein kann und in dieser Funktion mit *som* stilistisch abwechselnd zu verwenden ist.

Subjekt	Pigen,	*som*	sidder i toget, skal til Roskilde.
	Pigen	*der*	sidder i toget, skal til Roskilde.
Dir. Obj.	Billedet,	*som*	jeg ser i avisen, er grønt.
Indir. Obj.	Manden,	*som*	jeg giver bogen, har fødselsdag.
Präp.	Pigen,	*som*	Gert taler med, er fransk.

! Wird das Relativpronomen von einer Präposition regiert, steht die Präposition im Nebensatz an letzter Stelle!

Pigen, *som* Gert taler *med*, er fransk.	Das Mädchen, *mit dem* Gert spricht, ist Französin.

4. *men*

Die Konjunktion *men* entspricht dem deutschen *aber, doch* oder *sondern* – *men* kann aber **nur** am Satzanfang stehen

Gert er tysker, *men* han taler dansk.	Gert ist Deutscher, er spricht *aber* Dänisch.
Han taler ikke kun tysk, men også dansk.	Er spricht nicht nur Deutsch, sondern auch Dänisch.

5. Farben

Es gibt deklinierbare und nicht deklinierbare Farbadjektive:

deklinierbar:

blå, gul, grøn, brun, rød, sort, hvid, grå

nicht deklinierbar:

lilla, beige, rosa, orange, turkis

Die zusammengesetzten Formen richten sich nach den Grundformen:

mørkeblå, mørkegul o.s.v lyseblå, lysegul o.s.v.

F. Øvelser

1. Das Adjektiv

1.1. Das Adjektiv in prädikativer Stellung

(stor) Huset er *stort.*

a. (blå)	Skibet er	....	f. (gammel)	Billedet er	....
b. (ung)	Danskeren er	....	g. (varm)	Pizzaen er	....
c. (hvid)	Mælken er	....	h. (gammel)	Tyskeren er	....
d. (hvid)	Huset er	....	i. (mystisk)	Brevet er	....
e. (rød)	Flaget er	....	j. (sort)	Bordet er	....

1.2. Das Adjektiv in attributiver Stellung

en lampe – billig *en billig lampe*

a. en mand – høj .... c. en kvinde – gammel ....

b. et hus – dyr .... d. et skib – ny ....

2. Das Relativpronomen

Eks.: Gert ser en pige. Hun sidder i et tog.
Gert ser en pige, som sidder i et tog.

a. Gert taler med Marianne. Hun studerer dansk i Paris.

....

b. Gert ser en bus. Den har flag på taget.

....

c. Gert ser fem køer. De reklamerer for mælkeprodukter.

....

d. Gert ser ikke kvinderne. De kører på arbejde.

....

e. Gert køber en avis af en mand. Han har en kiosk.

....

f. Gert sætter sig på en plads. Den er ledig.

....

g. Huset ligger i Nyhavn. Niels og Kirsten bor i det.

....

h. Sporet har nummer syv. Toget holder ved det.

....

G. Repetition

1. Wortstellung. Übersetzen Sie folgende Sätze und lassen Sie dabei jeden Satz mit dem kursiv geschriebenen Ausdruck beginnen:

a. Gert holt *morgen* den Koffer.

....

b. Kirsten arbeitet *vielleicht* in einem Kindergarten.

....

c. Marianne kommt *in zehn Minuten* zurück.

....

d. Gert wacht *übermorgen* in einer Gefängniszelle auf.

....

e. Der Freund der Dänen hat *in zwei Tagen* Urlaub.

....

2. Pluralbildung – unbestimmt/bestimmt. Bilden Sie Sätze nach folgendem Muster:

en bil
1. Der er mange biler på gaden.
2. Bilerne holder foran hovedbanegården.

a. et barn
1. ....
2. ....

b. et hus
1. ....
2. ....

c. en kuffert 1. ....
2. ....

d. en dansker 1. ....
2. ....

e. et menneske 1. ....
2. ....

f. et skib 1. ....
2. ....

3. Zeitangaben

1. Mandag ....
....
2. I dag er det mandag, så .... er det tirsdag, og .... er det onsdag. .... var det lørdag, og .... var det søndag.
3. I morgen er det fredag, så .... er det torsdag, og .... var det onsdag. .... er det lørdag, men .... var det tirsdag.

H. Oversættelse

Gert liest die Zeitung. Auf Seite 1 sieht er ein großes Bild. Auf dem Bild ist ein junges, grünes Mädchen Der Stein, auf dem sie sitzt, ist groß. Das Mädchen ist hübsch. Aber statt Beinen hat sie einen langen Fischschwanz. Unter dem Bild steht eine widerliche Drohung gegen die Königin.

....
....
....
....

I. Mundtlig øvelse

Tag et farvefoto med og spørg din sidemand om farverne, f.eks.:

A: Hvilken farve er det? B: Rød, grøn, brun etc.
A: Hvilken farve har ... (f.eks. *bilen, huset* etc.)? B: Den er grøn. / Det er grønt.

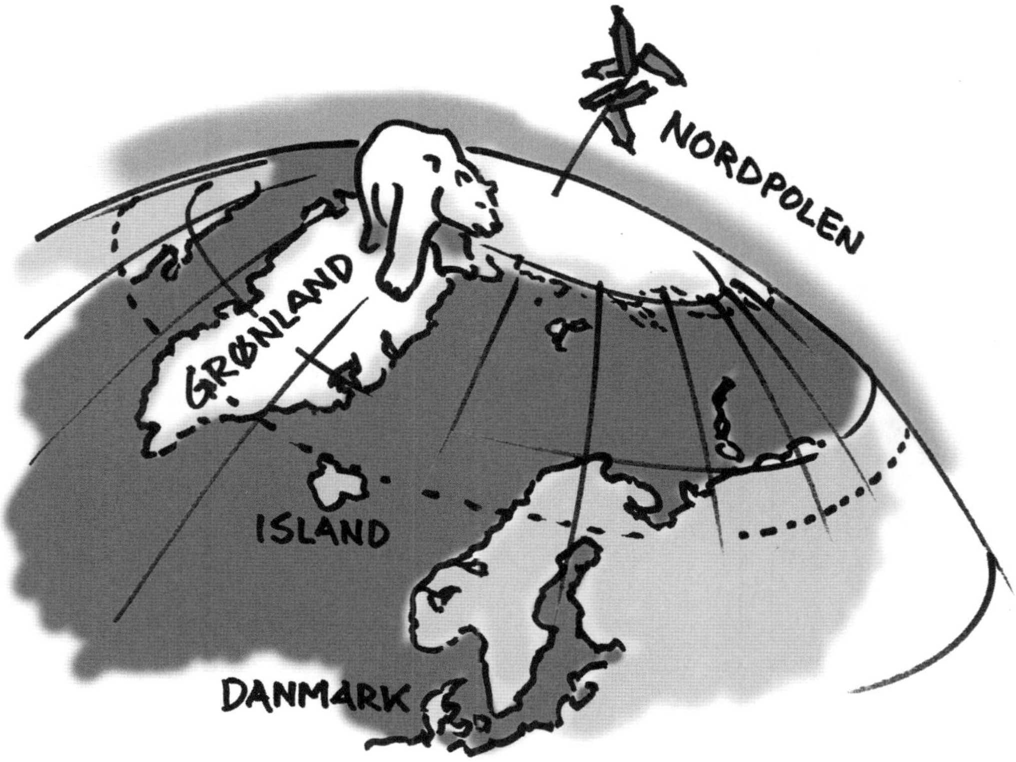

J. Grønland

Grønland er verdens største ø (2,2 mio. kvadratkilometer), men indbyggertallet er alligevel meget lavt: Der bor ikke mere end 55 000 mennesker i hele Grønland. I den største by Nuuk (på dansk Godthåb) bor der 14 000 indbyggere.
Grønland indgår sammen med Færøerne i rigsfælleskab med Danmark, men har haft selvstyre siden den 1. maj 1979. Grønlænderne har altså deres eget parlament og er f.eks. ikke medlem af EU. Grønlændernes eget sprog er inuit, mens dansk er første fremmedsprog og obligatorisk fra 4. til 11. klasse. Fiskeriet har altid spillet en stor rolle og er fortsat meget vigtigt for den grønlandske økonomi. I dag arbejder de fleste grønlændere dog inden for offentlig service og administration.

verden, ÷, -er Welt
mio. (million, -en, -er) Million
kvadratkilometer, -en, -re Quadratkilometer
indbyggertal, -let, ÷ Einwohnerzahl
alligevel dennoch
lav niedrig
ikke mere end nicht mehr als
indgå, -r, -gik, er indgået gehören zu
Færøerne die Färöer
rigsfællesskab, -et, -er Realunion
selvstyre, -t, -r Selbstverwaltung
siden seit
eget eigen
parlament, -et, -er Parlament
medlem, -met, -mer Mitglied
grønlænder, -en, -e Grönländer
sprog, -et, ÷ Sprache
inuit Grönländisch
først erst
fremmedsprog, -et, ÷ Fremdsprache
obligatorisk obligatorisch
fiskeri, -et Fischerei
spille (1) spielen
rolle, -n, -r Rolle
fortsat weiterhin
meget sehr
vigtig wichtig
økonomi, -en, -er Wirtschaft, Ökonomie
dog jedoch, aber
inden for innerhalb
offentlig öffentlich
service, -n, -r Dienstleistung, Service
administration, -en, -er Verwaltung, Administration

Lektion 6

A. Tirsdag den 11.6. – Aften

I bussen.

Gert	Undskyld, kan du sige mig, hvor jeg skal stå af for at finde Den Lille Havfrue?
Buschaufføren	Ja, det er næste gang, vi stopper. Når du står af, er der 500 meter – den stakkels pige! I dag mangler hun jo den ene arm, – måske trækker det, så hun får gigt i skulderen. Det er vel ikke dig, der saver lemmerne af hende?
Gert	Nej, jeg er bare journalist.
Buschaufføren	Det er sandelig også slemt nok! I har vel travlt med at slagte andre ofre ... Her er det rigtige stoppested. Farvel!
Gert	Mange tak. Farvel!

Det er næsten mørkt, da Gert når frem til Langelinie. Han kan høre det mørkeblå vand skvulpe. Gert ser sig om: Dér er statuen. Den Lille Havfrue sidder stadig på den store sten. Men hvad er det? Foran den grønne statue står der en mand og roder med et eller andet. »Meget mystisk«, mumler Gert og går nærmere. Den mystiske mand roder videre.

Pludselig hører Gert en høj sirene. Manden ved statuen hører også den høje sirene. Han ser sig om. Først nu opdager han Gert. Han kaster noget på jorden; så løber han væk. Gert går hen til Den Lille Havfrue. Foran hende ligger der en sæk. Gert tager den tomme sæk i hånden. Så hører han pludselig en stemme bag sig:

»Kast sækken! Modstand er nytteløs! Klokken er 21.45. I lovens navn: De er anholdt!«

B. Wortschätze

Offentlige transportmidler **Öffentliche Verkehrsmittel**

at køre med	fahren mit		
at tage	nehmen		
at køre med bus	mit dem Bus fahren	at tage	bus*sen*
S-tog	S-Bahn		S-tog*et*
tog	Zug		tog*et*
Metro	U-Bahn		Metro*en*

at købe (en) billet	eine Fahrkarte kaufen
billetautomat, -en, -er	Kartenautomat
klippekort, -et, ÷	Mehrfahrtenkarte
månedskort, -et, ÷	Monatskarte
voksenbillet, -ten, -ter	Erwachsenenfahrkarte
børnebillet, -ten, -ter	Kinderfahrkarte
køreplan, -en, -er	Fahrplan
kontrollør, -en, -er	Kontrolleur
busstoppested, -et, -er	Bushaltestelle
station, -en, -er	Bahnhof, Haltestelle
indgang, -en, -e	Eingang
udgang, -en, -e	Ausgang
udstigning, -en, -er	Aussteigen
at stå på/af (toget, bussen)	einsteigen/aussteigen

C. Lückentext

Gert kører med .... til Langelinie for at .... Den Lille Havfrue. Han spørger ...., hvor han skal .... for at finde hende. Buschaufføren svarer, at det er .... Da Gert når frem til Langelinie, kan han se en .... mand, som roder med en sæk. Pludselig .... Gert en .... sirene. Den mærkelige mand kaster en .... sæk på .... og løber væk. Gert hører en stemme, som siger: »..
....
....!«

D. Aussprache

Der Buchstabe *e*

Aussprache	Regel	Beispiele
1. [eː]	in Wörtern mit Langvokal mit oder ohne Stoßton	del, ben, sten ene, enig, ferie
2. [e]	im Kurzvokal in einigen Wörtern	hedder, begynde, kærlighed, det
3. [ɛː]	in einigen Wörtern mit Langvokal in *r*-Verbindung	sirene, allerede
4. [ɛ]	in Wörtern mit Kurzvokal	lette, sende, stemme, den, vel, eller, slemt, sted, men, dem
5. [æ]	im Kurzvokal in *r*-Verbindung	dreng, adresse, frem, gerne, hjerte
6. [ə]	in unbetonter Endsilbe	sige, bussen, sækken, modtaget
7. [ɑ]	in einigen Fremdwörtern	temperament, kompliment

e als Bestandteil eines Diphthongs

Aussprache	Regel	Beispiele
1. [ɑj]	zusammen mit *j* und *g* spricht sich *e* oft [ɑj]	jeg, dejlig, lejlighed, nej, vej

! de/De udtales [di]

E. Grammatik

1. Das Adjektiv im Singular. Die schwache Form

Die schwache Form (*-e*) des Adjektivs wird nach sogenannten Kennwörtern sowie in der Anrede verwendet. Als bestimmte Kennwörter gelten:

1) die Demonstrativpronomen: *den, det, denne, dette*
2) die Possessivpronomen (vgl. Lekt. 9)
3) der Genitiv

	Schwache Form im Singular	
Dem.pron. *den / det / denne / dette*	*den* unge dame *det* rigtige stoppested	*denne* unge dame *dette* store hus
Poss.pron. *min / din ...*	*min* store bil *din* store bil	*hans* store lejlighed *hendes* nye hus
Genitiv	Mariannes store bil	mandens nye hus
Anrede	Kære dronning Store fjols!	Søde Marianne!

!

den unge *pige* de unge *piger* Gerts tunge *kuffert*	Steht das Adjektiv attributiv, kann die normale bestimmte Form des Substantivs (*-(e)n*; *-(e)t*; *-ne*) **nicht** verwendet werden.
det blå vand	Adjektive auf *-å* haben keine *e*-Form.

2. Das reflexive Pronomen

Das reflexive Pronomen unterscheidet sich vom Objektkasus des Personalpronomens nur in der dritten Person:

	Singular		Plural	
	Pers. Pron. Objektkasus	Reflexives Pronomen	Pers. Pron. Objektkasus	Reflexives Pronomen
1. Person	mig	mig	os	os
2. Person	dig Dem	dig Dem	jer Dem	jer Dem
3. Person	ham hende den/det	**sig** **sig** **sig**	dem	**sig**

jeg glæder mig du glæder dig han glæder sig hun glæder sig den/det glæder sig	ich freue mich	vi glæder os I glæder jer de glæder sig De glæder *Dem*

3. Numeralia. Die Grundzahlen

20	tyve	10	ti
21	enogtyve	20	tyve
22	toogtyve	30	tredive
23	treogtyve	40	fyrre
24	fireogtyve	50	halvtreds (Orthographie!)
25	femogtyve	60	tres (Orthographie!)
26	seksogtyve	70	halvfjerds
27	syvogtyve	80	firs
28	otteogtyve	90	halvfems
29	niogtyve	100	et hundrede
30	tredive	101	et hundrede og et
31	enogtredive		
578	fem hundrede og otteoghalvfjerds		
1000	et tusinde		
1.000.000	en million (en mio.)		

F. Øvelser

1. Das Adjektiv im Singular

a. Den (ung) *unge* (tysk) .... journalist Gert kører med toget til København.

b. En dag læser han en (stor) .... artikel i en (dansk) .... avis.

c. Den (stor) .... artikel er (interessant) ....
og det (fin) .... billede af den (ung) .... pige med den (lang) .... fiskehale er (god) ....

d. Gert synes, at historien er (god) ....

e. Han vil tage et billede af den (stakkels) .... (ung) .... dame, før det bliver for (mørk) ....

f. Da han kommer ud til Langelinie, står der allerede en (mystisk) .... mand og roder med et eller andet foran den (grøn) .... statue.

g. Den (mystisk) .... mand løber væk.

h. Gert vil fotografere med sit (ny) .... fotografiapparat.

i. Men så hører han en politimands (mystisk) .... råb (Ruf): De er anholdt!

2. Das Reflexivpronomen

a. Han ser .... om.

b. Hun glæder ....

c. Glæder De ....?

d. Vi ser .... om.

e. Gert beslutter .... til at tage et billede.

f. Glæder I ....?

3. Numeralia

a.	tyve	+ fem	= *femogtyve*
b.	tredive	+ fyrre	= ....
c.	enogtredive	+ nitten	= ....
d.	seksogtyve	– tretten	= ....
e.	toogfirs	+ ti	= ....
f.	seksogtres	+ femten	= ....
g.	syvogfyrre	– fjorten	= ....
h.	syvogtyve	+ otteogtyve	= ....
i.	nioghalvfems	– sytten	= ....
j.	fireogtredive	+ femogfyrre	= ....
k.	tre hundrede og ni	+ fireoghalvtreds	= ....
l.	ni	x ni	= ....
m.	syv	x otte	= ....
n.	tretten	x tretten	= ....
o.	fireogtyve	– elleve	= ....
p.	sytten	+ halvfjerds	= ....
q.	otteogfirs	– nitten	= ....
r.	fireogfyrre	+ tooghalvtreds	= ....
s.	tooghalvtreds	– tretten	= ....
t.	syvogtres	+ fjorten	= ....
u.	niogtres	+ femogtyve	= ....
v.	et hundrede	+ fireoghalvfjerds	= ....
w.	nioghalvfems	– tolv	= ....
x.	to hundrede	+ tres	= ....

G. Repetition

1. Adjektiv, starke Form im Singular

a. Kirsten og Niels bor i et .... (stor) hus i Nyhavn.
b. Det er .... (pæn).
c. Gerts kuffert er .... (gammel).
d. Huset i Nyhavn er også .... (gammel).
e. Danmark er et .... (farlig) land.
f. Der ligger et .... (fin) skib i havnen.
g. Truslen i avisen er .... (usmagelig).

2. Das Relativpronomen

a. Huset er stort. Kirsten og Niels bor i det.
Huset, som Kirsten og Niels bor i, er stort.

b. Pigen er fra Frankrig. Gert taler med hende.
....

c. Toget kører til København. Gert kommer med det.
....

d. Pizzaen er varm. Den står på bordet.
....

e. Brevet er mystisk. Dronningen læser det.
....

3. Das Substantiv

et billede	*billedet*	*to billeder*	*billederne*
a. en overskrift	....	....	....
b. en sten	....	....	....
c. en arm	....	....	....
d. et hus	....	....	....
e. et dyr	....	....	....
f. et menneske	....	....	....
g. et brev	....	....	....

4. Das Personalpronomen

Han kender mig.	*Jeg kender ham.*
a. Hun ser ham.	....
b. Vi hjælper jer.	....
c. De hjælper hende.	....
d. I taler med mig.	....

5. Verben

a. I dag .... (schlafen) Gert længe.
b. Så .... (essen) han morgenmad og .... (lesen) avis.
c. Han .... (wissen) ikke, at det er tirsdag.
d. Og han .... (können) heller ikke .... (wissen), at han .... (aufwachen) i en fængselscelle i morgen.

H. Oversættelse

Der deutsche Journalist Gert liest den interessanten Artikel in einer dänischen Zeitung. Er findet, dass die mysteriöse Geschichte von* der armen kleinen Meerjungfrau gut ist. Es ist bald dunkel, und Gert fotografiert die grüne Statue. Vor dem jungen Mädchen steht aber ein merkwürdiger Mann. Plötzlich kommt die Polizei, und der Mann wirft einen leeren Sack auf den Boden. Gert nimmt den leeren Sack in die Hand und hört plötzlich eine laute Stimme hinter sich: »Sie sind verhaftet!«

*om

....

....

....

....

....

....

....

....

I. Mundtlige øvelser

1. Sehen Sie sich zu zweit die Illustration auf der ersten Seite der Lektion an und beschreiben Sie, was geschieht, indem Sie einander Fragen stellen, z. B.:

a. Hvor er Gert på det første billede?
b. Hvem taler han med?
c. Hvem er manden til højre på det andet billede?

2. Hvad ved du om H.C. Andersen?

J. Historien om Den Lille Havfrue

»Den Lille Havfrue« er et eventyr af H.C. Andersen (1805-1875), Danmarks store eventyrdigter. I eventyret bliver Havfruen forelsket i en prins og ønsker sig et liv på landjorden. Havheksen giver hende ben, men til gengæld må Havfruen afgive sin smukke stemme. Netop stemmen var prinsen forelsket i, og selv om Havfruen nu har ben, får hun ikke prinsen.
Brygger Jacobsen var meget begejstret for eventyret og bad billedhuggeren Edvard Eriksen om at lave en statue af Den Lille Havfrue, som i 1913 blev opstillet på Langelinie i København. Den er blevet et nationalsymbol og et yndet turistmål. Flere gange har der været hærværk mod Havfruen, hvor hun har mistet hovedet ...

historie, -n, -r Geschichte
eventyr, -et, ÷ Märchen
eventyrdigter, -en, -e Märchendichter
være/blive forelsket verliebt sein/werden
ønske sig (1) sich wünschen
liv, -et Leben
landjord, -en (Fest)Land
havheks, -en, -e Meereshexe
give, -r, gav, har givet geben
til gengæld dafür
afgive, -r, afgav, har afgivet abgeben
smuk schön, hübsch
netop ausgerechnet, eben
få, -r, fik, har fået bekommen
brygger, -en, -e Brauer; Carl Jacobsen (1842-1914), Sohn des Gründers der Carlsberg Brauerei
være begejstret for von jdm./etw. begeistert sein
bede, -r, bad, har bedt bitten
billedhugger, -en, -e Bildhauer
opstille (1) aufstellen
nationalsymbol, -et, -er Nationalsymbol
yndet beliebt
turistmål, -et Touristenziel
flere gange mehrmals, mehrere Male
gang, -en, -e Mal
hærværk, -et Vandalismus, Sachbeschädigung

Lektion 7

A. Onsdag den 12.6. – Formiddag

Næste morgen vågner Gert i en fængselscelle ... Det sagde vi også i lektion tre, men dengang sov han bare videre! I nat har han næsten ikke sovet. Sengen var god nok, men han tænkte for meget. Klokken halv ni kommer der to politibetjente og siger, at han skal følge med til grundlovsforhør. De to betjente er meget store, så Gert adlyder. Han kommer ind i et lokale. Dér er der ikke to, men ti store betjente. Gert ved ikke, hvorfor politiet har anholdt ham; men han føler sig allerede temmelig skyldig ...

Dommeren	De har oplyst, at De hedder Gert Lindenau. Passer det?
Gert	Nej! – Det vil sige ja! Det er en misforståelse!!
Dommeren	Er det en misforståelse, at De hedder Gert Lindenau?
Gert	Nej, det er en misforståelse, at jeg er her!
Dommeren	Det vil vise sig! – Er De dansker?
Gert	Nej, jeg er fra Tyskland. Fra Braunschweig.
Dommeren	Hvad laver De i Danmark?
Gert	Jeg er på ferie.
Dommeren	Hvornår rejste De ind i landet?
Gert	Jeg kørte ind på Københavns Hovedbanegård mandag aften.
Dommeren	Hvor var De henne i går kl. 21.30?
Gert	Jeg kørte i bus. Det var nummer 91. – Nej, nummer 19! Jeg snakkede med buschaufføren. Han viste mig, hvor Den Lille Havfrue er.
Dommeren	Hvad lavede De på Langelinie?
Gert	Jeg havde læst i avisen, at en eller anden havde savet højre arm af Den Lille Havfrue. Derfor ville jeg tage et billede af hende. Jeg er nemlig journalist, og det lød som en god historie.
Dommeren	Men De har jo ferie?
Gert	Gode journalister har aldrig ferie!
Dommeren	I hånden havde De en sæk. Det har vist sig, at den stammede fra et posthus i Sverigesgade. Det er 600 meter fra Den Lille Havfrue. I går kl. 21.35 røvede en mand 3 millioner kroner, – i nye sedler. Pengene

var i postsækken, da han røvede dem. Røveren var en ung mand, som talte med accent. Kan De forklare mig, hvorfor De havde netop dén sæk i hånden? Og vil De venligst fortælle mig, hvorfor sækken pludselig var tom, da politiet fangede Dem? – Stop teaterforestillingen, Olsen! Hvor er pengene?

Gert	Jeg hedder ikke Olsen, og jeg har ikke røvet pengene. Jeg hedder Gert Lindenau og kommer fra Tyskland!
Dommeren	Hold nu op, Olsen! Kan De bevise det? Har De måske et tysk pas?
Gert	Ja, jeg har!

Gert roder i lommerne. – Men de er tomme!

Gert	Jeg kan ikke finde mit pas. Jeg har nok glemt det hos Niels og Kirsten ...
Dommeren	Og hvem er så Niels og Kirsten? Er det to medskyldige, Olsen?

Gert ser på den strenge dommer. Hvad skal han gøre? Ingen tror på ham. Så banker det på døren. Der kommer en pige ind i lokalet. Hvem er dét? Gert har set hende før. Nu ved han det: Det er jo pigen fra toget!

B. Wortschätze

Folkeregisteret Einwohnermeldeamt

ANKOMST FRA UDLAND
Ankunft aus dem Ausland

Nedennævnte personer er tilflyttet Unten genannte Personen sind angekommen am	**Dato** Datum

Gadenavn Straße	**Husnr./-bogstav** Nummer/Buchstabe
Etage Stockwerk	**Side/Dørnummer** Seite/Türnummer
Bor hos Wohnen bei	
Ankommet fra (Adresse) Angekommen aus (Adresse)	
Forventet varighed af opholdet i Danmark (Registrering kan kun ske ved ophold over 3 måneder) Voraussichtliche Aufenthaltsdauer (Aufenthalt kürzer als 3 Monate wird nicht registriert)	

Fødselsdag og -år *) Geboren am	**Efternavn** Familienname	**Samtlige fornavne** Sämtliche Vornamen	**Køn M/F** Geschlecht	**Fødested** Geburtsort	**Statsborgerskab** Staatsangehörigkeit	**Stilling** Beruf

***) Et evt. tidligere tildelt dansk personnummer skal anføres**
*) Eine evt. früher zugeteilte dänische Personennummer muss angeführt werden

Ægteskabelig stilling Familienstand	**Ugift** Unverheiratet	**Fraskilt** Geschieden	**Enke(mand)** Witve(r)	**Gift** **Verheiratet**
Medlem af folkekirken Mitglied einer evangelisch-lutherischen Glaubensgemeinschaft Ja Nej			**Vielsesdato/sted** Datum/Ort der Trauung	

Dato Datum	**Underskrift** Unterschrift

C. Lückentext

Næste morgen vågner Gert i en .... Klokken .... ni kommer der to .... og henter ham. I et .... sidder der en .... og mange .... Dommeren spørger Gert, ... han er, ... han kommer fra, og .... han laver i Danmark. Gert svarer, at han .... Gert Lindenau, og at han .... fra byen Braunschweig i Tyskland. Dommeren tror ikke på .... Han tror, at Gert .... Olsen, og at han .... 3 millioner kroner.

D. Aussprache

Der Buchstabe æ

Aussprache	Regel	Beispiele
1. [ɛ:]	als Langvokal	læse, være, kære, majestæt, sæler, dræber
2. [ɛ]	als Kurzvokal, nicht in *r*-Verbindung	sæk, væk, ødelægger
3. [æ]	als Kurzvokal in *r*-Verbindung	færdig, mærkelig, værsgo, træt, grænse, bekræfte

æ als Bestandteil eines Diphthongs

Aussprache	Regel	Beispiele
[ɛw]	*æ* kann vor *v* zum Diphthong [ɛw] werden	hævn, æv

E. Grammatik

1. Das Adjektiv im Plural

Die Pluralendung des Adjektivs ist überall – in der bestimmten wie in der unbestimmten Form, in prädikativer wie in attributiver Stellung: *-e*:

stor*e* betjente de stor*e* betjente betjentene er stor*e*

Auch hier gilt, dass ein attributives Adjektiv die bestimmte Pluralform des Substantivs (*-ne*) ausschließt.

2. Die Konjugation des Verbs

Die dänischen Verben können in zwei Hauptgruppen eingeteilt werden: 1. Schwache Verben, 2. Starke Verben
In diesem Kapitel werden die schwachen, im folgenden die starken Verben behandelt.

2.1. Die Konjugation der schwachen Verben

Es gibt zwei Arten der Konjugation schwacher Verben:
1. Die Verben der ersten Gruppe enden auf *-ede* im Präteritum und *-et* im Partizip Perfekt.
2. Die Verben der zweiten Gruppe enden auf *-te* im Präteritum und auf *-t* im Partizip Perfekt.

Stamm (= Imp.)	Infinitiv	Präsens	Präteritum	Part. Perf.
lav-	lav-e	lav-er	lav-*ede*	lav-*et*
vis-	vis-e	vis-er	vis-*te*	vis-*t*

!

Infinitiv:	(at) bo	(at) ske
Präsens:	bor	sker

Endet der Infinitiv auf einem betonten Vokal, wird im Präsens statt *-er* nur *-r* zum Stamm hinzugefügt.
Es lassen sich kaum Regeln für die Zuordnung in Gruppen aufstellen. Deshalb empfiehlt es sich, bei jedem neuen Verb gleich die Hauptformen mitzulernen, z.B.:

at tale – han taler – han talte – han har talt

2.2. Einige unregelmäßige schwache Verben

! Wie im Deutschen gibt es auch im Dänischen eine kleine Gruppe von schwachen Verben mit unregelmäßiger Konjugation:

Infinitiv	Präsens	Präteritum	Part. Perf.
sige	siger	sagde	sagt
sætte	sætter	satte	sat
sælge	sælger	solgte	solgt
lægge	lægger	lagde	lagt
bringe	bringer	bragte	bragt
gøre	gør	gjorde	gjort

Die Konjugation derartiger Verben ist in der Vokabelliste aufgeführt.

3. Hilfsverben

Die zwei wichtigsten Hilfsverben sind:

Stamm (= Imp.)	Infinitiv	Präsens	Präteritum	Perfekt
hav-	hav-e	har	havde	har haft
vær-	vær-e	er	var	*har været*

! *at have* wird bei den meisten Verben verwendet.
at være wird – wie im Deutschen – hauptsächlich bei Bewegungsverben benutzt, z.B.:

at køre:	han er kørt
at gå:	hun er gået

Hinweis

In der Vokabelliste werden schwache Verben, die mit *at have* konjugiert werden, ohne Hilfsverb angegeben. In anderen Fällen wird das Hilfsverb mit angeführt. Die Zahlen in Klammern beziehen sich auf die Gruppen der regelmäßigen Verben, z.B.:

at snakke (1)
at køre (2), er kørt

4. Wortstellung. Hauptsatz mit Vollfinit

Besteht das Verbalglied eines Hauptsatzes **nur** aus dem finiten Verb (= Vollfinit) dann stehen folgende Satzglieder vor dem Satzadverbial:

1. das Objekt, wenn dies ein Reflexiv- bzw. Personalpronomen ist
2. die unbetonten Ortadverbien *her* und *der*

Gert ser ikke *Marianne.*	><	Gert *ser hende* ikke.
Gert spiser ikke *pizzaen.*	><	Gert *spiser den* ikke.
Hun *kan* ikke *hjælpe* ham.	><	Hun *hjælper ham* ikke.
Han vasker ikke *katten.*	><	Han *vasker sig* ikke.
Gert er ikke *hjemme.*	><	Gert er *her* ikke.

Beispiele in schematischer Darstellung:

Vorfeld	Hauptfeld				Schlussfeld		
	v	n		a	V	N	A
	Voll-finit		Pron. Obj. *her / der*		÷		
Gert	ser			ikke		Marianne	
Gert	***ser***		***hende***	ikke	÷	÷	
I dag	køber	hun		ikke		***avisen***	på banegården
I dag	***køber***	hun	***den***	ikke	÷	÷	på banegården
Måske	kan	dommeren		alligevel	**give**	**ham** en chance	
Måske	**giver**	han	**ham**	ikke		en chance	
Marianne	er			ikke			**hjemme**
Marianne	**er**		**her**	ikke			
Da Gert kom,	**var**	Kirsten	**der**	allerede			

5. Das Interrogativ *hvor*

Das Wort *hvor* hat, wenn es allein steht, die Bedeutung *wo*. Steht es aber vor einem Adjektiv oder einem Adverb, bedeutet es *wie*:

Hvor bor du?	Wo wohnst du?
Hvor gammel er du?	Wie alt bist du?

6. Ortsadverbien, kurze – lange Form

Einige Ortsadverbien haben zwei Formen:

Kurz	ind	ud	hen	op	ned	over	hjem
Lang	inde	ude	henne	oppe	nede	ovre	hjemme

– die kurze Form (Grundform) bezeichnet eine Bewegung von einem Ort zu einem anderen (wohin?):

Gert kommer *ind i* et værelse

– die (lange) *e*-Form bezeichnet den Ort (wo?):

Gert er *inde i* værelset

Diese Ortsadverbien werden im Dänischen *sehr häufig* verwendet. Sie entsprechen weitgehend dem Unterschied, der im Deutschen durch Akkusativ bzw. Dativ bei Bewegungen ausgedrückt wird.

Han gik *ud på* gaden.	Er ging *auf die* Straße.
Han gik *ude på* gaden.	Er ging *auf der* Straße.

F. Øvelser

1. Adjektiv: Deklination, Verb: Konjugation, Interrogativ

Dommeren *Hvor* (at være) *var* De henne kl. 19.00?

Gert Jeg (at være) .... hjemme hos Kirsten og Niels.

Dommeren .... er Kirsten og Niels?

Gert Det er to (dansk) .... venner, som jeg kender.

Dommeren .... (at lave, 1) .... De kl. 19.00?

Gert Jeg (at læse, 2) .... i en (dansk) .... avis. Der var en (interessant) .... artikel om den (mystisk) .... aktion mod Den Lille Havfrue og den (usmagelig) .... trussel mod den (dansk) .... dronning.

Dommeren .... ofte (at læse, 2) .... De (dansk) .... aviser?

Gert Kun når jeg (at være) .... i Danmark. Da jeg havde læst avisen, (at køre, 2) .... jeg ind til Rådhuspladsen og så med bus til Langelinie.

Dommeren .... kørte De med bussen ud til Langelinie?

Gert Det (at være) .... næsten (mørk) .... Derfor (at beslutte sig, 1) .... jeg .... for at tage bussen.

Dommeren (at tale, 2) .... De med nogen?

Gert Ja, jeg (at snakke, 1) .... med buschaufføren. Han (at vise, 2) .... mig, hvor Den Lille Havfrue er. Da jeg kom hen til den (grøn) .... statue, så jeg en (mærkelig) .... mand. Han (at løbe) .... væk, da politiet kom. Jeg tog den (tom) .... sæk i hånden og så (at høre, 2) .... jeg en stemme bag mig, som sagde, at jeg var anholdt.

Klokken 8.30 kom der to (stor) .... betjente og (at hente, 1) .... mig. Nu (at være) .... jeg her. Betjentene var meget (venlig) ...., men de sagde ikke, hvorfor de havde anholdt mig.

Dommeren Har De (at røve,1) .... 3 mio. kroner?

Gert Det sagde de ikke.

Dommeren .... sagde de ikke?

Gert Betjentene sagde ikke, at de havde (at røve, 1) .... 3 mio. kroner.

Dommeren Selvfølgelig har de ikke det! Jeg mener: Har De, min (god) .... Olsen, (at røve) .... 3 mio. kroner?

Gert Jeg hedder Gert Lindenau, og jeg er en (tysk) .... journalist.

Dommeren Hold nu op, Olsen. Vis mig i stedet Deres pas!

Gert (at rode, 1) .... i de (tom) .... lommer. Han kan ikke finde det (tysk) .... pas, – og den (dansk) .... dommer er meget (streng) ....

2. Wortstellung

2.1. Sätze mit Vollfinit und pronominalem Objekt bzw. *her* und *der*. Tragen Sie folgende Sätze ins Schema ein:

a. I morgen henter de ham måske på banegården.
b. Måske løslader dommeren ham allerede i dag.
c. Gert ved det ikke.
d. Hvorfor hentede du mig ikke i går?
e. Hun gav ham altid en bog i fødselsdagsgave.

Vorfeld	Hauptfeld				Schlussfeld		
	v	n		a	V	N	A
	Vollfinit		Pron. Obj. her/der				
					÷		
					÷		
					÷		
					÷		

2.2. Sätze mit oder ohne Vollfinit. Tragen Sie folgende Sätze in die Tabelle ein (die deutschen Sätze bitte erst ins Dänische übersetzen):

a. Politiet anholdt allerede tyskeren i går.
b. Man anholdt ham allerede i går.
c. Dommeren giver ham ikke en chance.
d. Gert kan ikke forstå det.
e. Marianne forstår det heller ikke.
f. Heute hat sie ihn vielleicht getroffen.
g. Gestern traf sie ihn nicht.
h. Vielleicht kauft sich der Deutsche eine Zeitung am Kiosk.
i. Er hat sich schon eine Zeitung am Kiosk gekauft.
j. Sie kaufte sich schon im Zug eine Zeitung.

Vorfeld	Hauptfeld				Schlussfeld		
	v	n		a	V	N	A
	Vollfinit		Pron. Obj.		÷		

3. Ortsadverbien

a. Marianne kommer .... i toget.
b. .... i toget sidder der allerede to mænd.
c. Kirsten lægger Gerts kuffert .... i bagagerummet.
d. Om aftenen tager Gert bussen .... til Langelinie.
e. Næste dag kommer han .... i et lokale.
f. .... i værelset sidder der ti store betjente og en dommer.
g. Gert går .... til dommeren.
h. Hvornår er du .... igen (zu Hause)?
i. Jeg kommer .... (nach Hause) klokken ti.
j. Wo mußt du hin?: Hvor skal du ....?
k. Wo bist du?: Hvor er du .... ?
l. Wo warst du gestern?: Hvor var du .... i går?

4. Numeralia, die Grundzahlen

1902 *nitten hundrede og to*

a. 1219 ....

b. 1849 ....

c. 826 ....

d. 1972 ....

e. 1536 ....

f. 1985 ....

G. Repetition

1. Das Relativpronomen: *som* und/oder *der*

a. Jeg kender ingen mennesker, ... er helt uden fejl.

b. Kirsten køber kun biler, ... hun kan lide.

c. Den strenge dommer hilste på de betjente, ... gik på gaden.

d. Den mand, ... du fortalte om i går, kom igen i morges.

e. Niels vil gerne have et køleskab, ... holder i mindst 10 år.

f. Har du set den mand, ... politiet lige har anholdt?

2. Konsonantenverdoppelung. Tragen Sie die fehlenden Formen ein:

en billet	*billetten*	*to billetter*
en	....	*to anorakker*
en kat	....	....
....	....	*to gafler*
....	*akvavitten*	....
....	*vaflen*	....
en	....	*to artiskokker*
et skelet	....	....
en	....	*to stakler*
....	*serviettten*	....
en kartoffel	....	....

3. Das Adjektiv. Welche Farben?

a. Himlen er .... Kan du se den .... himmel?

b. Vandet er også .... Kan du se det .... vand?

c. Solen er .... Kan du se den .... sol?

d. Postkasserne i Danmark er .... Kan du se de .... postkasser?

e. Sneen (der Schnee) er .... Kan du se den .... sne?

f. Huset er også .... Kan du se det .... hus?

g. Det danske flag er .... og .... Kan du se det .... og .... flag?

h. Det svenske flag er .... og .... Kan du se det .... og .... flag?

H. Oversættelse

Gert schläft in einer dunklen Gefängniszelle. Zwei große Polizeibeamte holen ihn um 8.30. In einem grünen Zimmer sitzt ein strenger Richter. »Was machten Sie gestern um 21.30 Uhr?«, fragt der strenge Richter. »Ich fuhr mit dem Bus«, antwortet Gert. »Warum?«, fragt der Däne. »Es war fast dunkel!«, sagt der arme deutsche Journalist. Keiner glaubt ihm ...

I. Mundtlig øvelse

Et forhør

A anklager B, men B vil ikke indrømme, at han/hun er skyldig. Begynd således:

A: Hvor er mine rundstykker?

B: Det ved jeg da ikke!

A: Er det dig, der har spist dem?

B: Nej, det ... .

A: Hvad laver du så her i køkkenet?

B: Jeg ...., men ....

A: ....

B: ....

Find selv på flere spørgsmål, indtil sagen er opklaret!

Lav andre forhør, f.eks. »Hvor er mit pas/min cykel/min bil/min bog/min billet ... ?«

J. Skriftlig øvelse

Du er én af de politibetjente, der anholder Gert. Skriv en politirapport om anholdelsen. Rapporten starter f.eks. sådan: »Kl. 21.30 var politiassistent Jensen og jeg i patruljevognen på Langelinie ...«

K. Olsen Banden

Den mest berømte forbryder i Danmark hedder Egon Olsen, men han findes kun på film. Som leder af Olsen Banden er det ham, der i film efter film udtænker en genial og for det meste meget indviklet plan om, hvordan han og hans to venner, Kjeld og Benny, kan blive millionærer. Men det går altid galt og ender med, at Egon bliver anholdt og kommer i fængsel. Og her begynder så den næste film: Egon bliver løsladt, og Benny og Kjeld henter ham ved Vestre Fængsel i deres gamle bil. Tiden i fængslet har Egon naturligvis brugt til at udtænke en genial plan...
Den første film om Olsen Banden kom i 1968, og 30 år senere, i 1998, kom den sidste, nummer 14 i rækken. Det blev også den sidste film overhovedet for den populære skuespiller Poul Bundgaard, der spillede rollen som den evigt ængstelige og forsigtige tøffelhelt Kjeld. Poul Bundgaard døde nemlig under optagelserne til filmen, som han havde glædet sig meget til at lave.
Filmene om Olsen Banden blev også en stor succes i det øvrige Skandinavien og i Tyskland (især i Østtyskland).

bande, -n, -r Bande
berømt berühmt
forbryder, -en, -e Verbrecher
findes, findes, fandtes, har fandtes (Dep.) es gibt
leder, -en, -e Leiter
film, -en, ÷ Film
udtænke (2) ausdenken
genial genial
for det meste meistens
indviklet kompliziert
plan, -en, -er Plan
millionær, -en, -er Millionär
gå, -r, gik, er gået gehen
gå galt schief gehen
begynde, er begyndt (2) anfangen, beginnen
næst, den ~e nächst, der ~e
løslade, -r, løslod, har løsladt entlassen
tid, -en, -er Zeit
Vestre Fængsel Gefängnis in Kopenhagen
naturligvis natürlich
sidst letzte(r, -s)
overhovedet überhaupt
populær populär
skuespiller, -en, -e Schauspieler
spille (1) spielen
rolle, -n, -r Rolle
evig ewig
ængstelig ängstlich
forsigtig vorsichtig
tøffelhelt, -en, -e Pantoffelheld
dø, -r, døde, er død sterben
under unter, hier; während
optagelse, -n, -r Aufnahme
glæde sig til (1) sich freuen auf
film, -en, ÷ Film
succes, -en, -er Erfolg
øvrig übrig
især vor allem, besonders
Østtyskland Ostdeutschland

Lektion 8

A. Onsdag den 12.6. – Middag

Da Marianne får øje på Gert, vinker hun til ham. Gert vinker også. Dommeren lægger mærke til det. Han spørger Marianne, om hun kender den anklagede. Marianne svarer, at hun mødte Gert i toget på vej til København mandag eftermiddag. Dommeren forstår ikke noget. Gert forstår heller ingenting. Så forklarer Marianne, at hun er kommet for at skrive en opgave om det danske retsvæsen. »Endnu en medskyldig«, tænker dommeren og vil fortsætte forhøret. »Ring til Niels Nielsen, Nyhavn 16!«, hvisker Gert til Marianne, der står ved siden af ham. Marianne forstår ikke helt, men hun skynder sig ud af lokalet og går ud på gaden.

Marianne	Undskyld, kan De sige mig, hvor jeg finder en telefonboks?
En gammel mand	Ja, det er anden gade på venstre hånd. Du skal gå forbi supermarkedet og banken, og så er det første gade til venstre!
Marianne	Mange tak!
Den gamle mand	Det var så lidt!

Den franske pige finder hurtigt telefonboksen. Hun tager telefonbogen. Hun er heldig: Telefonbogen er ikke ødelagt, og telefonen virker. Hun taster nummeret: 33 20 08 61.

Marianne	Hallo, er det Niels Nielsen?
En gnaven mand	Ja. Hvem taler jeg med?
Marianne	Jeg hedder Marianne Ravel. Du kender mig ikke. Jeg ringer for at sige, at Gert er i retten.
Den gnavne mand	Hvem er Gert?
Marianne	Det er den tyske journalist, der bor hos jer!
Den gnavne mand	Der bor ikke nogen tysk journalist her. De har vist fået galt nummer. Farvel!

Marianne er fortvivlet. Hvorfor bad Gert hende om at ringe til Niels Nielsen? Og hvorfor sagde Niels Nielsen, at han ikke kendte Gert??

B. Wortschätze

At spørge om vej **nach dem Weg fragen**

vej, -en, -e	Weg
gade, -n, -r	Straße
bro, -en, -er	Brücke
fortov, -et, -e	Bürgersteig
cykelsti, -en, -er	Fahrradweg
gågade, -n, -r	Fußgängerzone
fodgængerovergang, -en, -e	Zebrastreifen
lyskryds, -et, ÷	Ampel
vejkryds, -et, ÷	Kreuzung
rundkørsel, ~kørslen, ~kørsler	Kreisverkehr
første vej til højre/venstre	die erste Straße rechts/links
ligeud	geradeaus
hen/op/ned ad gaden	die Straße entlang/hoch/runter
over gaden	über die Straße

Undskyld, kan du sige mig, hvordan jeg finder hen til domkirken?
Undskyld, kan du sige mig, hvor rådhuset ligger?

Ja, du skal gå hen/op/ned ad Nørregade / …
… og fortsætte lige ud, til du kommer til et lyskryds / en rundkørsel / …
– dér skal du gå til højre / til venstre,
– du skal gå forbi banken / over Søndergade,
– så er det første gade på højre / venstre hånd,
– så kommer du til rådhuset.

C. Lückentext

Dommeren .... De denne mand?

Marianne Ja, jeg mødte ham i mandags i toget på vej til København. Det er en .... journalist, ... hedder Gert.

Gert Marianne! Skynd .... at ringe til Niels Nielsen i Nyhavn!

Marianne spørger en .... mand, ... hun kan finde en .... Den .... mand fortæller hende, ... der er en telefonboks. Marianne .... til Niels Nielsen, men han siger, at han .... Gert.

D. Aussprache

Klusilabschwächung

Man unterscheidet **stimmhafte:** [b], [d], [g]
und **stimmlose Verschlusslaute:** [p], [t], [k]

Die Buchstaben *p, t, k*

Aussprache	Regel	Beispiele
1. [p], [t], [k]	*p, t* und *k* am Wortanfang oder am Anfang einer betonten Silbe	pas, penge, posthus, politi, pige temmelig, teater, telefon, to, Kirsten, komme, kan, kørte papir, politi, betale, køreplan
2. [b], [d], [g]	Wenn *p, t* und *k* **nicht** am Wortanfang stehen, schwächen sie sich in der Aussprache zu [b], [d] und [g] ab	opdage, opgave, supermand betjente, talte, Mette, teater, journalist, nat sækken, lektion, nok, klokken, banke

!

1. Die druckschwache Silbe **-et** spricht sich [əð]: fortvivlet, politiet, meget
2. **-tion** wird [sjon] ausgesprochen: lektion, arrestation, international

E. Grammatik

1. Die starken Verben

Wie im Deutschen ist die Gruppe der starken Verben verhältnismäßig groß; sie umfasst viele häufig vorkommende Verben.
Die starken Verben bilden das *Präsens* genau so wie die regelmäßigen durch *-r* oder *-er*. Das *Präteritum* wird nicht durch Anhängen einer Endung, sondern häufig durch Ablaut gebildet. Die Endung im *Part. Perf.* ist normalerweise *-et*, kann aber auch *-t* sein:

Infinitiv	Präsens	Präteritum	Part. Perf.
at få	får	fik	fået
at finde	finder	fandt	fundet

2. Besonderheiten beim Adjektiv, Zusammenfassung

Bei Adjektiven auf unbetontem *-el, -en, -er* entfällt das *-e*, wenn die Flexionsendung mit *-e* hinzugefügt wird. Eventuelle Doppelkonsonanten werden dabei vereinfacht:

en gnaven stemme	den gnavne stemme
en mager pige	den magre pige
en gammel mand	den gamle mand

Die schwache Form sowie die Pluralendung von Adjektiven auf *-et* ist *-ede*:

en anklaget tysker	den anklagede tysker de anklagede tyskere

en blå bil et blåt hus	den blå_ bil de blå_ huse	Adjektive auf *-å* haben keine *e*-Endung.
et stille_ barn et moderne_ hus	barnet er stille_ huset er moderne_	Adjektive auf *-e* sind undeklinierbar.
kort (Adj.):	et kort brev	Wenn der Stamm des Adjektivs auf *-t* endet, wird im Neutrum kein zusätzliches *-t* hinzugefügt.
et mystisk brev		Bei Adjektiven auf *-sk* wird die *t*-Form in der Regel nicht verwendet.

3. Wortstellung. Nebensätze

1. Die Wortstellung im Nebensatz unterscheidet sich von der im Hauptsatz vor allem hinsichtlich der Stellung des finiten Verbs. Im Nebensatz steht dies am Ende des Hauptfeldes, und somit nach der Negation *ikke* (einschließlich der Satzadverbien).

Hauptsatz:	Han *kender ikke* Gert.
Nebensatz:	Dommeren siger, at han *ikke kender* Gert.

2. Der Nebensatzeinleiter kann eine Konjunktion, ein Pronomen oder ein Adverb sein.

Dommeren tror, *at* Gert hedder Olsen (Konj.)
Gert ved ikke, *hvad* han skal sige (Pron.)
Gert ved ikke, *hvorfor* han er anholdt (Adv.)

3. Vgl. Lektion 5: Eine Präposition, die ein Relativpronomen regiert, steht im Schlussfeld.

Den pige, *som* Gert snakkede *med* i toget, hedder Marianne. Den mand, *som* Gert fik sækken af i går, var mystisk. Gert forstår ikke, *hvad* dommeren tænker *på*.

Der Nebensatz in schematischer Darstellung:

Hauptsatz	Verb.-Feld	Hauptfeld			Schlussfeld		
	Einleiter	n	a	v	V	N	A
Dommeren påstår,	at	han	ikke	kan	finde	røveren	
Gert er træt,	fordi	han	ikke	har	sovet		i nat
Den pige,	som	Gert	allerede	har	talt		med, ...
Det er Gert,	der			er		journalist	
Dommeren spørger,	hvorfor	Gert	kun	havde		en tom sæk	i hånden

F. Øvelser

1. Das Verb. Präteritum

a. I går .... (at få) Gert besøg af to store betjente i fængselscellen.

b. De .... (at spørge) ham, om han havde sovet godt.

c. Gert .... (at sige), at sengen .... (at være) god.

d. Senere .... (at komme) Gert ind i et lokale, hvor en dommer kiggede strengt på ham.

e. Han .... (at bede) Gert om at fortælle om et røveri, men Gert .... (at forstå) ikke, hvad dommeren mente.

f. Dommeren .... (at skrive) noget på et stykke papir, mens Gert .... (at fortsætte) med at fortælle, at han ikke .... (at hedde) Olsen, men Gert Lindenau.

2. Das Verb. Partizip Perfekt

a. *at have* Gert .... aldrig .... en ny bil.

b. *at finde* Hvor .... du .... den tomme sæk?

c. *at komme*	Niels .... ikke .... hjem endnu.	
d. *at anholde*	Politiet .... den unge tysker.	
e. *at forstå*	Dommeren spørger, om Gert .... ham.	
f. *at bede om*	Gert .... ikke .... om at komme i fængsel.	
g. *at være*	Gert .... aldrig .... i fængsel i Tyskland.	

3. Konjugation der regelmäßigen Verben

Infinitiv	Präsens	Präteritum	Perfekt
a. at vågne	....	....	....
b. at tænke	....	....	....
c. at lave	....	....	....
d. at køre	....	....	....
e. at forklare	....	....	....
f. at glemme	....	....	....
g. at stoppe	....	....	....
h. at bevise	....	....	....
i. at rode	....	....	....

4. Besonderheiten beim Adjektiv

a. Det .... (gammel) hus ligger i Nyhavn.
b. Det er meget .... (lille).
c. Marianne taler med en .... (gnaven) mand.
d. Den .... (gnaven) dommer kender ikke Niels.
e. Om natten er alle katte .... (grå).
f. I Nyhavn ligger der et .... (lille) skib.
g. Lise er et meget .... (stille) barn.
h. Bagagerummet er ikke lukket, det står .... (åben).
i. Kan du ikke lukke de .... (åben) vinduer.
j. Den .... (sulten) tysker spiser to rundstykker.
k. Hvor er Gerts .... (blå) briller.
l. Gert hedder Olsen, det er dommeren .... (sikker) på.
m. Men betjentene er ikke helt .... (sikker).

5. Wortstellung im Nebensatz

5.1. Tragen Sie folgende Nebensätze in die Tabelle ein

a. [Marianne ser,] at Gert ikke er glad.
b. [Hvem er den mand], som politiet allerede arresterede i går?
c. [Gert er glad], fordi Marianne måske kan hjælpe ham ud af fængslet.
d. [Niels og Kirsten er de danskere], som Gert ofte har boet hos.

Verb.-Feld	Hauptfeld			Schlussfeld		
Einleiter	n	a	v	V	N	A

5.2.

1. Hun ligger ikke på en god seng
   Hun fortæller at ....
2. Gert tager altid sækken i hånden
   Dommeren spørger, hvorfor ....
3. Du har ikke en bil
   Hvis ...., kan du ikke køre.
4. Man skal altid adlyde politibetjente
   Loven siger, ...
5. Det er ikke mørkt
   Vi går kun, hvis ....
6. Kirsten og Niels kom igen hjem til lejligheden
   Da ...., var Gert væk.
7. Han hedder måske Olsen
   Dommeren påstår, at ....
8. Hun ringer aldrig til politiet
   Hun siger, ...

G. Repetition

1. Starke und schwache Form der Adjektive, Singular und Plural

a. I toget snakker Gert med en .... (gammel) mand.
b. Den .... (gammel) mand kommer fra Roskilde.
c. Niels og Kirsten har et .... (grøn) bord.
d. Huset, som de bor i, er .... (hvid) og temmelig .... (gammel).

e. I bilens .... (stor) bagagerum ligger Gerts .... (ny) kuffert.
f. Den .... (pæn) kvinde bor i en .... (farlig) by.
g. Det er .... (farlig) at bo i Danmark.
h. Gert fotograferer tyve .... (mystisk) køer på Rådhuspladsen.
i. Den .... (stakkels), ... (ung) pige mangler en .... (grøn) arm.
j. Hvor er de .... (tom) sække?
k. Det er .... (mørk) om natten.
l. Vandet er .... (mørkeblå).
m. Tyskland er et .... (uhyggelig) land.
n. Mange mennesker er .... (mærkelig).
o. .... (kær) Kirsten!
p. Den .... (lang) bus holder foran det .... (gammel) hus.

2. Relativpronomen/Adjektiv in prädikativer Stellung (Sg./Pl.)

f.eks.: Gert sover i en god seng. – *Den seng, som Gert sover i, er god.*
a. Gert taler med en streng dommer.

....

b. Kirsten og Niels bor i et gammelt hus.

....

c. Gert læser om et mystisk røveri.

....

d. Han tager billeder af unge danskere.

....

e. Vi spiser to friske rundstykker.

....

f. Københavnerne læser danske aviser.

....

3. Substantive/Adjektive. Ersetzen Sie die unbestimmte durch die bestimmte Form:

a. I *toget* (et tog) sætter *den unge tysker* (en ung tysker) sig på plads to.
b. Kirsten og Niels henter Gert på .... (en banegård), og de lægger .... (en tung kuffert) ned i .... (en bils bagagerum).
c. De kører med .... (en bil) til Nyhavn.
d. .... (en gammel bil) kører fint, og snart er de i danskernes .... (en lejlighed).
e. .... (en lejlighed) er stor, og der er god plads til .... (en tysk journalist).

f. Næste dag læser .... (en tysker) i ....
(en dansk avis), at Aktion Neptun har sendt .... (en dronning) en trussel.

g. .... (en dansk dronning) har sammen med .... (et brev) også modtaget ....
(en grøn arm).

H. Oversættelse

Als Gert gestern im Zimmer saß, kam Marianne herein und winkte ihm zu. Der Richter fragte, ob sie Gert kennt. Sie erklärte, dass sie eine Seminararbeit über das dänische Gerichtswesen schreibt und dass sie Gert kennt. Gert flüsterte ihr zu: »Ruf Niels Nielsen, Nyhavn 16 an!« Sie fand schnell eine Telefonzelle, aber Niels Nielsen sagte: »Es wohnt kein deutscher Journalist hier.«

I. Mundtlig øvelse

Lernen Sie die Ausdrücke in »Wortschätze« auswendig und suchen Sie dann zu zweit den Weg durch Kopenhagen:

1. Rådhuset 2. Fisketorvet 3. Rundetårn 4. Det Kongelige Teater
5. Kongens Nytorv 6. Grønttorvet 7. Storkespringvandet

J. De hyppigste danske for- og efternavne

Der findes omkring 85 000 forskellige efternavne i Danmark. Alligevel har langt over halvdelen af den danske befolkning et efternavn, der ender på *-sen*, som f.eks. *Jensen, Hansen, Sørensen, Rasmussen*. Forklaringen er, at *-sen* er afledt af ordet *søn*. Allerede i middelalderen føjede man endelsen *-søn* til faderens fornavn for at skabe et efternavn. Eksempel: Peters søn, Jens, hed officielt Jens Peters Søn, som senere blev til Petersen. I skemaet kan du se en række af de mest almindelige danske navne.

hyppig häufig
forskellig verschieden
alligevel dennoch
langt over weit über/mehr
halvdel, -en, -e Hälfte
befolkning, -en, -er Bevölkerung
ende på (2) enden auf
f.eks. (for eksempel) z.B. (zum Beispiel)
aflede (2) ableiten
ord, -et, ÷ Wort
middelalder, -en Mittelalter
føje til (1) hinzufügen
endelse, -n, -r Endung
skabe (2) schaffen
skema, -et, -er Schema, Tabelle
række, -n, -r Reihe
almindelig gewöhnlich

Drengenavne	Pigenavne	Efternavne
Jens	Kirsten	Jensen
Peter	Anne	Nielsen
Lars	Hanne	Hansen
Hans	Mette	Petersen
Niels	Anna	Andersen
Michael	Karen	Christensen
Jørgen	Helle	Larsen
Søren	Susanne	Sørensen
Henrik	Inge	Rasmussen
Thomas	Lene	Jørgensen

Lektion 9

A. Onsdag den 12.6. – Middag

»De har vist fået galt nummer«, sagde stemmen. Galt nummer ...? Marianne ser i telefonbogen. Dér står det sort på hvidt: Niels Nielsen, Nygade 16: 33 20 08 61. Åh nej, det var jo Nyhavn, Gert sagde ... Marianne læser videre. Der er mange mennesker i København, der hedder Niels Nielsen. Alt for mange, synes Marianne. Men så finder hun endelig den rigtige Niels Nielsen med den rigtige adresse. Hun taster hans telefonnummer: 33 10 10 63.

Marianne	Hallo?
Kirsten	Kirsten Nielsen. Hvem taler jeg med?
Marianne	Mit navn er Marianne Ravel. Bor der en tysk journalist i jeres lejlighed?
Kirsten	Ja, hvis du mener Gert Lindenau, så bor han i vores lejlighed. Men han er væk. Han har været væk i over et døgn nu ... Hans pas og penge ligger hos os.

Marianne forklarer sagen kort. Kirsten har været bekymret for, hvor Gert var henne. Et kvarter senere kommer Niels og Kirsten i deres blå bil. Sammen med Marianne går de ind til dommeren. Dommeren er rød i hovedet af ærgrelse, for Gert vil ikke tilstå, at han hedder Olsen!! Men da Niels og Kirsten viser ham Gerts røde tyske pas, skifter hans ansigt farve og bliver i stedet gråt og blåt. Han undskylder mange gange og skynder sig at løslade Gert. Niels og Kirsten er glade, fordi de har fundet deres gæst. Marianne er glad, fordi hun har reddet Gert. Og Gert er glad, fordi han ikke hedder Olsen ... Men postmesteren i Sverigesgade er ikke så tilfreds – han mangler nemlig tre mio. kr. Og dommeren er heller ikke så tilfreds, – for han mangler en røver. Og dronningen er lidt bange, for hun har en arm for meget ...

B. Wortschätze

Følelsesudtryk **Gefühlsausdrücke**

være glad (for/over ngt.) (über etw.) froh sein, sich über etw. freuen
Er du glad for din nye lejlighed?
Du ser så glad ud.

glæde sig til sich auf etw. freuen
Hun glæder sig til ferien.

være ked af det traurig sein
Hvad er du ked af?
Du ser så ked ud af det!

være vred (på ng.) (auf jdn.) böse sein
Hvorfor er du vred på ham?

være rasende (på ng.) (auf jdn.) wütend sein
Dommeren var rasende på Gert.

være forelsket (i ng.) (in jdn.) verliebt sein
Den Lille Havfrue var forelsket i prinsen.

elske lieben
Kirsten elsker Niels.
Gert elsker pizza.

være vild med ngt. etw. ganz toll finden
Niels er vild med rockmusik.
Gert er vild med at fotografere.

hade (ng./ngt.) (jdn./etw.) hassen
Gert hader at stå tidligt op.

ikke bryde sig om ng./ngt. jdn./etw. nicht mögen
Hun bryder sig ikke om spinat.
Gert bryder sig ikke om at sove i fængslet.

C. Lückentext

Niels Hallo?

Kirsten ...., det er Kirsten. Jeg har netop snakket med en .... pige. Hun .... Marianne Ravel. Kender du ....?

Niels Nej, hvorfor?

Kirsten Jeg har lige talt med hende i telefonen. Hun siger, at Gert er i .... !

Niels Hvorfor er han i ....?

Kirsten Det er vist en .... Dommeren

	tror ikke .... ham, fordi .... pas og papirer ligger hos ....
Niels	Jeg .... ingenting, men jeg .... med det samme, så vi kan vise dommeren Gerts ....
Kirsten	Tager du din cykel?
Niels	Nej, jeg .... bilen.
Kirsten	Fint. Hvis du .... med det ...., kan vi være i retten inden kl. ét.

D. Aussprache

Der Buchstabe *o*

Aussprache	Regel	Beispiele
1. [o(:)]	1) als Langvokal mit Stoßton 2) als Langvokal oder Kurzvokal ohne Stoßton	tog (Vb.), god, ko, bo, Odense, to hoved, nogen/nogle, mor, fotograf, fodbold
2. [ʌ]	1) als Kurzvokal ohne Stoßton wird o oft zu [ʌ] abgesenkt	godt, for, holde, nok, tom, tolv, kold, oppe
3. [å(:)]	mitunter findet eine Absenkung zu [å(:)] statt	hos, onkel, ost, noget, bombe
4. [ɔ:]	in r-Verbindung wird o offener gesprochen	Norge, morgen, vores, Kalundborg, hvor

o als Bestandteil eines Diphthongs

Aussprache	Regel	Beispiele
1. [å]	*o* zusammen mit *g* in dem Diphthong [åw]	klog, tog
2. [ʌ]	*o* zusammen mit *g* und *v* in dem Diphthong [ʌw]	vogn, lov

Der Buchstabe *å*

Aussprache	Regel	Beispiele
1. [å:]	als Langvokal mit oder ohne Stoßton	blå, på, gå, få, så (Vb.), nå (Vb.), grå, måne, både, råbe

2. [ʌ]	als Kurzvokal ist der Vokal offener	blåt, gråt, pålæg, bånd, så (konj.)
3. [ɔ:]	in r- Verbindung	står, år, Århus

å als Bestandteil eines Diphthongs

Aussprache	Regel	Beispiele
1. [å]	å zusammen mit *g* in dem Diphthong [åw]	måge, tåge

E. Grammatik

1. Die Possessivpronomen

	Singular		
	Utrum	Neutrum	Pl.
1. Pers.	min	mit	mine
2. Pers.	din	dit	dine
	Deres		
3. Pers.	hans		
	hendes		
	dens		
	dets		
	sin (*)	sit (*)	sine (*)

	Plural
	Utrum/Neutrum
1. Pers.	vores (**)
2. Pers.	jeres
	Deres
3. Pers.	deres

* Zum Gebrauch von *sin / sit / sine*: siehe Lektion 13.
** Man trifft noch auf die älteren Formen *vor / vort / vore*

Wie aus der Tabelle hervorgeht, gibt es bei den Possessivpronomen einige, die – den Adjektiven ähnlich – dekliniert werden, und einige, die undeklinierbar sind:

det er min bil	det er mit hus	det er mine biler og mine huse
det er hans bil	det er hans hus	det er hans biler og hans huse

Egal, ob ein Substantiv folgt oder nicht, bleibt das Possessivpronomen unverändert.

Det er min bil.	Es ist mein Auto.	Det er min.	Es ist meins.
Det er hans bil.	Es ist sein Auto.	Det er hans.	Es ist seins.

2. Hervorhebung durch Satzspaltung

Es kommt im Dänischen häufig vor, dass ein Wort durch die Bildung eines zusätzlichen Satzes nach dem folgenden Muster betont wird:

Peter bor i huset – ikke Niels	→	Det er Peter, der bor i huset, ikke Niels.
Gert sagde Nyhavn – ikke Nygade	→	Det var Nyhavn, Gert sagde.
Vi kom kl. 3 – ikke kl. 5	→	Det var kl. 3, vi kom.
Jeg tænker på dig	→	Det er dig, jeg tænker på.

3. Auslassung des Relativpronomens

Das Relativpronomen wird häufig weggelassen bei
a. betontem Bezugswort
b. Satzspaltung:

Det er den forkerte Niels Nielsen, Marianne ringer til.
Den mand, Marianne ringer til, er gnaven.
Det er dig, vi venter på.

4. Adjektive. Ein zu hoher Grad.

Ein zu hoher Grad wird durch das Adverbium *for* + Positiv (Grundform) ausgedrückt:

Rundstykket er for stort.
Teen er for varm.

5. Die Uhrzeit

Klokken er to.
Hvad er klokken?
Den er to.

Klokken er halv tre.
Hvad er klokken?
Den er halv tre.

Klokken er kvart i tre.
Hvad er klokken?
Den er kvart i tre.

Klokken er kvart over tre.
Hvad er klokken?
Den er kvart over tre.

Klokken er fem minutter i fire.
Hvad er klokken?
Den er fem minutter i fire.

Klokken er fem minutter over fire.
Hvad er klokken?
Den er fem minutter over fire.

Klokken er fem minutter i halv fire.
Hvad er klokken?
Den er fem minutter i halv fire.

Klokken er fem minutter over halv fem.
Hvad er klokken?
Den er fem minutter over halv fem.

Klokken er lidt i seks.
Hvad er klokken?
Den er lidt i seks.

Klokken er lidt over seks.
Hvad er klokken.
Den er lidt over seks.

Klokken er lidt i halv seks.
Hvad er klokken?
Den er lidt i halv seks.

F. Øvelser

1. Possessivpronomen. Adjektiv

Marianne Er det .... bil, Kirsten og Niels?

K & N Ja, hvis du mener den gamle dér, så er det .... Har du også en bil?

Marianne Ja, men .... bil er i Frankrig. Den er også .... Jeg bor hos .... danske morbror og .... tante, så jeg kan køre i .... bil. Har Gert en ny bil?

K & N Nej! .... bil er meget gammel.

Gert Ja, ... bil kan slet ikke køre til København!

2. Auslassung des Relativpronomens bei Satzspaltung

Eks.: manden – jeg ser på gaden – *Det er manden, jeg ser på gaden.*
pigen – bor i huset – *Det er pigen, der bor i huset.*

a. havfruen – sidder på en sten

....

b. dommeren – jeg ser i fængslet

....

c. Niels Nielsen – Marianne hører i telefonen

....

d. betjentene – henter Gert

....

e. Gert – betjentene arresterer

....

f. Niels Nielsen i Nygade – har nummer 33 20 08 61

....

g. Marianne – studerer dansk i Paris

....

h. Olsen – dommeren mangler

....

3. Satzspaltung

Skal du hente Gert? *Er det dig, der skal hente Gert?*
Du skal hente Gert. *Det er dig, der skal hente Gert.*

a. De har en bil. ....

b. Vi skal hente Niels. ....

c. Skal han vaske op? ....

d. Skal du til møde i børnehaven? ....

e. Vi elsker pizza. ....

f. Har hun ringet til politiet? ....

g. Hun har en sort kat. ....

h. Du har røvet 3 millioner kroner. ....

G. Repetition

1. Wortstellung. Von Nebensatz zu Hauptsatz. Beginnen Sie den Hauptsatz mit dem kursiv gedruckten Satzglied:

Eks.: (Kirsten ved), at tyskeren ikke var hjemme *i går*.
I går var tyskeren ikke hjemme.

a. (Marianne ved), at *Gert* ikke hedder Olsen.

....

b. (Dommeren tror), at *han* allerede har fundet røveren.

....

c. (Niels Nielsen siger), at *han* ikke kender den tyske journalist.

....

d. (Niels Nielsen siger), at *han* ikke kender ham.

....

e. (Gert håber), at *Marianne* måske kan hjælpe ham ud af fængslet.

....

f. (Gert håber), at *hun* måske hjælper ham ud af fængslet.

....

2. Haupt- und Nebensatz. Wohin gehört das Wort in Klammern? – Markieren Sie mit √.

Eks.: Den unge tysker kom √ til København i går [allerede]

a. Marianne hjalp ham i går. [ikke]

b. Hun kan hjælpe ham i dag. [måske]

c. I nat sov Gert hos Kirsten og Niels. [ikke]

d. Han fortæller, at han sov hos Kirsten og Niels i nat. [ikke]

e. Dommeren vil ikke løslade i dag. [tyskeren]

f. Dommeren løslader ikke i dag. [ham]

g. Han påstår, at han har tid. [ikke]

3. **Regelmäßige/Unregelmäßige Verben. Tragen Sie bitte die fehlenden Formen zusammen mit einem Subjekt in die Tabelle ein:**

Infinitiv	Präsens	Präteritum	Perfekt
....	....	han fandt	....
....	hun siger	....	....
at komme	....	....	....
....	de er	....	....
....	....	....	han har taget
at have	....	....	....
at vide	....	....	....
....	....	....	vi har læst
....	jeg tror	....	....
....	....	jeg blev	....
....	....	....	du har manglet

H. Oversættelse

Gert erklärt dem Richter, warum er den leeren Sack in der Hand hielt, als die Polizei ihn verhaftete. Es hilft ihm aber nicht, denn der strenge Richter glaubt, dass er Olsen heißt, und will ihn nicht freilassen. Gert ist verzweifelt. Wie kann er beweisen, dass er ein deutscher Journalist ist? Wo ist das Geld? Wer ist Olsen? Wo ist der grüne Arm der kleinen Meerjungfrau, und wo ist der junge Mann, den er bei Langelinie gesehen hat?

I. Mundtlig øvelse

Tal to og to om, hvordan I har det og hvorfor! Spil hver scene to gange, så I begge har rollen som A og B. Brug eventuelt andre af udtrykkene fra »Wortschätze«. Luk derefter bogen og spil scenen igen, inden I går videre til næste øvelse.

I A: Du ser så glad ud i dag!
B: Ja, det er fordi ...
A: Nå, så kan jeg godt forstå, du ser så glad ud!
B: Men, hvad med dig? Du ser lidt ked ud af det?
A: Ja, jeg er lidt ... det, fordi ...

II A: Du ser temmelig vred ud! B: Jamen, det er jeg også!
A: Hvem er du vred på? B: Jeg er … på…
A: Hvorfor det? B: …

III A: Glæder du dig til din ferie? B: Ja, mon ikke!
A: Hvor skal du hen? B: …
A: …? B: …

J. Danmark og EU

Danmark kom med i EU (Den Europæiske Union) i 1973. Dengang hed det EF (De Europæiske Fællesskaber). Der blev afholdt en folkeafstemning om dansk medlemskab, hvor 63,3 % af danskerne stemte ja, mens 36,7 % sagde nej. Valgdeltagelsen var meget høj: 90,1 % af alle vælgere gik hen og stemte søndag, den 2. oktober 1972.
Men det er ikke den eneste gang, danskerne har stemt om EU. Der er tradition for at spørge befolkningen i forbindelse med store ændringer i EU-samarbejdet. Fra 1986 til 2000 var der fem folkeafstemninger. Generelt er danskerne positive over for EU, men mange er imod at afgive for meget suverænitet. Det var grunden til, at et flertal stemte nej til Maastricht-traktaten i 1992, men ja året efter, da EU tilbød Danmark en række vigtige undtagelser fra traktaten: De danske forbehold. Og da danskerne i 2000 stemte om euroen, var der igen et lille flertal, der var imod …

union, -en, -er Union
fællesskab, -et, -er Gemeinschaft
afholde, -r, ~holdt, har ~holdt (ab)halten
folkeafstemning, -en, -er Volksabstimmung, Referendum
medlemskab, -et, -er Mitgliedschaft
medlem, -met, -mer Mitglied
stemme (2) (ab)stimmen, wählen
valgdeltagelse, -n Wahlbeteiligung
vælger, -en, -e Wähler
eneste einzig
gang, -en, -e Mal
stemme om ngt. (2) über etw. abstimmen
tradition, -en, -er Tradition
forbindelse, -n, -r Verbindung
i forbindelse med in Verbindung mit
ændring, -en, -er Veränderung
samarbejde, -t (ohne Pl.) Zusammenarbeit
imod dagegen
afgive, -r, afgav, har afgivet abgeben
suverænitet, -en Souveränität
flertal, -let, ÷ Mehrzahl, Mehrheit
traktat, -en, -er Vertrag
tilbyde, -r, ~bød, har ~budt anbieten
række, -n, -r Reihe
undtagelse, -n, -r Ausnahme
forbehold, -et, ÷ Vorbehalt

Lektion 10

A. Onsdag den 12.6. – Eftermiddag.

Alle er enige om, at de vil fejre Gerts løsladelse. Men danskerne skal på arbejde klokken ét, og den franske pige skal tilbage til det danske retsvæsen.

De aftaler altså, at de vil gå i Tivoli om aftenen. De andre går, og Gert bliver tilbage foran politigården. Han sætter sig på en bænk i en lille park. Han er lidt træt, og snart falder han i søvn. Mens han sover, drømmer han, at han rejser med tog. I toget møder han en pige med to brune øjne og en lang fiskehale. Gert vil gerne snakke med hende, men han kan ikke, for hun står af i Roskilde og efterlader en grøn bronzearm i toget. Så kommer der en betjent og spørger, om den grønne arm har billet. Hverken Gert eller armen har billet. »Billetten koster tre millioner kroner!«, siger betjenten strengt. Hverken Gert eller den grønne arm har så mange penge, – de kan altså ikke betale. Derfor arresterer betjenten dem begge to ...

Først efter tre timer vågner Gert. Nej, han er ikke i fængsel: Han drømte bare – om havfruen med de brune øjne og den grønne arm. – Havfruen!! Gert havde helt glemt, at han ville fotografere Den Lille Havfrue. I går kunne han ikke, fordi politiet arresterede ham. Han skynder sig at tage bus nr. 19 ud til Langelinie.

»Nå, er det dig igen!«, siger buschaufføren. »Du er vist forelsket i den unge dame, hvad?« – Gert bliver rød i hovedet. Hvordan kan buschaufføren vide ...? – Så går det op for Gert, at buschaufføren bare mener Den Lille Havfrue! Han skynder sig ud.

Da han når hen til stedet, hvor Den Lille Havfrue skulle sidde, ser han to mænd i arbejdstøj. De er ved at demontere statuen. Gert tager hurtigt et billede af havfruen, før mændene løfter hende ned fra stenen og bærer hende ud til en lille fiskekutter, der ligger for anker få meter fra kysten. »Hvor skal hun hen?« spørger Gert. »Til Sverige!«, siger mændene og går om bord på deres fiskekutter. »Hun skal til reparation – vi er jo midt i turistsæsonen!«. »Nåh, ja!«, siger Gert og ser efter dem, da de forsvinder i retning af den svenske kyst. »God rejse! – Og god bedring«, råber han – så højt, at tre japanske turister ser mistænksomt efter ham, da han går tilbage mod byen.

B. Wortschätze

Tøj Kleidung

tøj, -et	Kleidung
hat, -ten, -te	Hut
hue, -n, -r	Mütze
halstørklæde, -t, -r	Schal
handske, -n, -r (et par ~r)	Fingerhandschuh, (ein Paar ~e)
vante, -n, -r (et par ~r)	Handschuh, (ein Paar ~e)
frakke, -n, -r	Mantel
jakkesæt, -tet, ÷	Anzug
jakke, -n, -r	Jacke
sweater, -en, sweatre	Pullover
trøje, -n, -r	Pullover
skjorte, -n, -r	Hemd
bluse, -n, -r	Bluse
T-shirt, -en, -s	T-Shirt
kjole, -n, -r	Kleid
nederdel, -en, -e	Rock
bukser (Pl.), (et par ~)	Hose
shorts (Pl.), (et par ~)	kurze Hose
undertrøje, -n, -r	Unterhemd
trusser (Pl.), (et par ~)	Slip
underbukser (Pl.), (et par ~)	Unterhose
strømpe, -n, -r (et par ~)	Strumpf, (ein Paar ~e)
sok, -ken, -ker (et par ~ker)	Socke, (ein Paar ~n)
sko, -en, ÷ (et par ~)	Schuh, (ein Paar ~e)
hjemmesko, -en, ÷ (et par ~)	Hausschuh, (ein Paar ~e)
støvle, -n, -r, (et par ~)	Stiefel, (ein Paar ~)
gummistøvle, -n, -r, (et par ~)	Gummistiefel, (ein Paar ~)

C. Lückentext

Da Gert kommer ud fra ...., er han .... Han sætter sig på en bænk og falder .... i søvn. Han .... om en togrejse sammen med en grøn ...., og ingen af dem .... betale billetten, ... koster .... mio. .... Gert vågner, og så .... han med .... ud til Den Lille Havfrue, som to mænd er ved at .... Hun .... til reparation i Sverige.

D. Aussprache

Der Buchstabe *y*

Aussprache	Regel	Beispiele
1. [y:]	im Langvokal	synes, nyde, dyr, dyb
2. [y]	als Kurzvokal	Tyskland, syd, tyk, skygge
3. [ø]	Meistens vor *g, k, m* und *n* auch in einigen anderen Fällen	dygtig, tynd, synge, stykke sytten, kys, kyst
4. [ö]	in *r*-Verbindung	bryst, ryg, Julebryg

! In der Zahl *fyrre* hat man noch eine fünfte Aussprachevariante des *y*: ['fɔ̈:ʌ].

y als Bestandteil eines Diphthongs

Aussprache	Regel	Beispiele
[yw]	*y* kann vor *v* zum Diphthong [yw] werden	syv, tyv, tyve, lyve

Der Buchstabe *ø*

Aussprache	Regel	Beispiele
1. [ø:]	1) als Langvokal mit oder ohne Stoßton 2) als Kurzvokal mit oder ohne Stoßton	sød, fløde, køre, møde, København, Østerbro, kø, køkken, dø, fødselsdag
2. [ö(:)]	in *r*-Verbindung wird *ø* abgesenkt	rødgrød, dør, brødre
3. [ɔ̈]	in *r*-Verbindung kann *ø* auch weiter abgesenkt werden	smør, børn, mørk, tør, først, spørge, grøn

ø als Bestandteil eines Diphthongs

Aussprache	Regel	Beispiele
[ʌj]	ø kann vor j und g zum Diphthong [ʌj] werden	tøj, højre, øje, nøgle, løg

E. Grammatik

1. Die Modalverben

Die dänischen Modalverben sind:

at kunne	können	at måtte	dürfen, (müssen)
at skulle	sollen, müssen	at turde	wagen, sich trauen
at ville	wollen, (werden)	at burde	sollen

Konjugation

Infinitiv	Präsens	Präteritum	Part. Perf.
(at) kunne	kan	kunne	kunnet
(at) skulle	skal	skulle	skullet
(at) ville	vil	ville	villet
(at) måtte	må	måtte	måttet
(at) turde	tør	turde	turdet
(at) burde	bør	burde	burdet

In dieser Lektion werden *kunne, skulle, ville* und *måtte*, in Lektion 13 *turde* und *burde* behandelt.

Konstruktion

Die Modalverben stehen entweder allein oder werden wie im Deutschen mit einem Infinitiv ohne *at* (»zu«) verbunden. Das Perfekt wird bei den dänischen Modalverben, die mit einem Infinitiv verbunden sind, folgendermaßen gebildet:

Gert *har måttet betale* tre millioner kroner.
har måttet (Perf.) + *betale* (Inf.)

Dieses Tempus wird im Deutschen anders gebildet:

Gert *hat* drei Millionen Kronen *bezahlen müssen.*
hat (Präs.) + *bezahlen* (Inf.) + *müssen* (Inf.)

1.1. *At kunne*

Der Gebrauch von *at kunne* entspricht in aller Regel dem des deutschen Modalverbs »können«, z.B.:

Kirsten kan lave pizza.
Niels kunne ikke huske, ved hvilken perron toget kom ind.
Kan Gert spille klaver? Nej, men han har kunnet.

at kunne lide bedeutet »mögen«:

Jeg kan ikke lide det.	Ich mag es nicht.
Hun kan ikke lide is.	Sie mag kein Eis.

1.2. *At skulle*

Das Modalverb *at skulle* kann ein *Vorhaben*, eine *Forderung* oder eine *Notwendigkeit* ausdrücken. Dem liegt oft eine Verabredung oder ein Befehl zugrunde, d.h. man ist *verpflichtet*, etwas zu tun.

Niels skal hente Gert på banegården. Gert skal spise frokost med Niels.	Man hat etwas versprochen oder hat sich verabredet.
Du skal være forsigtig. Du skal først vaske op.	Jemand wird zu etwas aufgefordert, oder es wird direkt etwas gefordert.
Kirsten skal skynde sig på arbejde. Niels skal være på aftenskolen kl. 20.	Man ist verpflichtet. Es wird von einem erwartet.

!

1. *skal nok* drückt ein *Versprechen* aus:

Jeg skal nok hjælpe dig, Gert! Vi skal nok hente dig på banegården.

2. *skal* + Ortsangabe. Wenn *skal* mit einer *Ortsangabe* auftritt, fällt der Infinitiv meistens weg:

Jeg skal *til Hamborg* i morgen. Niels og Kirsten skal snart *til Jylland.* Gert skal *til USA.* De skal *i Tivoli.* Jeg skal *i biografen* i aften. Hvor skal du *hen*?

3. *Skal vi (ikke)* drückt einen *Vorschlag zu einem gemeinsamen Unternehmen* aus:

Skal vi (ikke) fejre Gerts løsladelse?	Wollen wir (nicht) Gerts Entlassung feiern?
Skal vi (ikke) gå en tur?	Wollen wir (nicht) spazierengehen?

1.3. *At måtte*

Das Verb *at måtte* kann eine *Erlaubnis* (mit den Adverbien *godt* oder *gerne*), ein *Verbot* (mit *ikke*) oder eine *dringende Notwendigkeit* ausdrücken:

Erlaubnis:	Gert *må gerne* køre med Niels. Marianne *må godt* forlade retssalen.
Verbot:	Gert *må ikke* forlade retssalen. Man *må ikke* køre med toget uden billet.
Notwendigkeit:	Kirsten *må* gå nu. Gert *må* bevise sin uskyld.

! 1. Wenn man nach Erlaubnis *fragt*, werden *godt* und *gerne* oft weggelassen:

Må jeg komme med i biografen?	Ja, det må du *gerne*.
Må jeg gå nu?	Ja, det *må* du godt.

2. Der Ausdruck *at være / blive nødt til at*

Bei einer »zwingenden Notwendigkeit«, wird statt *at måtte* sehr häufig der Ausdruck *at være / blive nødt til at* verwendet. *Må ikke* drückt immer ein Verbot aus. Um eine Notwendigkeit zu negieren, benutzt man *ikke være / blive nødt til at* oder *ikke behøve* (»nicht brauchen«). Vgl. folgende Beispiele:

Erlaubnis:	Gert *må gerne* fotografere Den Lille Havfrue. Tandlægen *måtte godt* trække tanden ud.
Verbot:	Gert *må ikke* fotografere Den Lille Havfrue. Tandlægen *måtte ikke* trække tanden ud.
Notwendigkeit:	Tandlægen *måtte* trække tanden ud. Tandlægen *var / blev nødt til* at trække tanden ud.
Negierte Notwendigkeit:	Tandlægen *var ikke nødt til at* trække tanden ud. Tandlægen *behøvede ikke* at trække tanden ud.

3. Unterschied zwischen *at måtte* und *at skulle*

Bei *at måtte* liegt die Notwendigkeit eher in den inneren oder äußeren Umständen, als dass sie auf ein Versprechen, eine Verabredung oder eine Pflicht wie bei *at skulle* zurückzuführen ist, vgl.

Niels *måtte* tage toget.	Er war durch die Umstände gezwungen. (Sein Auto war kaputt o.ä.)
Niels *skulle* tage toget.	Eine Verabredung liegt vor, (so war er mit Kirsten (oder sich selbst) verblieben).

4. Die höfliche Bitte »*Kann / Darf ich bitte* die Milch *haben*?« heißt auf Dänisch:

Må jeg godt få mælken?

1.4. *At ville*

Der Gebrauch von *at ville* entspricht weitgehend dem des deutschen Modalverbs *wollen*. Merke: *at ville* + *gerne* kann auch »mögen« bedeuten.

Ein (starker) Wille	Jeg vil have en is nu! Jeg vil ikke i fængsel! Jeg vil hjem!
Versprechen (mit *godt* oder *gerne*)	Marianne vil godt hjælpe Gert. Vi vil gerne hente dig fra banegården.
Wunsch (mit *gerne*)	Gert vil gerne have to rundstykker. Marianne vil gerne rejse til Danmark.

2. Das Futur

Ein »richtiges« Futur (mit einem festen Hilfsverb) gibt es im Dänischen kaum. Die Zukunft wird im Dänischen hauptsächlich durch das Präsens ausgedrückt. Sehr häufig steht das Verb mit einer adverbialen Zeitangabe zusammen.

I morgen vågner Gert i en fængselscelle.
På fredag rejser de til Frederikshavn.
Om tre uger holder de ferie i København.

3. Zeitangaben der Gegenwart und der Zukunft

Gert kommer til København

på mandag	am Montag
i eftermiddag	heute Nachmittag
i aften	heute Abend
i nat	heute Nacht
i weekenden	am Wochenende
i år	dieses Jahr
(i) næste uge	nächste Woche
om lidt	bald
om en time	in einer Stunde
om nogle dage	in einigen Tagen
til vinter	im (kommenden) Winter
til sommer	im (kommenden) Sommer
(til) næste år	nächstes Jahr
til oktober	im (kommenden) Oktober

Gert kommer til København *på mandag*.	am Montag
Aber:	
Gert kommer til København *mandag aften*.	am Montagabend

F. Øvelser

1. Modalverben. Tragen Sie *ville, skulle, måtte, kunne* oder *være/blive nødt til at* ein:

Gert står på Langelinie. Han .... fotografere Den Lille Havfrue, så han .... sende et billede til avisen i Tyskland. Han spørger to mænd i arbejdstøj, om han .... fotografere Den Lille Havfrue. »Ja, det .... du da ....!«, svarer de, »men du .... skynde dig, så vi .... bære hende ud til båden.« »Hvor .... hun hen?« »Hun .... til Sverige!« »Hvorfor .... hun det?« ».......................... du ikke se, at hun har mistet den ene arm? Det går jo ikke her midt i turistsæsonen. Derfor .... vi .... at sende hende til reparation i Sverige.

2. *skal* + Ortsangabe und Zeitangabe

Formulieren Sie zehn Sätze, in denen ein Subjekt + *skal* + Orts- und Zeitangabe benutzt werden. Die unten stehenden Ortsangaben können verwendet werden, suchen Sie selbst Zeitangaben aus.

i Tivoli (du)
i teatret (han)
i biografen (Marianne)
til koncert (vennerne)
til fodboldkamp (de)
på arbejde (Kirsten)
på besøg (Gert)
hjem til mine forældre (jeg)
på café (I)
til bryllup (Hochzeit) (vi)

Eks.: til København (Gert) *Gert skal til København i morgen.*

a. ....
b. ....
c. ....
d. ....
e. ....
f. ....
g. ....
h. ....
i. ....
j. ....

3. Fügen Sie *skulle, måtte* oder *være/blive nødt til at* ein:

a. Niels og Kirsten .... hente Gert på banegården. Det har de lovet ham. b. De .... vente længe. Toget er nemlig forsinket. c. Kirsten .... være i børnehaven kl. 20. Hun har en aftale med sine kolleger. d. Kirsten .... lave pizza alene, fordi Niels ikke er hjemme. e. Marianne .... hente Gerts pas. Ellers bliver han ikke løsladt. f. Gert .... skrive en artikel til sin avis. Det har hans redaktør bedt hem om. g. Marianne .... skrive en opgave om det danske retsvæsen. Det forlanger universitetet i Frankrig.

4. Erlaubnis, Verbot, Notwendigkeit, negierte Notwendigkeit

Dommeren .... løslade Gert (Erlaubnis)
Dommeren .... løslade Gert (Verbot)
Dommeren .... løslade Gert (Notwendigkeit)
Dommeren .... løslade Gert (negierte Notwendigkeit)

Gert .... skrive en artikel (Verbot)
Gert .... skrive en artikel (Erlaubnis)
Gert .... skrive en artikel (negierte Notwendigkeit)
Gert .... skrive en artikel (Notwendigkeit)

Gert .... ringe til sin redaktør (Erlaubnis)
Gert .... hente sin redaktør nu (Verbot)
Gert .... hjælpe sin redaktør (Notwendigkeit)
Gert .... skrive en artikel (negierte Notwendigkeit)

Marianne .... tilbage til det danske retsvæsen (Notwendigkeit)
Marianne .... hente Gerts pas med bilen (negierte Notwendigkeit)
Marianne .... vinke til Gert (Verbot)
Marianne .... hjælpe Gert (Erlaubnis)

5. Partizip Perfekt der Modalverben mit Infinitiv. Übersetzen Sie!

a. Die Polizei hat Gert verhaften wollen: ....
....
b. Marianne hat lange warten müssen: ....
....
c. Gert hat nicht schlafen können: ....
....

6. Zeitangaben der Gegenwart und der Zukunft

a. Gert ankommer til København .... nogle dage. b. .... en time skal Gert mødes med sine venner. c. .... overmorgen sidder han i en fængselscelle.

d. Kirsten, Niels, Marianne og han går i Tivoli .... weekenden. e. .... en uge er de tilbage i København igen. f. Kirsten skal på arbejde igen .... mandag, og .... mandag aften er der møde i børnehaven. g. Niels skal først begynde .... en uge. h. .... oktober skal de til Berlin. .... sommer kommer Gert igen til København.

G. Repetition

1. Adjektive

a. Havfruen sad på den .... (grøn) sten ude i det .... (stille), ... (mørkeblå) vand. b. Pludselig skete der noget .... (uhyggelig), og snart blev den .... (stakkels) Gert anholdt. c. Den .... (gammel) dommer var meget .... (streng). d. Dommerens .... (gnaven) ansigt og de .... (stor) betjente gjorde den .... (anklaget) tysker meget bange. e. Danskerne kan godt være .... (farlig).

H. Oversættelse

Gert und seine Freunde wollen heute Abend in den Tivoli, um Gerts Entlassung zu feiern. Das grüne Mädchen mit dem Fischschwanz, das Gert getroffen hat, kann aber nicht mitkommen, denn zwei Männer sind gerade dabei, die Statue zu demontieren. Sie wollen sie gleich mit dem Boot nach Schweden fahren, um sie reparieren zu können. Aber wie soll die junge Dame mit dem kleinen Fischkutter nach Schweden kommen? Hat sie eine Fahrkarte, und wo ist ihr Reisepass?

I. Mundtlig øvelse

Du har vundet én million euro. Fortæl om dine fremtidsplaner!

J. Skriftlig øvelse

Skriv en historie, som indeholder alle disse ord:

en tysk turist	et stort vindue
en gammel sort cykel	en sort kat
en østrigsk bil	en gammel mand
en avis	Intercity-toget til København
dronningen af Danmark	

K. Øresundsregionen

Skåne og Sjælland ligger meget tæt på hinanden, kun adskilt af Øresund. Det smalleste sted er mellem Helsingør i Nordsjælland og Helsingborg i Sverige. Her tager det kun tyve minutter at sejle over med færgen. Ved Kronborg Slot, som ligger i Helsingør lige ud til kysten, blev Øresundstolden opkrævet fra 1429 og helt frem til 1857. Alle skibe, som sejlede gennem sundet, skulle betale en afgift til kongen. I slottets kælder findes i øvrigt et af Danmarks vigtige nationalsymboler: Stenstatuen af Holger Danske. Han sidder og halvsover med armene over kors, men skulle en fjende true Danmark, vil han ifølge myten rejse sig og forsvare landet. Og så har William Shakespeare naturligvis gjort Kronborg kendt i hele verden: Som den danske Prins Hamlets slot.
Tanken om at bygge en bro over Øresund opstod allerede i 1930'erne, men først cirka tres år senere, i år 2000, stod Øresundsbroen klar. Den i alt 15 kilometer lange forbindelse mellem Sverige og Danmark består af en tunnel og en bro, og den strækker sig mellem Malmø og København. For hele Øresundsregionen, dvs. områderne i det vestlige Skåne og det østlige Sjælland, har broen både kulturelt og økonomisk fået stor betydning.

Skåne Schonen
Sjælland Seeland
tæt dicht, nah
adskille (2) trennen
smal schmal
sted, -et, -er Ort
mellem zwischen
tage, -r, tog, har taget (hier) dauern
sejle (1) segeln, (auf dem Wasser) fahren
færge, -n, -r Fähre
slot, -tet, -te Schloss
lige ud til direkt an
kyst, -en, -er Küste
told, -en Zoll
opkræve (1) fordern, einziehen
helt ganz
frem til bis
sund, -et, -e Sund
betale (2) bezahlen
afgift, -en, -er Abgabe
konge, -n, -r König
kælder, -en, kældre Keller
findes, fandtes, har fandtes (hier) sich befinden
i øvrigt im Übrigen
vigtig wichtig
nationalsymbol, -et, -er Nationalsymbol
stenstatue, -n, -r Steinstatue
halvsove, -r, ~sov, har ~sovet dösen, vor sich hin dämmern
over kors über Kreuz
fjende, -n, -r Feind
true (1) drohen
ifølge laut
myte, -n, -r Mythos
rejse sig (2) aufstehen
forsvare (1) verteidigen
kendt bekannt, berühmt
tanke, -n, -r Gedanke
bygge (1) bauen
bro, -en, -er Brücke
opstå, -r, opstod, er opstået entstehen
stå klar, -r, stod, har stået bereitstehen
i alt insgesamt
forbindelse, -n, -r Verbindung
bestå af, -r, bestod, har bestået bestehen aus
tunnel, -en, -er Tunnel
strække sig, -r, strakte, har strakt sich erstrecken
dvs. (det vil sige) d.h.
område, -t, -r Gebiet
østlig östlich
vestlig westlich
betydning, -en, -er Bedeutung

Lektion 11

A. Onsdag d. 12.6. – Aften

Gert står på Kongens Nytorv, hvor han skal hentes af Kirsten og Niels. Han læner sig op ad Holberg – statuen altså – og ser på duerne. De må ikke fodres, står der på et skilt. Men de bliver fodret af både børn og voksne. Den ene er federe end den anden. På de tykkeste kan man snart ikke se benene længere ...
Vejret er fint. Solen har skinnet hele dagen, og i eftermiddags blev det varmere og varmere.
Da solen stod højest, var der næsten 30 grader i skyggen. De fleste danskere bliver generet af den stærke varme og håber, at hedebølgen snart holder op. Men Gert synes, at varmen er rarere end det berømte danske regnvejr.
Nu er klokken over otte, og luften bliver mere og mere behagelig. Efterhånden kommer der flere mennesker ud på gaden. Jo flere mennesker der kommer, jo mere bliver duerne fodret, – og jo mere duerne bliver fodret, jo federe bliver de. »Det er naturens egen høje logik«, tænker Gert. Og Holberg nikker.
Lidt over ni bliver Gert hentet af Kirsten og Niels i deres blå bil. Han sætter sig ind i bilen og siger farvel til den gamle nordmand. Inde i Tivoli møder de Marianne. Hun har en rød kjole på og er endnu pænere end i formiddags.

Gert	Hej! Tak for sidst!
Marianne	Tak i lige måde! Det var jo en køn historie, at du sådan blev arresteret!
Kirsten	Ja, og så på grund af en havfrue. Nej, hvor er det fjollet!
Niels	Men nu skal vi fejre, at du trods alt er blevet løsladt. Og nu er Den Lille Havfrue jo blevet stjålet, så du kan være rolig, Gert! Lad os finde en restaurant, – jeg er sulten som en ulv!!
Gert	Hvem er blevet stjålet? Den Lille Havfrue? Jamen, jeg så hende da i eftermiddags, da ...

B. Wortschätze

Vejret **Das Wetter**

årstid, -en, -er	Jahreszeit
forår, -et, ÷	Frühling
sommer, -en, somre	Sommer
efterår, -et, ÷	Herbst
vinter, -en, vintre	Winter
sol, -en, -e	Sonne
solskin, -net	Sonnenschein
regn, -en	Regen
sne, -en	Schnee
storm, -en, -e	Sturm
blæst, -en	(kräftiger) Wind
vind, -en, -e	Wind
hagl, -en, ÷	Hagel

skinne (1)	scheinen	solen skinner	det er solskinsvejr
regne (1)	regnen	det regner	det er regnvejr
sne (1)	schneien	det sner	det er snevejr
blæse (2)	wehen	det blæser	det er blæsevejr
storme (1)	stürmen	det stormer	det er stormvejr
tø (1)	tauen	det tør	det er tøvejr
hagle (1)	hageln	det hagler	
			det er gråvejr
sky, -en, -er	Wolke		det er skyet
			det er overskyet
byge, -n,-r	Schauer	en regnbyge, en snebyge, en haglbyge	

C. Lückentext

Gert .... på Kongens Nytorv. Han .... af Kirsten og Niels. Før han ...., ser han på duerne. De .... af børn og voksne, så derfor bliver de .... og .... Gert kan næsten ikke se benene på de .... af dem. I .... møder Gert, Kirsten og Niels Marianne. De er glade for, at Gert .... Niels siger, at løsladelsen .... Gert forstår ingenting, da Niels fortæller, at Den Lille Havfrue ....

D. Aussprache

Der Buchstabe r

Aussprache	Regel	Beispiele
1. [r]	1) im Silbenanlaut 2) im Silbenanlaut nach einem Konsonanten	Roskilde, rød, reparere, dronning, krone, trussel, brev, grød
2. [ʀ]	im Inlaut oder Auslaut wird *r* abgeschwächt/ vokalisiert	Kirsten, her, lørdag, tror, bord, ferie, Sverige
3. [-]	im Inlaut oder Auslaut kann *r* mit einem Nachbarvokal verschmelzen	Marianne, lærer, lærere, bare, har, Århus, Kalundborg, morgen

Merke:
- *r* beeinflusst meistens die Aussprache von den Nachbarvokalen in Form einer Absenkung.
- Die grammatische Endung *-er* (z.B. in *dommer* und *kommer*) ist immer unbetont und wird [ʌ] ausgesprochen.

E. Grammatik

1. Das Passiv

Es gibt im Dänischen zwei mögliche Passivbildungen:
1. Das umschriebene Passiv: eine Form des Hilfsverbs *at blive* + Partizip Perfekt des Hauptverbs (wie im Deutschen).
2. Das *s*-Passiv

1.1. Das umschriebene Passiv

Das Hilfsverb *at blive* hat folgende Hauptformen:

Infinitiv	Präsens	Präteritum	Part. Perf.
(at) blive	bliver	blev	blevet

Die Formen des umschriebenen Passivs:

	Aktiv	Passiv
Infinitiv	at hente	at blive hentet
Präsens	henter	bliver hentet
Präteritum	hentede	blev hentet
Perfekt	har hentet	er blevet hentet
Plusquamperf.	havde hentet	var blevet hentet

Wie aus dem Schema hervorgeht, wird im Passiv das konjugierte Hilfsverb mit dem Part. Perf. des Hauptverbs verbunden, genau wie im Deutschen.

1.2. Das *s*-Passiv

Im Gegensatz zum umschriebenen Passiv kommt das *s*-Passiv nur vor im Infinitiv, Präsens und Präteritum und wird wie folgt gebildet:

Infinitiv: durch einfaches Hinzufügen von *-s*

Präsens: durch Ersetzen der aktiven *r*-Endung durch die passive *s*-Endung (der Form nach sind also der Infinitiv Passiv und das Präsens Passiv identisch).

Präteritum: durch Hinzufügen von *-s* (bei unregelmäßigen Verben durch Hinzufügen von *-es*) an die Präteritumform.

	Regelmäßige Verben		Unregelm. Verben	
	Aktiv	Passiv	Aktiv	Passiv
Infinitiv	at hente	at hentes	at holde	at holdes
Präsens	henter	hentes	holder	holdes
Präteritum	hentede	hentedes	holdt	holdtes

Das Präteritum des *s*-Passivs wird überhaupt nur selten verwendet. Siehe jedoch Lektion 13 über die reziproken und deponenten Verben.

1.3. Umschriebenes Passiv oder *s*-Passiv?

Das *s*-Passiv verwendet man:

a. nach Modalverben:

Havfruer kan ikke spises.	Meerjungfrauen können nicht gegessen werden.

b. bei generellen Anweisungen oder Aufforderungen:

Kagen bages en halv time.	Den Kuchen eine halbe Stunde backen.
Passagererne bedes stå af.	Die Fahrgäste werden gebeten auszusteigen.

c. bei andauernden, nicht abgeschlossenen oder wiederkehrenden Handlungen:

Der sælges mange aviser på hovedbanegården.	Es werden viele Zeitungen ... verkauft.
Hvor der handles, der spildes.	Etwa: Wo gehobelt wird, da fallen Späne.

Das umschriebene Passiv hat eine viel weitere Verbreitung und ist besonders in der gesprochenen Sprache vorherrschend. Es bezeichnet eine einzelne abgeschlossene Handlung.

Der *Agens* wird im Dänischen durch eine Präpositionalverbindung mit *af* ausgedrückt:

Aktiv	Børn og voksne fodrer duerne.
Passiv	Duerne bliver fodret *af* børn og voksne.

2. Adjektive – Adverbien

Von den meisten Adjektiven können Adverbien abgeleitet werden. Als Adverb wird die »*t*-Form« des Adjektivs verwendet, sofern es eine gibt. Einen ähnlichen formalen Unterschied zwischen einem Adjektiv in prädikativer Stellung (Das Essen *ist* gut) und einem Adverb (Das Essen *schmeckt* gut) gibt es im Deutschen nicht.

Adjektiv	Adverb
Maden er *dejlig.*	Maden smager *dejligt.*
Bilen er langsom.	Bilen kører langsomt.
Gert er en god journalist.	Gert skriver godt.
Marianne er en *stille* pige.	Marianne taler *stille.*

3. Die Komparation der Adjektive.

3.1. Regelmäßige Komparation

Die Endungen *-ere* (Komparativ) und *-(e)st* (Superlativ) werden an die Grundform (Positiv) angehängt:

Positiv	Komparativ	Superlativ
varm	varm**ere**	varm**est**
tyk	tykk**ere***	tykk**est***

* Konsonantenverdoppelung

3.2. Komparation mit *mere* (»mehr«) und *mest* (»am meisten«) + Positiv

Diese Art der Komparation wird vor allem bei Partizipialformen, längeren Adjektiven (oft Fremdwörtern) sowie bei Adjektiven mit besonderen Endungen wie *-sk*, *-e* und *-en* verwendet:

Typ	Positiv	Komparativ	Superlativ
Partizip Präs.	spændende	mere spændende	mest spændende
Partizip Perf.	bedrøvet	mere bedrøvet	mest bedrøvet
Langes Adj.	behagelig	mere behagelig	mest behagelig
Endung = -et	snavset	mere snavset	mest snavset
Endung = -sk	praktisk	mere praktisk	mest praktisk
Endung = -e	bange	mere bange	mest bange
Endung = -en	sulten	mere sulten	mest sulten

Bei langen Adjektiven gibt es mitunter beide Formen nebeneinander. So z.B.:

behagelig	mere behagelig	mest behagelig
behagelig	behageligere	behageligst
hyggelig	mere hyggelig	mest hyggelig
hyggelig	hyggeligere	hyggeligst

3.3. Unregelmäßige Komparation

Viele der häufigsten Adjektive werden unregelmäßig gesteigert:

Positiv	Komparativ	Superlativ
lille/små	mindre	mindst
stor	større	størst
god	bedre	bedst
slem	værre	værst
ung	yngre	yngst
gammel	ældre	ældst
lang	længere	længst
nær	nærmere	nærmest

Små/lille

Die Form *lille* wird im Singular, *små* im Plural verwendet:

Positiv	Komparativ	Superlativ
Marianne er *lille*	Kirsten er mindre	Havfruen er mindst
Børnene er *små*	Børnene er mindre	Børnene er mindst

3.4 Pronominaladjektive

Auch folgende Pronominaladjektive werden unregelmäßig gesteigert:

Positiv	Komparativ	Superlativ
meget	mere	mest
mange	flere	flest
lidt	mindre	mindst
få	færre	færrest

Mange und *få* werden vor zählbaren, *meget* und *lidt* vor unzählbaren Substativen verwendet:

mange	Manden har *mange biler.* Politiet har *flere biler.* Dronningen har *flest biler.*

få	Pigen har *få flag.* Gert har *færre flag.* Marianne har *færrest flag.*
meget	Der er *meget kaffe.* Der er *mere te.* Der er *mest vand.*
lidt	Der er *lidt te* i den røde kande. Der *mindre te* i den blå kande. Der er *mindst te* i den grå.

3.5. Der wiederholte Komparativ

Die graduelle Steigerung kann durch einen wiederholten Komparativ ausgedrückt werden:

Det blev varmere og varmere.	immer wärmer
Det blev mere og mere uhyggeligt.	immer unheimlicher
Det bliver værre og værre.	immer schlimmer

4. Geld

Im Deutschen ist *Geld* eine Mengenangabe und damit unzählbar, während das entsprechende dänische Wort *penge* immer *Plural* ist:

Positiv	Gert har mange penge.
Komparativ	Niels har flere penge.
Superlativ	Dronningen har flest penge.

5. Zeitangaben der Vergangenheit

Gert var i Tivoli	
for fem minutter siden	vor fünf Minuten
for lidt siden	vor kurzem
i morges	heute Morgen
i går morges	gestern Morgen
i (går) aftes	gestern Abend
(i) sidste uge	letzte Woche
(i) sidste måned	letzten Monat
i 1999	(im Jahre) 1999
i fredags	am vergangenen Freitag
i weekenden	am vergangenen Wochenende
sidste år	letztes Jahr

F. Øvelser

1. Passiv. Setzen Sie bitte folgende Sätze ins Passiv, entscheiden Sie dabei, ob das *s*-Passiv, das umschriebene Passiv oder vielleicht beide Möglichkeiten zu benutzen sind:

a. De voksne fodrer duerne.

....

....

b. Mystiske mænd stjæler havfruen.

....

....

c. Varmen generer danskerne.

....

....

d. Eleverne læser historien.

....

....

e. Østrigeren køber mælken.

....

....

f. Schweizeren betaler billetten.

....

....

g. Politiet arresterer tyskerne.

....

....

h. Marianne skal hente passet.

....

....

2. Passiv, Vergangenheitsformen. Setzen Sie folgende Sätze ins Passiv:

Eks.: Politiet har anholdt Gert. *Gert er blevet anholdt af politiet.*

a. Røveren har stjålet tre millioner kroner.

....

b. Kirsten og Niels har hentet Gert.

....

c. Marianne hentede passet.

....

d. Politiet løslod Gert.

....

e. Gert har fotograferet Marianne.

....

f. Folk har fodret duerne.

....

3. Regelmäßge Komparation der Adjektive

Eks.: *Danskeren er fed, svenskeren er federe, men nordmanden er fedest.*

a. Danskeren er tyk, ...

....

b. Den danske dronning er rig, ...

....

c. Der er mange problemer i det danske sprog, ...

....

d. Den danske film er uhyggelig, ...

....

e. Den danske forfatter er berømt, ...

....

f. Det danske vejr er behageligt, ...

....

g. Det danske bjerg er højt, ...

....

h. Der er mange turister i Danmark, ...

....

i. Der er meget vand i den danske sø, ...

....

j. Den danske varme er stærk, ...

....

4. Unregelmäßige Komparation der Adjektive. Bilden Sie Sätze nach folgendem Muster – setzen Sie dabei das Substantiv immer in die bestimmte Form:

Eks.: en tysker, en franskmand, en englænder: tyk
Tyskeren er tyk. Franskmanden er tykkere, men englænderen er tykkest

a. et tog, en bil, en bus: gammel

....

b. en dansker, en italiener, en svensker: ung

....

c. en dansk film en norsk film, en svensk film: god

....

d. en engelsk bro, en spansk bro, en dansk bro: lang

....

e. et rødt hus, et gult hus, et brunt hus: stor

....

f. et tysk bjerg, et norsk bjerg, et dansk bjerg: lille

....

g. tyske bjerge, norske bjerge, danske »bjerge«: lille

....

5. Zeitangaben der Vergangenheit. Setzen Sie die richtige Präposition ein:

.... tre timer siden var Gert i Tivoli. Marianne ankom fra Paris .... går morges. .... går formiddags spiste hun morgenmad på Strøget. Kirsten forlod børnehaven for et øjeblik .... går aftes var Niels og Kirsten i biografen. Marianne så den samme film i Paris .... forrige uge. .... forgårs spillede Niels og Kirsten badminton. For tre uger .... brækkede Gert armen i en fodboldkamp. .... et kvarter siden lukkede Tivoli. Politiet fangede en røver .... går nat. Gert blev årets journalist .... 1999. Kirsten kom til København .... 1991.

6. *Meget* und *mange*

Eks.: vand – havnen → *Der er for meget vand i havnen.*
mennesker – København → *Der er for mange mennesker i København.*

a. børn - bussen

....

b. is (Eis) - Grønland

....

c. røvere - fængslet

....

d. mælk - EU

....

e. biler - gaden

....

f. glas - vejen

....

g. misforståelser - bogen

....

G. Repetition

1. Possessivpronomen

Kirsten og Niels henter Gert i .... blå bil for at tage i Tivoli. »Har I husket at tage .... penge med?«, spørger Gert. »Selvfølgelig har vi .... penge med, dit fjols«, siger de to venner. »Vi skal jo fejre .... løsladelse«. Gert roder i lommerne og bliver så rød i hovedet. »Jeg kan ikke finde .... penge«, siger han. »Gerti, Gerti, har du nu også glemt .... penge«, siger Kirsten. »Hvordan skal det dog ende med .... ven, Niels?« »Det er ikke så slemt«, siger Niels, »Jeg betaler bare med .... penge.«

H. Oversættelse

Das Wetter war schön, und es wurde immer wärmer. Die Tauben vor der Holberg-Statue wurden von immer mehr Menschen gefüttert. Deshalb wurden sie auch immer dicker. Um 9 Uhr wurde Gert von den Dänen abgeholt. In ihrem alten blauen Auto wurde er zum Tivoli gefahren. Marianne hatte ein rotes Kleid an, und Gert fand sie noch hübscher als am Vormittag. Das Leben war schön. Dann aber sagte Niels: »Die Meerjungfrau ist vor wenigen Stunden gestohlen worden!«

I. Mundtlig øvelse

Brug udtrykkene fra »Wortschätze« og tal to og to om, hvordan vejret er i:

Bergen – Sibirien – Florida – Esbjerg – Nice – Marokko

J. Skriftlig øvelse

Du har boet et halvt år i Danmark og skriver nu til en ven om, hvad du har oplevet i de sidste måneder.

K. Ludvig Holberg

Foran Det Kongelige Teater er der opstillet en statue til minde om Ludvig Holberg (1684-1754). Holberg, der undertiden også kaldes »den danske Molière«, er egentlig nordmand, men tog som helt ung mand til København, hovedstaden i det dansk-norske rige. Han blev tidligt professor ved Københavns Universitet og var hele sit liv tilknyttet videnskaben, først og fremmest inden for historie og jura. Imidlertid er han i dag mest kendt for sin teaterproduktion: I 1719 blev Holberg grebet af en »poetisk raptus«, som han selv kaldte det. Inden for ganske få år skrev han en forbavsende mængde teaterstykker. Mange af dem er kendt og elsket den dag i dag, f.eks. »Erasmus Montanus«, »Jeppe på Bjerget« og »Jean de France«. På sine mange rejser rundt i Europa kom Holberg bl.a. til Paris. Her stiftede han bekendtskab med Molières komedier og begyndte nu selv at skrive karakterkomedier, der på godt og ondt fremstiller menneskelige karaktertræk. Helt i oplysningstidens ånd latterliggøres egenskaber som indbildskhed og snæversyn, mens den sunde fornuft prises.

kongelig königlich
opstille (1) aufstellen
til minde om zum Andenken an
minde, -t, -r Andenken, Erinnerung
undertiden manchmal
kalde (2) nennen
egentlig eigentlich
tage, -r, tog, er taget hier: fahren
universitet, -et, -er Universität
tilknyttet etw. verbunden sein
videnskab, -en, -er Wissenschaft
først og fremmest vor allem
inden for hier; im Bereich
jura, -en Jura, Rechtswissenschaft
imidlertid jedoch
teaterproduktion, -en, -er Theaterproduktion
gribe, -r, greb, har grebet greifen; hier: packen, ergreifen
poetisk poetisch
raptus, -sen, -ser Rappel
inden for binnen, innerhalb
få wenig (zählbar)
forbavsende erstaunlich
mængde, -n, -r Menge
teaterstykke, -t, -r Theaterstück
elske (1) lieben
bjerg, -et, -e Berg
rejse, -n, -r Reise
rundt hier; durch
stifte bekendtskab med kennen lernen; jds. Bekanntschaft machen
bekendtskab, -et, -er Bekanntschaft
stifte (1) stiften
komedie, -n, -r Komödie
karakterkomedie, -n, -r Charakterkomödie
på godt og ondt auf Gedeih und Verderb
fremstille (1) darstellen
menneskelig menschlich
karaktertræk, -ket, ÷ Charakterzug
oplysningstiden die Aufklärung
ånd, -en Geist
latterliggøre, ~gør, ~gjorde, har ~gjort lächerlich machen
egenskab, -en, -er Eigenschaft
indbildskhed, -en, -er Hochmut
snæversyn, -et Engstirnigkeit
sund gesund
fornuft, -en Vernunft

Lektion 12

A. Onsdag d. 12.6. – Aften

Niels De sagde i Radioavisen kl. halv syv, at Den Lille Havfrue er blevet stjålet af ukendte gerningsmænd. Det skete ved firetiden i eftermiddags, og indtil nu har man ingen spor.

Marianne Det bliver værre og værre ...

Kirsten Først blev du arresteret, Gert, og nu kommer dét her. Det er dog det uhyggeligste ...

Gert Jeg forstår mindre og mindre af det hele. Efter at I var gået i eftermiddags, sad jeg først lidt og sov på en bænk. Da jeg havde sovet i ca. halvanden time, vågnede jeg og kom i tanke om, at jeg hellere måtte fotografere Den Lille Havfrue. Jeg tog altså linje 19 til Langelinie.

Niels Og så så du, at statuen var væk?!

Gert Nej, netop ikke! Da jeg kom derud, var statuen der endnu, men nogle mænd i arbejdstøj var ved at demontere den. De sagde, at den skulle repareres i Sverige.

Kirsten Jamen Gert, det var jo tyvene, der havde forklædt sig som arbejdere!!!

Niels Nå, nå, nu løber fantasien vist af med dig ...

Marianne Jamen, Kirsten har da ret. Det må have været tyvene. Du må fortælle politiet, hvad du har set!

Gert Politiet!? Nej, det tør jeg ikke! Jeg bliver nok bare arresteret igen. Men jeg har en bedre idé ... Jeg skal lige hen og ringe. Jeg er tilbage om fem minutter!

Kirsten Imens går vi ind på den restaurant derhenne. Vi skal nok vente med at bestille, til du kommer igen.

Gert Nej, bestil I bare! Så får jeg se, hvad I finder på til mig.

Mens Gert ringede, gik de andre ind på restaurant »Colombine«. De var heldige at få et bord ude på terrassen. Tjeneren kom med spisekortet. Til forret bestilte de alle sammen et stykke med rejer. Til hovedret tog Niels og Kirsten flæskesteg med rødkål. Marianne ville hellere have lune frikadeller med kold kartoffelsalat. Niels bestilte »brændende kærlighed« til Gert. Til dessert ville de have jordbær med fløde. De drak dansk øl og fransk vin til, og det hele blev meget dyrt. Men det var Niels, der betalte, for han havde vundet i lotto ugen før. Maden smagte godt, og de blev meget mætte.

Gert	Tak for mad!
M. & K.	Ja, tak for mad! Det smagte dejligt!
Niels	Velbekomme!
Kirsten	Og nu skal vi en tur i rutschebanen!
Marianne	Og vi skal se Pjerrot på Pantomimeteatret!
Gert	Og sejle i de små både på Tivolisøen!
Niels	Så, så børn! Én ting ad gangen. For resten, Gert, fik du ringet?
Gert	Ja, det gik fint. Alt er i orden: I morgen er min ferie slut!

B. Wortschätze

På restaurant **Im Restaurant**

restaurant, -en, -er	Restaurant
spise~ / menukort -et, ÷	Speisekarte
café, -en, -er	Café
menu, -en, -er	Menü
værtshus, -et, -e	Kneipe
regning, -en, -er	Rechnung
ret, -ten, -ter	Gericht
en øl	ein Bier
forret	Vorspeise
et glas vin	ein Glas Wein
hovedret	Hauptgericht
en flaske vin	eine Flasche Wein
dessert, -en, -er	Nachtisch
husets vin	der Wein des Hauses
dagens ret	das Tagesgericht
en danskvand	Mineralwasser
Gæsten	der Gast
Har I et bord til 4 personer?	Haben Sie einen Tisch für vier Personen?
Har I et ledigt bord?	Haben Sie einen freien Tisch?
Jeg vil gerne have menuen.	Ich hätte gern das Menü.
Må jeg bede om regningen.	Die Rechnung bitte.
Tjeneren	der Kellner
Menuen består af tre retter.	Das Menü besteht aus drei Gängen.
Hvad vil du gerne have til forret?	Was möchten Sie als Vorspeise?
Hvad kunne du tænke dig at drikke til?	Was möchten Sie trinken?

C. Lückentext

Gert	Hallo?
Redaktøren	..........., ...?
Gert	.... Gert. Jeg ringer for at fortælle om min ferie i Danmark.
Redaktøren	Hvordan ....?
Gert	Tak, fint. Nu skal De høre: Jeg tror, jeg har en .... historie. Jeg .... det danske politi.
Redaktøren	Er .... arresteret?
Gert	Ja. Jeg hørte i Radioavisen i Danmarks Radio, at Den Lille Havfrue .... , og jeg .... , at det .... som en god historie og .... med bussen ud til Langelinie. Og dér var det, jeg .... af det danske politi.
Redaktøren	Er De i .... nu?
Gert	Nej, nu er jeg fri. Da jeg viste .... mit ...., blev jeg .... Og den danske dronning har fået en .... med posten. Og dommeren troede, at jeg .... Olsen –. Og nu siger telefonen bip bip ... Og jeg har ikke flere .... Farv ... bip ... bip ... bip ...

D. Aussprache

Akzent und Betonung

Durch Akzentverschiebung kann man die Bedeutung verändern. In den Beispielen markiert das Zeichen »'« die Betonung.

Verb mit Hauptakzent	Akzentverlust des Verbs
hun 'går 'hjem (cykler ikke)	hun går 'hjem (ikke i biografen)
han 'ligger i 'sengen (sidder ikke)	han ligger i 'sengen (fordi han er syg)
vi 'skal af 'sted (det er vigtigt)	vi skal af 'sted (vi kører nu)

In vielen festen Verbindungen von Verb und Substantiv oder Verb und Präposition ist das Verb immer druckschwach. Pronomen sind als Reflexivum oder nach Präposition meist druckschwach.

Feste Verbalgefüge	Druckschwache Pronomen
de vasker 'op	jeg 'vasker mig
vi snakkes 'ved	de 'glæder sig
hun er til 'møde	vi 'venter på dig
de går i 'seng	hun 'ringer til ham

E. Grammatik

1. Komparation der Adjektive, Deklination

Der Komparativ ist nicht deklinierbar.

et *pænere* hus
det *pænere* hus
de *pænere* huse
huset/husene er *pænere*

Der Superlativ ist deklinierbar.
Nach Kennwort (Vgl. Lektion 6, D.1.) wird die *e*-Form benutzt:

Marianne er *den* sødeste pige i Danmark.	die netteste Frau
Det er *det* dejligste hus i byen.	das schönste Haus
De tykkeste duer finder man på Strøget.	die dicksten Tauben
Marianne er *den* sødeste af dem alle.	die netteste (Frau)
Huset er *det* dejligste i Nyhavn.	das schönste (Haus)
Duerne er *de* tykkeste i København.	die dicksten (Tauben)
Hans / hendes / min / ... pæneste cykel	sein/ihr/mein/... schönstes Fahrrad
Husets pæneste lejlighed	die schönste Wohnung des Hauses

Ohne Kennwort wird der Superlativ aber nicht dekliniert:

Marianne er sødest i sin røde kjole.	am nettesten
Huset er dejligst om sommeren.	am schönsten
Duerne er tykkest om efteråret.	am dicksten

2. Adjektive. Vergleich

Komparativ + *end*

Marianne er *yngre end* sin søster.	jünger als
Gert er *ældre end* sin bror.	älter als

! Beim Zweiervergleich benutzt man im Dänischen den Superlativ, im Deutschen den Komparativ:

Marianne er *den yngste* af de to kvinder.	Marianne ist die jüngere von den beiden Frauen.
Niels er *den højeste* af de to mænd.	Niels ist der größere von den beiden Männern.
Hvem er ældst, Niels eller Gert?	Wer ist älter, Niels oder Gert?

lige så* + Positiv + *som (ebenso ... wie/genauso ... wie)

Marianne er *lige så* ung *som* Kirsten	(ebenso jung wie)
Gert er *lige så* gammel *som* Niels	(ebenso alt wie)

3. Komparation der Adverbien

Adverbien, die von Adjektiven abgeleitet sind, sowie einige nicht-abgeleitete Adverbien, können wie Adjektive gesteigert werden:

Positiv	Komparativ	Superlativ
højt	højere	højest
længe	længere	længst
gerne	hellere	helst
meget	mere	mest

Beispiele:

Niels synger højt.	Marianne synger højere.	Gert synger højest.
Kirsten arbejder længe.	Niels arbejder længere.	Gert arbejder længst.
Marianne vil gerne have kaffe.	Gert vil hellere have te.	Kirsten vil helst have øl.

4. Zeitangaben zur regelmäßig wiederkehrenden Zeit

Gert plejer at arbejde

om dagen	am Tag, tagsüber
om morgenen	morgens
om aftenen	abends
om mandagen (aber: mandag aften!)	montags
en gang om ugen	ein Mal die Woche
i weekenden	am Wochenende

! *Om* kann auch einen bestimmten Zeitpunkt innerhalb eines vorher abgegrenzten Zeitraumes ausdrücken, z.B. als Programmpunkt im Urlaub, während einer Exkursion o.ä.

Sidste uge var Gert på ferie.
Om mandagen tog han toget til København.

Næste uge skal vi på ekskursion.
Om mandagen skal vi på Karen Blixen-museet.

5. Konjunktiv - Indikativ

Es gibt im modernen Dänisch nur einen Konjunktiv, und zwar den Präsens Konjunktiv: er drückt – dem Deutschen ähnlich – in Form fester Redewendungen, deren Anzahl sehr begrenzt ist, Wünsche, Flüche oder Hoffnungen aus:

Dronningen leve!	Es lebe die Königin!
Fanden tage ham!	Hole ihn der Teufel!
Velbekomme!	Möge es wohl bekommen!
Gid han snart kommer!	Möge er bald kommen!
	(*Gid* eigentlich: *Gud give*)

Außer in derartigen seltenen Fällen wird überall der Indikativ verwendet.

6. Indirekte Rede

Indirekte Rede wird in normalen Aussagen mit *at* eingeleitet, in Fragen mit *om* »ob«:

Dommeren siger, *at* Gert er skyldig.
Gert spørger, *om* Niels også fotograferer Havfruen.

Da der Konjunktiv im Dänischen nur in der unter Punkt 5 erwähnten reduzierten Funktion auftritt, muss man in der indirekten Rede Indikativ verwenden. Als Faustregel gilt, dass die Zeitrelation zwischen dem Haupt- und dem Nebensatz übereinstimmen muss:

De *siger*, at han *vasker* op.	(Gleichzeitigkeit)
De *siger*, at han allerede *har vasket* op.	(Vorzeitigkeit)
De *siger*, at han *vaskede* op i går.	(Vorzeitigkeit)
De *sagde*, at han *vaskede* op.	(Gleichzeitigkeit)
De *sagde*, at han *havde vasket* op.	(Vorzeitigkeit)

In der Praxis wird das skizzierte Tempussystem jedoch nicht immer konsequent eingehalten.

7. Indefinitpronomen

Utrum	nogen	jemand, etwas
Neutr.	noget	etwas
Plur.	nogle/nogen	einige

Dieses Pronomen kann substantivisch oder adjektivisch verwendet werden:

Er her nogen?	Ist hier jemand?
Er der noget, jeg kan hjælpe med?	Kann ich mit etwas behilflich sein?
Er der noget te tilbage?	Ist noch Tee da?
Jeg så nogle mænd i arbejdstøj.	Ich sah einige Männer in Arbeitsanzügen.
Jeg har ikke nogen penge.	Ich habe kein Geld.

!

1. *nogle* wird in normalen Haupt- und Nebensätzen benutzt:

> Gert så nogle mænd i arbejdstøj.
> Han sagde, at der stod nogle biler på pladsen.

2. *nogen* wird normalerweise in Fragesätzen sowie in negierten Sätzen (mit *ikke* und *aldrig*) verwendet:

> Har du nogen penge?
> Politiet har ikke nogen spor.
> Han sagde, at der aldrig stod nogen biler på pladsen.

3. *nogle* wird wie *nogen* ausgesprochen.

F. Øvelser

1. Deklination und Komparation von Adjektiven und Adverbien

Eks.: (høj) Politibetjentene taler *højt*. Gert snakker *højere*, men dommeren råber *højest*.

a. (slem) Det er .... at komme i fængsel. Det er ...., når man er uskyldig. Det er næsten det .... , når man ikke kan bevise det.

b. (god) Marianne er .... til at lave pizza. Gert er .... til at dække bord. Niels er den .... til at vaske op.

c. (mange) I Esbjerg bor der .... danskere, men i Odense bor der .... De .... bor i København.

d. (lidt) Der er for .... te på morgenbordet. Der er endnu .... kaffe. Af alle drikkevarerne er der .... mælk.

e. (kold) I Danmark er vejret .... , men i Norge er det .... Vejret i Grønland er det ....

f. (gerne) Søren vil .... i biografen i aften, men denne aften vil Marianne .... gå en tur; de fleste danskere vil .... se fodboldkampen mellem Danmark og Tyskland.

g. (pæn) Det røde hus er .... , men det gule er .... Mange mener, at hvide huse er de ....

h. (længe) Gert ventede .... på, at betjentene skulle hente ham i fængselscellen. Han måtte vente endnu .... på at snakke med dommeren; desværre måtte han vente .... på at blive løsladt.

i. (meget) Danskerne cykler .... Nordmændene cykler .... og svenskerne cykler ....

2. Adjektive. Setzen Sie die richtige Komparativform ein:

Marianne er .... end Kirsten (hurtig). Niels er .... end Gert (stor). Holberg er .... end H.C.Andersen (gammel). Kaffen er .... end teen (stærk). Kirsten er .... end Gert (ung). Der er .... duer i København end i Århus (få). Den danske avis er .... end den tyske (god). Tivoli er .... end hovedbanegården (romantisk). Lovens arm er .... end Gerts (lang). I Danmark er der .... sommerdage end i Italien (få). Gerts rygsæk er .... end Mariannes (lille). Der er .... mennesker på Strøget end i Nyhavn (mange). Gert spiser .... pizza end Niels (lidt). I Norge er der .... sne end i Danmark (meget). Gerts anholdelse var .... end en ond drøm (slem).

3. Vergleichsform *lige så* + Positiv + *som.* Übersetzen Sie folgende Sätze ins Dänische:

a. Es wohnen genauso viele Leute in Århus wie in Odense.

....

b. Gert ist genauso jung wie Niels.

....

c. Der dänische Käse ist genauso gut wie der französische.

....

d. Die deutschen Tauben sind genauso dick wie die dänischen.

....

4. Zeitangaben zur regelmäßig wiederkehrenden Zeit. Wie heißt auf Dänisch:

a. Im Frühling regnet es oft. (et forår)

....

b. Im Sommer gibt es manchmal Hitzewellen.

....

c. Nachts ist es kalt, aber morgens ist es schön.

....

d. Tagsüber arbeiten Niels und Kirsten, aber abends essen sie zusammen.

....

e. Montags arbeiten sie bis 18 Uhr, aber am Montag abend gehen sie immer ins Kino.

....

f. Einmal die Woche lernen sie Französisch.

....

g. Am Wochenende schlafen sie bis 12 Uhr.

....

5. Zeitangaben. Setzen Sie das Verb in eine Zeit, die der Zeitangabe entspricht. Bei einigen Zeitangaben gibt es mehrere Möglichkeiten.

1. I formiddags opdagede (at opdage) jeg en grøn bronzearm på gaden.
2. Jeg .... (at gå) i biografen i aftes.
3. Kirsten og Niels .... (at bo) tidligere i Århus. Nu .... de i København.
4. Om en uge .... (at rejse) Gert tilbage til Braunschweig.
5. I eftermiddags .... (at spise) Niels og Kirsten en is på Strøget.
6. Jeg .... (at løbe) altid en tur om aftenen.
7. Per .... (at se) fjernsyn i aftes.
8. Gert .... (at stå op) kl. 7 i morges.
9. I aften .... (at tage) Gert og Marianne toget til Roskilde.

10. Om onsdagen .... (at lære) vi dansk.
11. I morgen .... (at køre) vi til Helsingør.

6. Indirekte Rede. Formen Sie die direkte in die indirekte Rede um:

a. Gert hedder Olsen.
   Dommeren påstår, at ....
b. Vejret er godt.
   Marianne sagde, ...
c. Vil du have en is?
   Niels spurgte Marianne, ...
d. Jeg har set Den Lille Havfrue.
   Kirsten fortæller buschaufføren, ...
e. Jeg mødte Gert i toget.
   Marianne siger til dommeren, ...

7. Übersetzen Sie:

a. Niels fragt Gert, ob er müde sei.
   ....
b. Niels fragte Gert, ob er müde sei.
   ....
c. Gert erzählt, dass er gerade mit seinem Redakteur in Braunschweig gesprochen habe.
   ....
d. Gert erzählte dem Richter, dass er das Geld nicht gestohlen habe.
   ....

G. Repetition

1. Starke Verben. Setzen Sie die in Klammern angegebenen Verben ins Präteritum:

Gert .... (at tage) bussen til Langelinie. Dommeren .... (at sidde) i retssalen. Gert .... (at forstå) ikke noget af det hele. Marianne .... (at komme) ind i salen. Passet .... (at ligge) i lejligheden. Marianne .... (at gå) hen for at hente det. Duerne .... (at få) meget at spise. Holberg .... (at stå) på Kongens Nytorv.

H. Oversættelse

Nachdem Gert freigelassen worden ist, hört er wieder von der kleinen Meerjungfrau. Im Tivoli erzählt Niels, dass sie von unbekannten Tätern gestohlen worden sei. Gert sagt, dass er von dem Ganzen immer weniger verstehe. Während Gert seinen Redakteur anruft, gehen die anderen in ein Restaurant. Sie finden einen freien Tisch auf der Terrasse des Restaurants und setzen sich. Als Gert zurückkommt, haben seine Freunde schon für ihn bestellt. Er findet, dass das Essen im Tivoli viel besser sei als im Gefängnis. Leider ist Tivoli der teuerste Park in Kopenhagen, und Niels, der arme Däne, muss alles bezahlen.

I. Mundtlig øvelse

På restaurant: Rollespil

En gæst bestiller en menu på Restaurant Den Lille Havfrue. Spil skiftevis rollen som tjener og gæst med din sidemand. Brug menukortet og udtrykkene fra »Wortschätze«.

J. Skriftlig øvelse

Beskriv en normal dag i dit liv.

J. Det danske køkken

Det danske køkken er ikke ligefrem kendt for sit raffinement som f.eks. det franske. Det fremgår også af Karen Blixens »Babettes gæstebud«, der bl.a. beskriver modsætningen mellem det udsøgte franske køkken og den danske »øllebrødskultur«. Men det danske køkken er andet og mere end bare øllebrød, frikadeller, brun sovs og kartofler. Frisk fisk fås overalt i Danmark, og hvem kan sige nej til stegte rødspættefileter med remoulade eller et stykke brød med friske fjordrejer? Eller hvad med de berømte sild, som spises enten stegte eller marinerede og under alle omstændigheder gerne nydes med en snaps til? I øvrigt er danskerne kendte i hele verden for deres »smørrebrød«, kunstfærdigt og højt belagte stykker brød, som man enten køber eller selv laver til frokost. Hvad desserter angår, så er grød absolut ikke det værste, man har: Rødgrød med fløde er en himmerigsmundfuld! Ellers er det i Danmark som i andre europæiske lande: Madkulturen har fået et multietnisk præg, og man kan alle steder købe pizza, kebab og sushi.

ligefrem gerade, eben
raffinement, -et, -er Raffinement, Raffinesse
fremgå, -r, ~gik, er ~gået hervorgehen aus
gæstebud, -det, ÷ Gastmahl
bl.a. (blandt andet) unter anderem
beskrive, -r, beskrev, har beskrevet beschreiben
modsætning, -en, -er Gegensatz
mellem zwischen
udsøge (2) aussuchen
øllebrødskultur, -en, -er »Biersuppenkultur«
øllebrød dicke Suppe, die aus Brotresten und Bier gemacht wird
frikadelle, -n, -r Frikadelle
sovs, -en, -e Sauce
kartoffel, kartoflen, kartofler Kartoffel
frisk frisch
fisk, -en, ÷ Fisch
overalt überall
stege (2) braten
rødspættefilet, -en, -er Schollenfilet
stykke, -t, -r bei Brot: Scheibe
fjordreje, -n, -r Fjordkrabbe
sild, -en, ÷ Hering
marinere (1) marinieren, einlegen
under alle omstændigheder auf jeden Fall
nyde, -r, nød, har nydt genießen
snaps, -en, -e Schnaps
smørrebrød, -et Smörrebröd, belegtes Brot
kunstfærdig kunstvoll
belægge, -r, belagde, har belagt belegen
enten ... eller entweder ... oder
frokost, -en, -er Lunch, kaltes Mittagsessen
angå, -r, angik, har angået betreffen
grød, -en Brei
rødgrød rote Grütze
fløde, -n Sahne
himmerigsmundfuld, -en, -e Leckerbissen
ellers sonst
madkultur, -en, -er Essenskultur
multietnisk multiethnisch
præg, -et, ÷ Gepräge, Note
alle steder überall

Restaurant Den Lille Havfrue

Menukort

Forretter

Løgsuppe	39.-
Stor flot rejecocktail	58.-
Laksepaté	59.-
Kyllingesalat	89.-

Hovedretter

Dagens friske fisk *Med hvide kartofler, hummersauce og garniture*	138.-
Fiskefileter *2 store stegte fiskefileter, serveres m/pommes frites og sauce bearnaise*	89.-
Sildeanretning *Med marineret sild, kryddersild, carrysild, lun stegt fiskefilet, hertil remoulade, brød og smør*	89.-
Gammeldags flæskesteg *Med hvide kartofler, rødkål og brun sauce*	118.-

Desserter

Gammeldags æblekage m/flødeskum	42.-
Lune hjemmebagte pandekager m/vanilleis og syltetøj	42.-
Isanretning m/flødeskum og vafler	42.-
Ostetallerken m/3 slags ost, brød og smør	69.-

Drikkevarer

Sodavand (Cola, Fanta, osv.)	20.-	*1 glas Husets vin (rød/hvid)*	22.-
Danskvand	22.-	*½ karaffel husets vin (rød/hvid)*	69.-
Lille fadøl	24.-	*Kaffe*	12.-
Stor fadøl	42.-	*Cappucino*	16.-
Flaske øl (Carlsberg/Tuborg)	30.-	*Irish Coffee*	39.-
		Te	12.-

Lektion 13

A. Torsdag d. 13.6. – Formiddag

Det var en dejlig aften. Måske var det tilfældigt, at Gert og Marianne sad i samme vogn oppe i rutschebanen. Og måske var det, fordi Marianne blev bange, at hun klamrede sig til Gerts arm. Og måske var det tilfældigt, at hun glemte at give slip, da de kom ned fra rutschebanen. Og måske var det på grund af varmen, at Gert brugte 150 kr. i skydeteltet for at vinde den papirsrose, han gav Marianne ... Tivoli er nu engang et romantisk lille sted inde midt i storbyen ...
»Vi ses!«, råbte Marianne, da hun steg ind i S-toget til Roskilde.
»Ja, vi snakkes ved!«, råbte Gert tilbage.

Det er torsdag, og Gert har ikke ferie længere. Mens han var inde i Tivoli, ringede han til sin avis i Tyskland og fortalte om sin ferie i Danmark, om sin arrestation og postrøveriet, om truslen mod dronningen og om, at Den Lille Havfrue nu også var blevet stjålet. Gerts redaktør syntes også, at det var en god historie, og Gert lovede, at han nok skulle skrive en artikel. Måske ville han endda få et interview med dronningen, der var med Kongeskibet på officielt besøg i Nordjylland. Redaktøren sagde, at Gert havde frie hænder, og at han ville sende en check.

Men det var før rutschebanen og Marianne. I dag har Gert ikke rigtigt lyst til at rejse til Jylland. Han ligger i sin seng og halvsover, da telefonen pludselig ringer. Gert står op og prøver at finde telefonen. Efter at have ledt længe finder han den inde i soveværelset.

Gert	Hallo?
Marianne	Hej, det er Marianne. Tak for sidst!
Gert	Selv tak. I lige måde ...
Marianne	Jeg ringer bare for at sige, at jeg tager over til Frederikshavn i morgen. Min mormor og morfar bor derovre.
Gert	Hvem bor du hos nu?

Marianne	Hos min tante og onkel. Men jeg ringer for at spørge, om du ikke kunne have lyst til at tage med?
Gert	Hellere end gerne! Jeg skal nemlig også til Frederikshavn for at skrive en artikel til min avis, og jeg skulle faktisk lige til at ringe til dig for at spørge, om du mon kunne tænke dig at tage med.
Marianne	Sikken et sammentræf! Sådan noget sker ellers kun i billige romaner ... Men det er da fint! Jeg skal ind til byen i eftermiddag. Hvad med at mødes derinde?
Gert	Ja, det kan vi godt. Hvad med inde på Strøget, ved Storkespringvandet? Ved du, hvor det er?
Marianne	Ja, det passer mig fint. Skal vi sige kl. tre?
Gert	Ja, vi ses derinde kl. tre. Hej så længe!
Marianne	Hej, hej!

B. Wortschätze

En telefonsamtale **Ein Telefongespräch**

en telefonsvarer	Anrufbeantworter
en mobil(telefon)	ein Handy
snakke/tale i telefon	telefonieren
ringe til nogen	jmdn. anrufen
optaget	besetzt
Telefonen ringer!	Das Telefon klingelt!
Vil du godt tage telefonen!	Gehst du bitte dran!
Jeg lægger (røret) på nu.	Ich lege (den Hörer) jetzt auf.
Undskyld, jeg har vist fået galt/forkert nummer.	Entschuldigung, ich glaube, ich habe mich verwählt.

C. Aussprache

Assimilation und Reduktion

Die Aussprache verändert sich oft, je nachdem ob Wörter allein stehen und dann deutlich artikuliert werden, oder ob sie im Satzzusammenhang auftreten. Im letzteren Fall werden sie häufig verkürzt oder verschmelzen mit den umgebenden Wörtern.

Deutlich artikulierte Aussprache	Assimiliert/reduziert
jeg	jeg er dansker
er	du er fra Tyskland
mig	jeg glæder mig
hvad	hvad er det?
skal	jeg skal hjem

Von vielen häufig benutzten Wörtern gibt es Kurzformen. Wenn direkte Rede wiedergegeben wird, wird dem mitunter auch in der Schreibweise Rechnung getragen. Das Apostroph »'« steht hier für den Wegfall einer Silbe oder eines Lautes.

Vollständige Form	Kurzform
hvad	hva'
have	ha'
bliver	bli'r
skulle	sku'
tager	ta'r
spørger	spø'r
selvfølgelig	sæføli'

D. Grammatik

1. Vergangenheit. Verwendung von Präteritum und Perfekt

Die Wahl der einen oder der anderen Vergangenheitsform ist im Dänischen eine Frage der Perspektive:

Mit einer *Präteritumform* wird der Handlungsaspekt betont, und es wird immer explizit oder implizit auf einen bestimmten Zeitpunkt oder Zeitraum in der Vergangenheit verwiesen.

Eine *Perfektform* enthält immer eine doppelte Zeitkomponente: Es wird zwar von etwas Vergangenem erzählt, aber es wird zugleich die Relevanz dieser Handlung oder dieses Zustandes für das Hier und Jetzt betont.

1.1. Präteritum

Erzähltempus der Vergangenheit ist Präteritum:

I går gik jeg tidligt i seng.	Gestern bin ich früh ins Bett gegangen.
Jeg sov over mig i morges.	Heute Morgen habe ich verschlafen.
Hvad lavede du i aftes?	Was hast du gestern Abend gemacht?

1.2. Perfekt

Mit einer Perfektform wird nicht die Handlung in der Vergangenheit, sondern das Ergebnis und dessen Relevanz für den jetzigen Zeitpunkt betont:

Jeg har sovet over mig.	(Deshalb komme ich zu spät.)
Jeg har vasket op.	(Deshalb kann ich mich jetzt entspannen.)

! Besondere Aufmerksamkeit verdient die Verwendung des Perfekts bei einer Handlung, die in der Vergangenheit angefangen hat und in der Gegenwart noch fortdauert.

Gert har været væk i over et døgn.
Gert ist schon seit über 24 Stunden weg.
De har kendt hinanden i to uger.
Sie kennen sich seit zwei Wochen.
Hvor længe har du boet i København?
Seit wann wohnst du in Kopenhagen?
Hvor længe har du ventet?
Wie lange wartest du schon?
De har kendt hinanden siden den 10.6.
Sie kennen sich seit dem 10.6.
Har du været i København?
Warst du schon mal in Kopenhagen?

2. Possessivpronomen *sin/sit/sine - hans/hendes/dens/dets*

Utrum	sin	} 3. Person Singular
Neutr.	sit	
Plur.	sine	

sin / sit / sine ist im Gegensatz zu *hans / hendes* ein reflexives Possessivpronomen. Es bezieht sich auf ein Subjekt im Singular, und zwar auf das Subjekt im selben grammatischen Satz. Das Possessivpronomen kann nicht selbst Teil des Subjekts sein:

Gert ringer til *sin redaktør.*	*Gert* og *hans redaktør* er enige.
(Adv. Glied)	(Subjekt)

Bezieht sich das Possessivpronomen nicht auf das Subjekt, wird *hans / hendes / dens / dets* verwendet. Die Wahl des einen oder anderen Pronomens kann bedeutungsunterscheidend sein:

Niels er glad for sin bil.
Niels er glad for, at hans bil kører godt.
Gert er glad for, at han har fundet sit pas.
Gert er glad for, at Marianne har fundet hans pas.

Welchen Unterschied gibt es zwischen diesen beiden Sätzen?

Hun kysser sin mand.	><	Hun kysser hendes mand.

3. Reziproke Verben

Einige Verben, die eine gegenseitige Handlung bezeichnen und die im Deutschen häufig reflexiv sind, sind im Dänischen der Form nach passiv:

Vi ses.		Wir sehen uns.	
Vi kan mødes kl. tre.		Wir können uns um drei Uhr treffen.	
Vi snakkes ved.		(entspricht:) Bis demnächst.	
Weitere Beispiele:			
at enes	sich einigen	at følges (ad)	zusammen gehen
at skændes	sich streiten	at skiftes (til at)	sich abwechseln

Das reziproke Pronomen heißt im Dänischen *hinanden* (»einander«). Es kann nicht, wie im Deutschen, durch ein Reflexivpronomen ersetzt werden:

Vi kender hinanden.	Wir kennen uns/einander.
De forstår hinanden.	Sie verstehen sich.
De har lige lært hinanden at kende.	Sie haben sich gerade kennen gelernt.

4. Deponentien

Einige wenige Verben sind im Dänischen der Bedeutung nach aktiv, der Form nach aber passiv, vgl.:

Gert *synes*, at varmen er behagelig.
Gert findet die Hitze angenehm.
Gert *længes* efter Marianne.
Gert sehnt sich nach Marianne.
Der *findes* mange mystiske personer.
Es gibt viele merkwürdige Personen.
Det *lykkes* Niels at finde passet.
Es gelingt Niels, den Pass zu finden.

E. Øvelser

1. Possessivpronomen: *hans – sin/sit/sine.*

Gert ringer til .... redaktør. .... redaktør tager telefonen. Gert fortæller om arrestationen og om .... løsladelse. Han fortæller også, at det var Niels og Kirsten, der kom med .... pas. Gert fortæller og fortæller, og redaktøren synes, at .... historie er god, og derfor spørger han ham, om han ikke kan skrive en artikel om .... oplevelser. Efter at have snakket med redaktøren skynder Gert sig hen til .... venner igen. Han spiser .... dejlige portion »brændende kærlighed«: .... venner skåler med ham og ønsker ham held og lykke med .... artikel.

2. Perfekt auf Dänisch – Präsens auf Deutsch. Übersetzen Sie die folgenden Sätze ins Dänische:

a. Wie lange lernst Du schon Dänisch?

....

b. Wie lange studierst Du schon?

....

c. Wie lange wohnt Ihr schon hier?

....

d. Seit wann kennen sie sich?

....

e. Seit wann hat er die neue Brille?

....

f. Gert wohnt schon seit 1985 in Braunschweig.

....

g. Er arbeitet schon seit fünf Jahren als Journalist an der Braunschweiger Zeitung.

....

3. Präteritum. Setzen Sie folgende Sätze ins Präteritum:

a. Gert synes, at Marianne ser pæn ud.

....

b. Marianne ved ikke, hvor Tivoli ligger

....

c. Derfor spørger hun en mand, som hun møder på gaden.

....

d. Manden svarer, at hun bare skal gå ned ad Strøget.

....

e. Da hun kommer ned til Tivoli, står Gert og Kirsten og Niels allerede og venter på hende.

....

f. I Tivoli går de på restaurant.

....

g. De spiser og drikker meget og de bliver meget mætte.

....

h. De fire venner går først sent i seng den aften, og næste morgen sover de meget længe.

....

4. Präteritum oder Perfekt?

Jeg er dødtræt, jeg .... (at læse) til eksamen i tre uger. Jeg .... (at have) fødselsdag i går og .... (at få) *Frøken Smillas fornemmelse for sne* i gave. Jeg .... (at læse) den allerede, men det gør ikke noget. Hvad .... (at lave) du i går aftes? Jeg .... (at prøve) at ringe til dig, men der .... (at være) ingen hjemme. Jeg .... (at være) bare i biografen med Gert. Vi .... (at se) *Ung kærlighed*. Det er simpelthen den bedste film, jeg nogensinde . ... (at se).

5. Reziproke und deponente Verben. **Setzen Sie ein passendes Verb ein:**

Gert .... efter Marianne. Heldigvis skal de snart .... inde ved Storkespringvandet. Gert ...., at Marianne ser endnu sødere ud end aftenen før. Det .... hverken Gert eller Marianne at finde på noget intelligent at sige til hinanden. De snakker lidt om, hvad de skal lave. Til sidst .... de om, at de vil .... ad op til DSB for at købe billetter. »Vi ....!« råber Gert efter Marianne, da de har sagt farvel. »Ja, vi .... ved!« svarer hans livs Marianne ham.

F. Repetition

1. Ortsadverbien, lange Form - kurze Form. **Setzen Sie entweder *ind* oder *inde* ein:**

Gert og Marianne vil mødes .... på Strøget. Marianne kører .... til København. .... i København kører der mange biler. Marianne sidder .... i den gamle bil, hun har lånt af sin tante og morbror. Hun kører .... på en parkeringsplads. Dér er der mange biler, så hun må køre længe .... på parkeringspladsen, før hun finder en ledig plads. .... ved Storkespringvandet venter Gert. Før Marianne kommer, går han .... i en forretning. .... i forretningen køber han et stykke chokolade.

2. Zeitangaben. **Setzen Sie die richtige Präposition ein:**

Gert og Marianne var i Tivoli .... aftes for at fejre Gerts løsladelse. .... dag ringer Marianne til Gert. Hun fortæller ham, at hun skal til Frederikshavn .... et par dage, og at hun bliver der .... en uge. Hun spørger, om Gert vil med. Det vil Gert selvfølgelig hellere end gerne. »Jeg skal af sted .... fredag, altså .... overmorgen«, siger Marianne. »Min mormor har nemlig fødselsdag .... weekenden.« »Skal vi måske mødes inde i byen .... eftermiddag?« spørger Gert.

»Så kan vi købe billetter sammen.« »Ja, det kan vi godt«, svarer Marianne. »Jeg var faktisk allerede inde på banegården .... fredags, men der var så mange mennesker, at jeg besluttede at vente med at købe billet.« »Ja, der er altid mange mennesker, der rejser med tog .... fredagen«, siger Gert fornuftigt.

3. Superlativ der Adjektive

a. Kirsten og Niels bor i en flot lejlighed.
   Gert er sikker på, at det er byens *flotteste lejlighed.*
b. Marianne har et sødt smil.
   Gert synes, hun har verdens ....
c. Havfruemysteriet er en stor opgave.
   Politibetjent Jensen udtaler til pressen, at det er hans livs ....
d. Marlene Dietrich havde meget lange ben.
   Nogle påstår, at hun havde Tysklands ....
e. Århus er en lille storby.
   Turistrådet i Århus reklamerer med, at det er verdens ....
f. Århus er en god by at holde ferie i.
   Turistrådet i Århus påstår, at det er Danmarks ....
g. Det var slemt for Gert at være i fængsel.
   Det var faktisk feriens .... oplevelse.

4. Das Modalverb *at skulle*: Wie können folgende Sätze im Dänischen wiedergegeben werden?

a. Hast du heute Abend was vor?
   ....
b. Ja, ich gehe ins Kino.
   ....
c. Wollen wir nicht zusammen gehen?
   ....
d. Gehst du auch auf die Feier heute Abend? (auf die Feier = til fest)
   ....
e. Nein, ich kann leider nicht, ich muss eine Arbeit über das dänische Rechtswesen schreiben.
   ....
f. Marianne geht im Sommer nach Dänemark. Sie hat nämlich ein Stipendium bekommen.
   ....
g. Gert muss zum Zahnarzt. Marianne fragt, ob sie mitkommen soll.
   ....
h. Wir werden schon auf dich warten.
   ....

i. Soll ich dich heute Nachmittag am Bahnhof abholen?

....

G. Oversættelse

Gert ist zwar erst* seit vier Tagen in Dänemark, aber sein Urlaub ist schon vorbei. Gestern Abend hat er seine Zeitung in Braunschweig angerufen. Er hat mit seinem Redakteur vereinbart, dass er einen Artikel über seine Erlebnisse in Dänemark schreiben soll. Sein Redakteur sagte ihm auch, dass er versuchen solle, mit der dänischen Königin ein Interview zu bekommen. Heute hat er aber keine Lust, nach Jütland zu fahren. Er ist nämlich in das junge Mädchen aus Paris verliebt und weiß nicht, dass sie auch nach Frederikshavn fährt, um ihre Familie zu besuchen. Am Nachmittag treffen sich Gert und Marianne an einem Springbrunnen in Kopenhagen.

**erst* hier: *kun*

H. Mundtlig øvelse

Parøvelse

Spil Gerts telefonsamtale med redaktøren. Hvad siger redaktøren? Hvad siger Gert?

I. Skriftlig opgave

Gert skriver til sin bror i Freiburg. For at øve sig skriver han på dansk! Han fortæller om sagen med Den Lille Havfrue, om politiet og fængselscellen og Marianne. Og om aftenen i Tivoli. Skriv Gerts brev.

J. Tivoli

Tivoli ligger midt i København mellem Hovedbanegården og Rådhuspladsen, men da forlystelsesparken – med Kong Christian den VIII's personlige tilladelse – blev grundlagt i 1843, lå dette område stadig uden for byen. Tivoli var lige fra starten en stor succes. Byens borgere, kendte såvel som ukendte, strømmede til, og i sin dagbog skriver H. C. Andersen, at det var her, han fik idéen til og delvis skrev sit eventyr »Nattergalen«.
Tivoli er en pragtfuld blanding af underholdning, gøgl, idyl og romantik. Og sammen med de tusinder af kulørte lamper og den orientalsk inspirerede arkitektur besidder haven en helt egen og unik charme. I dag er Tivoli uden tvivl den største sommerattraktion i København, både for københavnerne og for de mange turister, der bl.a. kommer til København for at opleve den festlige og smukke have. Tivoli har åbent fra midt i april til midt i september, og siden 1994 har man desuden kunnet komme til julemarked i december måned.

midt i mitten in
forlystelsespark, -en, -er Vergnügungspark
personlig persönlich
tilladelse, -n, -r Erlaubnis
grundlægge, -r, ~lagde, har ~lagt gründen
område, -t, -r Gebiet
stadig immer noch
uden for außerhalb
lige fra starten gleich von Anfang an
succes, -en, -er Erfolg
borger, -en, -e Bürger
kendt bekannt
såvel som so wie
strømme til (1) herbeiströmen
dagbog, -en, ~bøger Tagebuch
delvis teilweise
nattergal, -en, -e Nachtigall
pragtfuld prachtvoll, herrlich
blanding, -en, -er Mischung
underholdning, -en Unterhaltung
gøgl, -et Rummel
idyl, -len, -ler Idylle
romantik, -ken Romantik
kulørt bunt
lampe, -n, -r Lampe
orientalsk orientalisch
inspirere (1) inspirieren
arkitektur, -en, -er Architektur
besidde, -r, besad, har besiddet besitzen
have, -n, -r Garten
unik einzigartig
charme, -n Charme
tvivl, -en Zweifel
sommerattraktion, -en, -er Sommerattraktion
opleve (1) erleben
festlig festlich
have åbent auf haben
desuden außerdem, darüber hinaus
julemarked, -et, -er Weihnachtsmarkt

Lektion 14

A. Torsdag den 13.6. Eftermiddag

Strøget er den længste gågade i København, danskerne påstår oven i købet, at det er verdens længste. Der er næsten altid mange mennesker. Nogle synger, andre spiller. Nogle skændes, andre elsker hinanden, og atter andre gør begge dele på én gang. Gert kommer allerede kl. halv tre – måske fordi han er spændt på at se Storkespringvandet. Marianne kommer fem minutter senere, måske er det bare for at se på folk på Strøget. Det er i hvert fald dét, de siger til hinanden ... De går op ad Strøget forbi Rådhuspladsen og ind på Hovedbanegården.

Ved billetlugen.

DSB-damen	Dav, hvad kan jeg hjælpe jer med?
Gert	Vi ville gerne til Frederikshåb!
DSB-damen	Til Frederikshåb? – Så må I vist hellere tale med SAS. Er det ikke i Grønland? Eller mener I måske Frederiksværk her på Sjælland?
Gert	Nåh nej, jeg mener selvfølgelig Frederiksstad! Vi skal nemlig se dronningen!
DSB-damen	Er dronningen i Norge?
Marianne	Nej Gert, du er et vrøvlehoved. Vi skal hverken til Grønland eller Norge. Vi vil gerne have to billetter til Frederikshavn i Jylland!
DSB-damen	Nå, så forstår jeg bedre! Vil I tage over Fyn eller over Kalundborg – Århus?
Gert	Hvad er forskellen?
DSB-damen	Hvis I tager over Fyn, kommer I ikke til at sejle, for nu er der jo både en bro over Storebælt og Lillebælt.
Marianne	Kan du lide at sejle, Gert?
Gert	Ja, jeg elsker at sejle!
Marianne	Skal vi så ikke tage over Kalundborg?
Gert	Jo, det lyder fint. Hvor længe skal vi så sejle?
Marianne	To timer, tror jeg!
DSB-damen	Nej, det er faktisk tre! Hvornår skal I være i Frederikshavn?
Marianne	I morgen eftermiddag.
DSB-damen	Godt, se her! Hvis I tager toget herfra i morgen

	tidlig kl. 7.05, er I i Kalundborg kl. 9. Dér skal I tage færgen, og så er I i Århus til middag og i Frederikshavn kl. 15.20. Er det tidligt nok? Ellers kan I tage afgangen kl. 23.50 i aften og være i Frederikshavn kl. 10 i morgen formiddag!
Gert	Lad os hellere tage den første, dén klokken 7 i morgen, ikke?
Marianne	Jo, det passer mig fint.
DSB-damen	Skal det være en enkelt- eller en returbillet?
Marianne	Er det billigere med en retur?
DSB-damen	Nej, en retur koster det dobbelte af en enkelt.
Gert	Så lad os bare få to enkeltbilletter!
DSB-damen	Billetten er gyldig fra den 14.6. og to måneder frem. Det bliver 487,50! Vil I betale sammen?
Marianne	Nej, hver for sig. Jeg har vist lige penge: 240, 241, 242, 243 og 75 øre. Værsgo!
Gert	Jeg har desværre ingen småpenge. Kan du give tilbage på en tusindekroneseddel?
DSB-damen	Ja, det går nok: 250, 260, 280, 300, 400, 500 og 1000!
Gert	Tak, farvel!
DSB-damen	Farvel tak!

Marianne og Gert går væk fra billetlugen.

Gert	Se, der blev en lang kø efter os, fordi det varede så længe!
Marianne	Ja, men vi skulle jo også både til Norge og Grønland, ik'?

B. Wortschätze

Indkøb **Einkaufen**

Ekspedienten siger:

Hvad skulle det være?
Kan jeg hjælpe dig/Dem (med noget)?
Hvad kan jeg hjælpe dig/Dem med?
Du skal bare sige til, hvis jeg kan hjælpe dig!
Du skal bare spørge, hvis der er noget, du er i tvivl om!

Kunden siger:

Jeg vil gerne have .../ Jeg vil gerne se på en ...
Jeg vil gerne kigge lidt! / Jeg kigger lige lidt! / Jeg kigger bare!

Transport

Hvordan kommer du til Danmark?

Jeg flyver.	Ich fliege.
Jeg sejler.	Ich fahre mit der Fähre.
Jeg kører.	Ich fahre mit dem Auto.
Jeg cykler.	Ich fahre mit dem Fahrrad.

Jeg tager toget/flyet/færgen.	Ich nehme ...
Jeg tager den på stop.	Ich fahre per Anhalter.

Hvornår skal du af sted?	Wann fährst du los?
Hvornår tager du til Dannmark?	Wann fährst/gehst du nach Dänemark?
Hvornår rejser du til Danmark?	Wann reist/gehst du nach Dänemark?

Jeg tager af sted i morgen kl. ni.	Ich fahre morgen um 9 Uhr los.
Jeg rejser i morgen tidlig.	Ich reise morgen früh.

flyve, -r, fløj, er fløjet	fliegen
sejle (1)	segeln (auch mit der Fähre)
køre (2)	fahren
fly, -et, ÷	Flugzeug
færge, -n, -r	Fähre
cykel, cyklen, cykler	Fahrrad

C. Aussprache

Der Stoßton

Der Stoßton kann nur in druckstarken Silben auftreten. Einen Stoßton können lange Vokale oder stimmhafte Konsonanten nach Kurzvokal erhalten. Die aufgelisteten Beispiele sind Minimalpaare, d.h. die Aussprache unterscheidet sich nur in diesem einen Punkt.

mit Stoßton	ohne Stoßton
mand ['man']	man ['man]
mænd ['mɛn']	men ['mɛn]
nået ['nå:'əð]	noget ['nå: əð]
d ['de:']	det ['de:]
ledt ['le:'d]	lidt ['le:d]
maj ['mɑj']	mig ['mɑj]
køer ['kø:'ʌ]	kører ['kø: ʌ]
byer ['by̯:'ʌ]	byger ['by:ʌ]
øer ['ø:'ʌ]	ører ['ø:ʌ]

Häufig fällt der Stoßton weg, wenn einem Wort eine Endung hinzugefügt wird.

mit Stoßton	ohne Stoßton
mand ['man']	mandetøj ['manəˌtʌj]
kør! ['kø:'ʀ]	kører ['kø:ʌ]
ledt ['le:'d]	ledte ['le: də]
flag ['fla:'(j)]	flager ['fla: (j)ʌ]

In einigen – vorwiegend südlichen – Teilen Dänemarks kommt der Stoßton nicht vor.

D. Grammatik

1. Nebensatzeinleiter: *når* und *hvis*

Die Konjunktionen ***når*** und ***hvis*** entsprechen beide dem deutschen *wenn*: *når* ist ein temporaler Nebensatzeinleiter, *hvis* ein konditionaler:

Vi kører først, når du kommer.	(temporal)
Vi kører kun, hvis du kommer.	(konditional)

! Kann *wenn* durch *falls* ersetzt werden, entspricht es im Dänischen immer *hvis*.

2. Nebensatzeinleiter: *da – når*

Die Konjunktion ***da*** kann, wie auf Deutsch *(damals) als,* ein einmaliges Ereignis in der Vergangenheit bezeichnen, während ***når*** wie *(immer) wenn* ein wiederkehrendes Ereignis in der Vergangenheit oder der Gegenwart bezeichnen kann:

Da Danmark blev europamester i fodbold i 1992, gik danskerne nærmest amok.

Når Danmark havde vundet en landskamp, var der altid stor jubel i hele landet.

Når Danmark vinder en landskamp, er der altid stor jubel i landet.

3. Der Imperativ

Die Form des dänischen Imperativs ist der Stamm des Verbs:

Infinitiv	Imperativ	
at komme	kom!	komm!, kommt!, kommen Sie!
at spise	spis!	iss!, esst!, essen Sie!
at se	se!	sieh!, seht!, sehen Sie!

4. Höflichkeit

Es gibt in der dänischen Sprache kein Einzelwort, das dem deutschen *bitte* entspricht. Daher ist der Gebrauch des Imperativs seltener, da er oft unhöflich erscheint. Die Höflichkeit kommt stattdessen durch besondere Verbalkonstruktionen, Modalwörter und Umschreibungen zum Ausdruck:

Gider du ikke lige ...
Gider du ikke lige række mig kaffen?
Gider du ikke lige gøre mig en tjeneste?

Kan/Kunne du ikke lige tage at ...
Kan du ikke lige tage at hente avisen i postkassen
Kunne du ikke lige tage at lukke vinduet?

Vil du ikke godt ...
Vil du ikke godt lige tage pizzaen ud af ovnen?
Vil du ikke godt ringe til mig, når du kommer hjem?

Jeg kunne vel ikke (lige) få dig til at ...
Jeg kunne vel ikke lige få dig til at hjælpe mig?
Undskyld, men jeg kunne vel ikke lige få dig til at lukke vinduet?

Du ville vel ikke være så venlig at ...
Du ville vel ikke være så venlig at lukke vinduet?

5. Das Wort *værsgo*

Dieser Ausdruck wird verwendet, wenn man jemandem etwas gibt oder erlaubt:

Undskyld, må jeg låne din avis? Ja, værsgo!
Må jeg godt få et æble? Ja, værsgo!
Værsgo! Her har du avisen fra i går!
Værsgo! Maden er serveret!

E. Øvelser

1. Höfliche Aufforderungen

Bitte umschreiben Sie folgende Imperative, so dass sie höflicher werden (bitte viele verschiedene Formen verwenden!):

Luk døren! (du) *Kan du ikke lige lukke døren!*

a. Giv mig ti kroner! (I) ....

b. Kom igen i morgen! (De) ....

c. Tag rygsækken! (du) ....

d. Tag en anden plads! (De) ....

e. Køb tre pizzaer! (I) ....

f. Sig mig vejen til Århus! (De) ....

2. Nebensatzeinleiter: *når* oder *hvis*?

a. .... der er noget jeg kan hjælpe med, skal du bare sige til.

b. Vi skal spise, ... Gert har dækket bord.

c. .... jeg kommer hjem i aften, går jeg lige på hovedet i seng.

d. .... det ikke er for sent, kan vi da godt lige drikke en øl sammen.

e. .... jeg bliver stor, vil jeg være brandmand.

f. .... du vil høre min mening, så skulle du altså tage den røde kjole.

g. .... du ikke har noget imod det, så vil jeg altså hellere have den blå.

h. .... katten er ude, spiller musene på bordet.

3. Nebensatzeinleiter: *når* oder *da*?

a. Gert sov ikke så godt, ... han var i fængsel.

b. Gert sov altid inde i gæsteværelset, ... han besøgte Kirsten og Niels.

c. .... Marianne kom ind i kupéen, var det kærlighed ved første blik.

d. .... Kirsten og Niels kom med Gerts pas, blev dommeren nødt til at løslade Gert.

e. .... Kirsten skulle til møde i børnehaven, var det altid Niels, der måtte vaske op.

F. Repetition

1. Possessivpronomen, Personalpronomen, Reziprokpronomen

a. Gert ringer til .... avis og fortæller om .... ferie.

b. Nu er .... ferie desværre snart forbi.

c. Men heldigvis skal han til Frederikshavn sammen med Marianne for at besøge .... bedsteforældre.

d. Da Gert og .... venner var i Tivoli, havde Marianne .... røde kjole på.

e. Gert kunne slet ikke lade være med at kigge på hende. .... øjne hang ved hende og .... røde kjole.

f. Marianne smilede hele tiden til .... nye tyske ven.

g. I dag sidder Marianne og fortæller .... veninde om Gert.

h. .... veninde kommer fra Norge, men nu bor .... i København.

i. De to piger har kendt .... i otte år.

j. .... snakker længe om Mariannes nye kæreste, indtil telefonen ringer og forstyrrer ....

k. Det er selvfølgelig Gert: »Hej, hvordan har .... det?«

l. »Fint«, svarer Marianne, »hvad med ....?«

m. Marianne fortæller ...., at hun lige har besøg af .... veninde, og at de snart vil ind til byen.

n. »Fint, jeg skal også ind til byen. Jeg venter på .... derinde.«

o. »Udmærket, du kan finde .... inde ved Storkespringvandet. .... ses!«

2. Adjektivdeklination, Komparation

a. Gert er en .... (tysk) journalist.

b. Han arbejder på et .... (lille), lidt .... (kedelig) dagblad i Braunschweig.

c. Men Gert er alligevel .... (glad) for jobbet.

d. Han synes, det er .... (sjov) at opsnuse .... (god) historier og at interviewe de .... (gnaven) tyskere om deres .... (stor) og .... (lille) problemer.

e. .... og .... (mange) mennesker ringer til den ...., ... (ung, sympatisk) journalist for at fortælle ham, at de har læst hans .... (udmærket) artikel eller hans .... (intelligent) leder i dagens avis.

f. Det bliver Gert selvfølgelig altid meget .... (glad) for, og det gør, at han arbejder .... og .... (god) og skriver .... og .... (meget).

3. Wortstellung. Satzadverbien im Nebensatz

Formulieren Sie folgende Sätze in der indirekten Rede:

a. Gert: »Jeg har ikke stjålet pengene!«
Gert siger, at han ....

b. Dommeren: »Du har ikke noget pas!«
Dommeren påstår, at Gert ....

c. Gert: »Jeg vil aldrig mere snakke med politiet!«
Gert siger, at han ....

d. Marianne: »Sommetider er det nødvendigt at snakke med politiet.«
Marianne forklarer, at det ....

e. Kirsten: »Måske kan vi hjælpe Gert, Niels.«
Kirsten siger til Niels, at de ....

G. Oversættelse

Gert und Marianne sind am Hauptbahnhof, um Fahrkarten nach Frederikshavn zu kaufen. Sie nehmen zwei Einzelfahrscheine, denn man spart nichts, wenn man eine Rückfahrkarte kauft. Gert und Marianne zahlen getrennt. Marianne hat es passend, aber Gert hat leider kein Kleingeld. Zum Glück kann die DSB-Frau auf 1000 Kronen herausgeben. Die Leute hinter Gert und Marianne müssen sehr lange warten. Die Schlange ist immer länger geworden. Einige sind schon wieder gegangen, aber die meisten warten immer noch. Gert schämt sich, dass ihm der richtige Ortsname[1] nicht eingefallen ist. Marianne tröstet den Deutschen, und zum Glück sind die geduldigen[2] Dänen auch nicht sauer.

[1] **Ortsname** stednavn, -et, -e
[2] **geduldig** tålmodig

H. Mundtlig øvelse

1. Du kører i tog og sidder ved siden af en anden passager. Hvad siger du i følgende situationer?

a. Du synes, at der er meget varmt i toget.

b. Vinduet står åbent og du fryser.

c. Den anden har tændt for sin ghettoblaster og er åbenbart ABBA-fan.

d. Du har lige været ude et øjeblik, og nu har den anden sat sin rygsæk på din vinduesplads.

e. Den andens lille barn har lige spist chokoladekiks og er nu begyndt at kravle rundt på sæderne med sine meget fedtede fingre.

f. Den anden er lige blevet færdig med at læse sit »Alt for damerne«. Bladet ser meget spændende ud, og du har ikke selv noget med at læse i.

g. Konduktøren kommer ind. Du har ikke fået stemplet dit klippekort, fordi billetautomaten på Vrå banegård var i stykker.

2. Et rejsebureau i København: Spil på skift rollen som køber og sælger. Find det rigtige transportmiddel, den rigtige tid og den rigtige pris. Sælg/køb f.eks. rejser til:

Hobro – Berlin – Stockholm – Helsinki – Færøerne – London

I. Riget, der skrumpede

Danmark har ikke altid været så lille et land, som det er i dag. I 1200-tallet herskede den danske monark over et Østersøimperium, der strakte sig helt over til Estland. Men den danske storhedstid varede ikke ved.
Kalmarunionen fra 1397 skulle sikre freden mellem de tre nordiske riger. Men i 1500-tallet begynder unionen at slå revner. Sverige forsøger at fravriste Danmark førerstillingen i Norden, og denne rivalitet resulterer i en række dansk-svenske krige op gennem de næste godt 150 år.
I 1660'erne tabes bl.a. Skåne til Sverige, og selvom Danmark forsøger, lykkes det aldrig at tilbageerobre områderne østpå. Mod nord mister Danmark i 1814 Norge: I den såkaldte Kielerfred fastlægges det, at den danske Kong Frederik 6. skal afstå Norge til kongen af Sverige.
Mod syd gik det ikke anderledes. Altona var endnu i slutningen af 1700-tallet en af de største danske byer, men efter at have tabt krigen mod Preussen/Østrig i 1864 måtte Danmark endegyldigt give afkald på Slesvig, Holsten og Lauenborg. Det er fra denne tid, det kendte udtryk stammer: »Hvad udad tabes, det må indad vindes«.

rige, -t, -r Reich
skrumpe (1) schrumpfen
1200-tallet 13. Jahrhundert
herske (1) herrschen
Østersøen die Ostsee
strække sig, -r, strakte, har strakt sich erstrecken
helt over til bis nach
storhedstid, -en, -er große Zeit, Großmachtzeit
vare ved (1) andauern
sikre (1) sichern
fred, -en Friede
slå revner, -r, slog, har slået rissig werden, zerbrechen
fravriste (1) entreißen
førerstilling, -en, -er führende Stellung
rivalitet, -en, -er Rivalität
resultere i (1) resultieren in
krig, -en, -e Krieg
1660'erne die 1660er Jahre
tabe (2) verlieren
tilbageerobre (1) zurückerobern
østpå im Osten
miste (1) verlieren
såkaldt sogenannt
fastlægge, -r, ~lagde, har ~lagt festlegen
afstå, -r, ~stod, har ~stået abtreten
anderledes anders
slutning, -en, -er Ende
i slutningen af 1700-tallet Ende des 18. Jahrhunderts
endegyldig endgültig
give afkald på noget auf etwas verzichten
udtryk, -ket, ÷ Ausdruck
stamme fra (1) stammen von
udad nach außen
indad nach innen

Lektion 15

A. Fredag den 14.6. – Formiddag

Gert og Marianne er kommet om bord på færgen i Kalundborg. Der er mange turister med båden, men de har været heldige med at finde et tomt bord i cafeteriaet. De havde aftalt at tage madpakke med. Gert lovede at sørge for smørrebrød, mens Marianne sagde, at hun ville tage drikkevarer med. Nu sidder de og spiser rugbrød med spegepølse, leverpostej og torskerogn og drikker kaffe til.
Da de sejler ud af havnen, er det gråvejr, men senere kommer solen frem. »Tågen letter«, siger Marianne. »Hør selv!« – Gert ser spørgende på Marianne. »Du mener vel: se selv«, siger han og peger ud ad vinduet. En lille gul og grøn ø er netop ved at sejle forbi færgen. »Nej hør!«, siger Marianne, »det er *Taagen letter* af Carl Nielsen«.
Ja, nu kan Gert også høre det. Manden i den lilla trøje, der har sat sig ved siden af dem, sidder og hører musik i sin discman, og man kan svagt genkende en fløjte. Gert er lidt flov over, at han har dummet sig. Marianne smiler. »Du har faktisk ret«, siger hun så, »det er blevet godt vejr igen. Hvis du er færdig med at spise, kan vi jo gå ud på dækket. Derude er der vist mere stille end herinde.«
Oppe på dækket ligger folk og tager solbad. Da Gert og Marianne har ledt lidt, finder de også to liggestole, som de lægger sig i. Det er et fantastisk syn at se de hvide måger flyve hen over det rolige mørkeblå hav. Alt er fredeligt. Marianne begynder at læse en bog.

»Det forsømte forår« af Hans Scherfig. Den handler om et mystisk mord på Langelinie og er vist meget spændende, men alligevel falder hun hurtigt i søvn.
Gert ser ud over Kattegat. En eller anden lille båd krydser tæt forbi færgen. Han rejser sig for at tage et billede. Først står han og tænker sig lidt om. Han er sikker på, at han har set den blå båd før et eller andet sted! Hvor var det nu, det var? Nåh ja, det var jo ... Ups!!
Dækket er vådt, og Gert glider. Han når at redde sit kamera, da han falder, men han slår sig hårdt. Folk kommer løbende.
»Slog du dig?«, råber Marianne? »Ja«, siger Gert, »Av, min arm!!«

B. Wortschätze

Madvarer Lebensmittel

Grøntsager Gemüse
kartoffel, kartoflen, kartofler Kartoffel
grøn peber grüne Paprika
(rød peber, gul peber)
blomkål, -en Blumenkohl
hvid-, rød-, grønkål Weiß-, Rot-, Grünkohl
squash, -en, ÷ Zucchini
løg, -et, ÷ Zwiebel
agurk, -en, -er Gurke
radise, -n, -r Radieschen
tomat, -en, -er Tomate
ris, -en Reis

Kød Fleisch
oksekød, -et Rindfleisch
svinekød, -et Schweinefleisch
kalvekød, -et Kalbsfleisch
kyllingekød, -et Hähnchenfleisch
hønsekød, -et Hühnerfleisch
kalkunkød, -et Putenfleisch

Fjerkræ Geflügel
kylling, -en, -er Hähnchen
kalkun, -en, -er Pute
and, -en, ænder Ente
gås, -en, gæs Gans

Frugt Obst
æble, -t, -r Apfel
pære, -n, -r Birne
banan, -en, -er Banane
appelsin, -en, -er Apfelsine
(vin)drue, -n, -r (Wein)traube

Fisk Fisch
torsk, -en, ÷ Kabeljau
rødspætte, -n, -r Scholle
sild, -en, ÷ Hering
makrel, -len, -ler Makrele
tun, -en, ÷ Thunfisch

Mælkeprodukter Milchprodukte
mælk, -en Milch
smør, -ret Butter
margarine, -n Margarine
yoghurt, -en Joghurt
(piske)fløde, -n (Schlag)sahne

C. Aussprache

Komposita und Ableitungen

Bei Komposita und Ableitungen sowie bei Anhängen einer Endung verändern die Grundwörter häufig ihre Aussprache.

Grundwort	Ableitung/Kompositum
af ['a']	**af**tale ['ɑwˌta:lə]
dag ['da:'(j)]	**dag**lig ['dɑwli]
flag ['fla:'(j)]	**flag**stang ['flɑwˌsdɑŋ]
hav ['hɑw]	**hav**et ['ha:vəð]

D. Grammatik

1. Präposition + Satz; Präposition + Infinitiv

Alle dänischen Präpositionen können außer mit einem Substantiv auch mit einem Satz oder einem *at*-Infinitiv direkt verbunden werden. Dies ist besonders bei Verben oder Adjektiven von Bedeutung, die obligatorisch mit bestimmten Präpositionen verbunden werden (z.B. *at tvivle på*):

Präposition + Substantiv / Satz / Infinitiv
Dommeren tvivler på Gerts oplysninger. Dommeren tvivler *på, at* Gerts oplysninger er rigtige.
Historien handler om en terrorist. Historien handler *om, hvem* der er terrorist.
Dommeren er færdig med afhøringen. Dommeren er færdig *med at* afhøre Gert.

Auf Deutsch können nur die Präpositionen *ohne*, *statt* und *um* mit einem Satz oder einer Infinitivkonstruktion verbunden werden, z.B.: »er ging ohne ein Wort – er ging, *ohne* ein Wort *zu* sagen«. Bei allen anderen Präpositionen ist die Verbindung mit einem Satz oder einer Infinitivkonstruktion nicht möglich. Stattdessen »verwandelt« sich die Präposition in ein Adverb, oder sie entfällt gänzlich. Vergleiche folgende Beispiele:

Gert *tænker på* Marianne. Gert *denkt an* Marianne.
Gert *tænker på*, at han vil besøge Marianne. Gert denkt *daran*, dass er Marianne besuchen will.
Gert *tænker på* at besøge Marianne. Gert denkt *daran*, Marianne zu besuchen.

Marianne *er overrasket over* hans besøg.
Marianne *ist überrascht über* seinen Besuch.
Marianne *er overrasket over*, at han kommer.
Marianne *ist überrascht (darüber)*, dass er kommt.
Marianne *er overrasket over* at se ham.
Marianne *ist überrascht*, ihn zu sehen.

Achten Sie vor allem auf die beiden letzten Beispiele, in denen die »ursprüngliche« Präposition im deutschen Satz nicht mehr erkennbar ist. *Im Dänischen müssen die Präpositionen vor dem Satz oder der Infinitivkonstruktion stehen – sie können nie weggelassen werden.*

2. Finites Verb + Präsens Partizip

Die Kombination von zwei Verben, die beide eine Bewegung ausdrücken, wird im Deutschen und im Dänischen unterschiedlich konstruiert: Im Dänischen durch ein finites Verb + Präsens Partizip, im Deutschen durch ein finites Verb + Perfekt Partizip:

Manden *kom løbende.*	Der Mann *kam gelaufen.*

Ein anderer Fall dieser Art, in dem auf Deutsch ein finites Verb + Infinitiv, im Dänischen aber ein finites Verb + Präsens Partizip auftritt, liegt bei dem Verb *blive* (»bleiben«) vor:

Manden *blev siddende.*	Der Mann *blieb sitzen.*

3. Verlaufsformen/durative Verbalkonstruktionen

Um auszudrücken, was man gerade in einer bestimmten Situation oder zu einem bestimmten Zeitpunkt macht, kann man im Dänischen eine Doppelverbalform nach folgendem Muster verwenden:

Marianne ligger og læser.	
Manden sidder og hører musik.	
Hvad går du sådan og laver?	(Was machst du denn so zur Zeit?)
Vi elsker at sidde og hygge os.	

Auch die Konstruktion mit *at være ved at* betont den Verlaufsaspekt einer Handlung:

Mændene er ved at demontere havfruen.

Im Deutschen wird in diesen Fällen oft eine Konstruktion mit dem Adverb *gerade* verwendet, z.B.: Marianne isst gerade.

4. Die Verben *at sidde/at sætte* usw.

Eine Gruppe von acht sehr wichtigen Verben lässt sich paarweise anordnen: Die Verben der einen Gruppe sind intransitiv und werden **stark** konjugiert, die Verben der anderen Gruppe dagegen sind transitiv und werden **schwach** konjugiert:

at sidde	><	at sætte (sig)
at ligge	><	at lægge (sig)
at stå	><	at stille (sig)
at hænge	><	at hænge (noget op/på/over usw.)

Konjugation

Infinitiv	Präsens	Präteritum	Perfekt
at sidde	jeg sidder	jeg sad	jeg har siddet
at sætte sig	jeg sætter mig	jeg satte mig	jeg har sat mig
at ligge	hun ligger	hun lå	hun har ligget
at lægge sig	hun lægger sig	hun lagde sig	hun har lagt sig
at stå	vi står	vi stod	vi har stået
at stille sig	vi stiller os	vi stillede os	vi har stillet os
at hænge	det hænger	det hang	det har hængt
at hænge det op	jeg hænger det op	jeg hængte det op	jeg har hængt det op

5. Das Modalverb *at kunne* bei Verben der sinnlichen Wahrnehmung

Verben der sinnlichen Wahrnehmung werden im Dänischen mit dem Modalverb *at kunne* verbunden:

Kan du høre mig?	Hörst du mich?
Kan du lugte maden?	Riechst du das Essen?
Kan du smage hvidløget?	Schmeckst du den Knoblauch?

E. Øvelser

1. Präposition + Satz

at være ligeglad med	etwas ist einem egal	at arbejde på	arbeiten an
at more sig over	sich amüsieren über	at handle om	handeln von
at stole på	sich verlassen auf	at være færdig med	mit etwas fertig sein
at tvivle på	zweifeln an	at være ked af	etwas tut einem leid
at være glad over/for	sich über etwas freuen	at være rasende over	über etwas wütend sein

Eks.: Gert er uskyldig. Dommeren tvivler på det.
Dommeren tvivler på, at Gert er uskyldig.

a. Dronningen modtager en bronzearm. Historien handler om det.

....

b. København bliver en god turistby. Københavnerne arbejder på det.

....

c. Dronningen vil stadigvæk bære sælskind. Grønlænderne stoler på det.

....

d. Gert tager madpakke med. Marianne stoler på det.

....

e. Marianne ringer til Kirsten. Gert er glad for det.

....

f. Duerne bliver federe og federe. Gert morer sig over det.

....

g. Postmesteren i Sverigesgade mangler 3 millioner. Han er ked af det.

....

h. Gert hedder ikke Olsen. Dommeren er ligeglad med det.

....

2. Präposition + Infinitiv

Eks.: Gert spiser sin madpakke. Han er færdig med det.
Gert er færdig med at spise sin madpakke.

a. Gert ser Marianne. Han er glad for det.

....

b. Gert bliver arresteret. Han er ked af det.

....

c. Gert bliver kaldt Olsen. Han morer sig over det.

....

d. Gert bliver årets journalist. Han arbejder på det.

....

e. Gert bliver arresteret. Han er rasende over det.

....

3. Reflexive Verben. Wortstellung

Formen Sie die folgenden Sätze vom Präsens ins Perfekt oder vom Perfekt ins Präsens um. (Beachten Sie dabei die Position des Reflexivpronomens.)

Eks.: *Gert sætter sig lige*	*Gert har lige sat sig*
a. Vi sætter os lige	....
b.	Jeg har lige lagt mig
c. Jeg hænger det lige op	....
d.	Vi har ikke glædet os
e. Hun undrer sig ikke	....
f.	Gert har tit slået sig
g. Nu dummer I jer vist	....

4. Die Verben *at ligge – at lægge* usw.

a. Billedet hænger på væggen. Jeg .... det op i går.

b. Jeg har lige sat mig i lænestolen. Nu .... jeg godt.

c. Jeg har .... glasset på bordet. Det står der endnu.

d. Hun lagde sig på sofaen. Der .... hun hele natten.

e. Toget var fuldt, så jeg stillede mig ud i gangen. Jeg måtte .... op på hele turen.

f. »Man sad godt på de gamle stole«, tænkte han, da han havde .... sig på en af de nye.

5. Übersetzen Sie bitte folgende Sätze:

a. Magst du Eis?	....
b. Sprich lauter. Ich höre dich nicht.	....
c. Siehst du das blaue Schiff?	....
d. Nein, ich sehe überhaupt nichts!	....
e. Spürst du den Wind? (at mærke)	....

F. Repetition

1. Komparation

a. Niels vil *gerne* i biografen, men Kirsten vil .... til koncert.

b. Kirsten kan *godt* lide klassisk musik, men Niels kan .... lide jazz.

c. Kirsten synes, det er *praktisk* at cykle på indkøb, men Niels synes, det er .... at tage bilen.

d. Det er *svært* at finde en parkeringsplads i København, og det bliver bare .... og ....

e. Det er også *dyrt* at parkere, og det bliver bare .... og ....

f. Derfor er det selvfølgelig *fornuftigt* at cykle, og det bliver .... og ....

g. Men sommetider er Niels lidt *træt*. Når han er træt, er hans lyst til at cykle meget *lille*. Jo .... han er, jo .... er hans lyst til at cykle.

2. Präteritum – Perfekt?

2.1.

a. I går .... (at se) jeg Chaplins »Moderne tider« i fjernsynet.

b. Hvor .... (at være) den altså sjov!

c. Jeg .... (at være) ved at dø af grin!

d. Det .... (at være) første gang, jeg .... (at se) den.

e. Jeg .... (at se) mange Chaplin-film, men denne her .... (at kende) jeg ikke.

f. Jeg .... (at se) nogle af hans andre film en million gange.

2.2. Politimester Jensen har skrevet en huskeseddel til sin nye kollega. Kollegaen tjekker, om han har husket det hele:

Jensen:	Kollegaen:
a. Husk at afhøre den mistænkte.	*Jeg har afhørt den mistænkte.*
b. Husk at skrive rapport.	*Jeg har* ....
c. Husk at købe kaffe.	....
d. Husk at informere pressen.	....
e. Husk at vande mine blomster.	....
f. Husk at smøre rundstykker.	....

3. Modalverben. Setzen Sie ein passendes Modalverb ein:

a. Jeg .... i biografen i aften.

b. Egentlig .... jeg helst se filmen alene, men Niels har lige spurgt, om han godt .... komme med.

c. Det .... han selvfølgelig godt.

d. Jeg .... ikke lide at sige nej.

e. Det .... måske også blive helt hyggeligt...

f. Nå, men før vi går, ... vi altså have vasket op.

g. Og vi .... heller ikke glemme at lægge en seddel til Gert.

h. Han .... jo hente os bagefter.

i. Så .... vi jo gå ud og få en øl sammen.

j. Det .... bare ikke blive for sent.

k. Jeg .... nemlig tidligt op i morgen.

l. Niels og Gert .... derimod bare blive liggende i deres senge.

G. Oversættelse

Als Gert und Marianne mit dem Essen fertig waren, blieben sie eine halbe Stunde an ihrem Tisch in der Cafeteria der Fähre sitzen und schauten aus dem Fenster[1]. Sie sahen aber nicht viel, denn der Nebel hatte sich über das blaue Meer gelegt. Der Mann, der neben ihnen saß, hörte Musik, und Marianne erkannte sie sofort wieder. Das tat Gert natürlich nicht. Er fand es sehr merkwürdig, dass Marianne plötzlich über das Wetter sprach. Als er verstand, wovon Marianne sprach, schämte[2] er sich, dass er die Musik nicht sofort erkannt hatte. Später kam die Sonne hervor, und sie gingen auf das Deck, um sich zu sonnen. »Siehst du die weiße Möwe, die über das Meer geflogen kommt?«, fragte Marianne. Aber Gert sah nichts! Er war auf dem Deck ausgerutscht und hatte sich sehr weh getan.

[1] Fenster: vindue, -t, -r

[2] sich über etw. schämen: skamme (1) sig over noget

H. Mundtlig øvelse

Lav en madplan for mandag til fredag. Find ud af, hvad I vil spise de enkelte dage og skriv ned, hvad I skal have købt ind.

I. Skriftlig øvelse

Skriv lidt om, hvad musik betyder for dig

a. Hvilken slags musik kan du bedst lide at høre?
b. Hvor og hvornår plejer du at høre musik?
c. Har din musiksmag ændret sig i tidens løb?
d. Kan din familie også godt lide din musik?
e. Hvad med dine venner, kan I lide samme slags musik?

J. To kendte danskere

Carl Nielsen (1865-1931)

Den store danske komponist Carl Nielsen er ligesom H.C. Andersen født og opvokset på Fyn. I selvbiografien »Min fynske barndom« (1927) skildrer han sin opvækst i en børnerig familie, hvor spillemandsmusikken prægede familielivet. Selv blev han uddannet som violinist og senere ansat som kapelmester ved Det Kongelige Teater i København. Imidlertid var det kompositionen, der optog Carl Nielsen. Han har bl.a. skrevet seks symfonier, operaerne »Helios« (1903) og »Maskerade« (1904-06) og det lille fine stykke for træblæsere »Tågen letter« (1920). »Maskerade« bygger i øvrigt på et stykke af Holberg.

komponist, -en, -er Komponist
ligesom wie
opvokset aufgewachsen
selvbiografi, -en, -er Autobiographie
barndom, -men Kindheit
skildre (1) schildern
opvækst, -en ≈ Kindheit und Jugend
børnerig kinderreich
familie, -n, -r Familie
spillemandsmusik, -ken Spielmannsmusik
præge (1) prägen
familieliv, -et, ÷ Familienleben
uddanne (1) ausbilden
violinist, -en, -er Geiger
ansætte, -r, ansatte, har ansat anstellen
kapelmester, -en, ~mestre Kapellmeister
komposition, -en, -er Komposition
optage, -r, optog, har optaget hier; beschäftigen
symfoni, -en, -er Symphonie
opera, -en, -er Oper
træblæser, -en, -e Holzbläser
bygge på (1) auf etw. aufbauen

Hans Scherfig (1905-79)

Hans Scherfigs mest berømte roman er »Det forsømte forår« (1940), som ved første blik ligner en kriminalroman: En forhadt latinlærer ved navn lektor Blomme dør, da han spiser et forgiftet maltbolche. Hvem er morderen? Det er faktisk ikke så vigtigt! Scherfig har med denne roman først og fremmest tegnet et satirisk billede af det danske skolesystem, således som han selv oplevede det i sin barndom på Metropolitanskolen i København. Scherfig var kommunist, og i »Det forsømte forår« finder man da også en skarp kritik af samtiden, hvilket i endnu højere grad gøres til tema i nogle af hans andre romaner som »Den forsvundne fuldmægtig« (1938), »Idealister« (1945) og »Frydenholm« (1962). Scherfig var også en glimrende billedkunstner. Han genfortalte og udgav bl.a. Holbergs »Niels Klims Underjordiske Rejse« som tegneserie i 1961.

ved første blik auf den ersten Blick
blik, -ket, -ke Blick
ligne (1) ähneln
forhadt verhasst
latinlærer, -en, -e Lateinlehrer
ved navn namens
lektor, -en, -er hier: Oberstudienrat
forgifte (1) vergiften
maltbolche, -t, -r Malzbonbon
morder, -en, -e Mörder
tegne (1) zeichnen
satirisk satirisch
skolesystem, -et, -er Schulsystem
således so
Metropolitanskolen bekanntes Gymnasium in Kopenhagen
kommunist, -en, -er Kommunist
skarp scharf
kritik, -ken, -ker Kritik
samtid, -en die damalige Zeit, Gegenwart
hvilket was
gøre til zu etwas machen
tema, -et, -er Thema
forsvunden verschwunden
fuldmægtig, -en, -e Oberregierungsrat
idealist, -en, -er Idealist
Frydenholm Name eines Gutes
glimrende hervorragend, ausgezeichnet
billedkunstner, -en, -e bildender Künstler
genfortælle, -r, ~fortalte, har ~fortalt nacherzählen
udgive, -r, udgav, har udgivet herausgeben
underjordisk unterirdisch
tegneserie, -n, -r Comic

Lektion 16

A. Fredag den 14.6. Middag

Marianne synes, at Gert bør tage på sygehuset. I havnen i Århus finder de en taxa og kører ind på skadestuen. Heldigvis har Gert alle de nødvendige papirer med, så der er ingen problemer. Desværre må de vente længe, før det bliver deres tur, for der er netop sket en færdselsulykke i krydset mellem Silkeborgvej og Ringgaden. En bilist, en knallertkører og en cyklist kørte ind i hinanden, og knallertkøreren må behandles med det samme. Efter halvanden time kommer der endelig en læge. Hun går hen til Marianne.

Lægen	Dav, skal vi se på armen?
Marianne	Ja, værsgo, se bare, men det er nu ikke min arm, der er sket noget med.
Lægen	Nåh, hvis arm er det så?
Gert	Det er min.
Lægen	Javel så. Så er det jo dig, vi skal kigge på. Vil du være så venlig at følge med herind. Og hvis du vil vente her så længe ... Der er jo masser af blade og aviser, du kan læse i imens.
Marianne	Ja, intelligente mennesker keder sig aldrig!

Lægen begynder at undersøge Gert.

Lægen	Kan du prøve at bevæge armen op og ned sådan?
Gert	Ja! – Det vil sige nej! Av!
Lægen	Hvor gør det ondt?
Gert	Her i albuen.

Lægen	Gør det ondt, hvis du gør sådan med hånden?
Gert	Ja, i albuen, men ikke i hånden.
Lægen	Jeg tør ikke sige det med sikkerhed, men jeg er faktisk bange for, at du har et brud på albuen.

Gert bliver røntgenfotograferet, og lægerne bliver enige om, at de foreløbig vil lægge armen i gips.

Lægen	Så, nu burde gipsen være tør nok til, at man kan skrive på den.
Gert	Skrive på den?
Lægen	Ja, jeg må vel ikke få lov til at skrive mit navn på gipsen. Det er en tradition i familien, dét med gipsafstøbninger.
Gert	Jo, for min skyld må du gerne skrive dit navn.

Da Gert kommer ud i venteværelset, viser han stolt sin nye arm til Marianne.

Marianne	Sikke en masse gips, Gert! Men hvad er det, der står på armen?
Gert	Lægen har signeret sit arbejde. Hun hedder Birthe. Derfor står der B. – B. Thorvaldsen.
Marianne	Jamen Gert, så har du jo en ægte Thorvaldsen. Det er da ikke så dårligt!
Gert	Nej, det er godt nok. Men det er nu vist kun en afstøbning.

B. Wortschätze

Kroppen Der Körper

hoved, -et, -er Kopf
ansigt, -et, -er Gesicht
pande, -n, -r Stirn
kind, -en, -er Wange
hage, -n, -r Kinn
hals, -en, -e Hals
øje, -t, øjne Auge
øre, -t, -r Ohr
næse, -n, -r Nase
mund, -en, -e Mund
tand, -en, tænder Zahn
tunge, -n, -r Zunge

mave, -n, -r Bauch
bryst, -et Brust
bryst, -et, -er Brust, Busen
bagdel, -en, -e Hintern
kønsdel, -en, -e Geschlechtsteil

arm, -en, -e Arm
albue, -n, -r Ellenbogen
hånd, -en, hænder Hand
finger, -en, fingre Finger
negl, -en, -e Nagel

ben, -et, ÷ Bein
lår, -et, ÷ Oberschenkel
knæ, -et, ÷ Knie
fod, -en, fødder Fuß
tå, -en, tæer Zeh
tånegl, -en, -e Zehennagel

C. Grammatik

1. Interrogativpronomina

1.1. Substantivische

Hvem?	= Wer?
Hvad?	= Was?

Hvem und *hvad* kommen in der Grundform und im Genitiv vor. Die Grundform entspricht den deutschen Kasus Nominativ, Akkusativ und Dativ. Der Genitiv heißt *hvis*. Die Formen *hvem*, *hvad* und *hvis* sind undeklinierbar.

Grundform	
Hvem har røvet fem millioner kroner?	(wer?)
Hvem så du i bussen?	(wen?)
Hvem snakker du med?	(wem?)
Hvad så du i København	(was?)

Der Genitiv	
Hvis bil er det?	(Wessen?)
Hvis hus er det?	
Hvis penge er det?	
Hvis er det?	

1.2. Adjektivische

Utrum	Hvilken?	Hvilken færge skal vi tage?
Neutrum	Hvilket?	Hvilket tog skal vi tage?
Plural	Hvilke?	Hvilke mennesker skal vi møde?

Diese Formen gelten als etwas formell. In der Umgangssprache werden statt dessen folgende Kombinationen verwendet:

Hvilken = Hvad for en	Hvad for en færge skal vi tage?
Hvilket = Hvad for et	Hvad for et tog skal vi tage?
Hvilke = Hvad for nogle	Hvad for nogle mennesker skal vi møde?

2. »brauchen« und die dänischen Entsprechungen: *ikke behøve, bruge, have brug for, trænge til*

At behøve wird fast ausschließlich negiert verwendet, meistens mit einem Infinitiv als Objekt, und zwar in der Bedeutung, dass eine Handlung nicht notwendig ist:

Du behøver ikke (at) hjælpe mig.	Du brauchst mir nicht (zu) helfen.
Skal jeg komme i morgen? Nej, det behøver du ikke.	Nein, das brauchst du nicht.

At bruge hat eher die Bedeutung »anwenden, gebrauchen, benutzen«:

Hvad bruger man en kniv til?	Wozu braucht man ein Messer?
En kniv bruger man til at skære med.	Ein Messer benutzt man zum Schneiden.

!

Gert *bruger* ikke sukker i kaffen.	Gert *nimmt* keinen Zucker in den Kaffee.

At trænge til / at have brug for bedeutet »benötigen« – mit einem konkreten Objekt. Dabei drückt *at trænge til* vor allem aus, dass ein persönliches Bedürfnis, ein Mangel vorliegt. Der Ausdruck *at have brug for* ist neutraler und konkreter: Man braucht etwas, damit – im weitesten Sinne – eine Situation oder irgendetwas ordentlich funktioniert:

Børnene trænger til nye sko. Børnene har brug for nye sko.	Die Kinder brauchen neue Schuhe.
Du trænger vist til nye briller. Du har vist brug for nye briller.	Ich glaube, du brauchst eine neue Brille.
Jeg trænger til et glas vand.	Ich brauche ein Glas Wasser. (persönlicher Mangel)
Jeg har brug for en sav.	Ich brauche eine Säge. (konkret)
Børn har brug for meget søvn.	Kinder brauchen viel Schlaf. (generell)

Skal bruge bedeutet »benötigen, um anzuwenden« – mit einem konkreten Objekt:

Mariannes mormor skal ikke bruge bilen.	Mariannes Oma braucht das Auto nicht.
Hvor mange penge skal du bruge?	Wieviel Geld brauchst du?

3. Die Ordnungszahlen

1. første	11. ellevte
2. anden	12. tolvte
3. tredje	13. trettende
4. fjerde	14. fjortende
5. femte	15. femtende
6. sjette	16. sekstende
7. syvende	17. syttende
8. ottende	18. attende
9. niende	19. nittende
10. tiende	20. tyvende
	21. enogtyvende
	u.s.w
30. tredivte	
40. fyrretyvende	
50. halvtredsindstyvende	
67. syvogtresindstyvende	
78. otteoghalvfjerdsindstyvende	
89. niogfirsindstyvende	
100. hundrede	
101. hundrede og første	
Der 90. Geburtstag	90-årsfødselsdagen
Das Datum: 1.1.	den første januar/den første **i** første/d. 1.1.

4. Fragewörter. Satzspaltung

Wenn man nach etwas fragt, was man schon mal gewusst, aber wieder vergessen hat, verwendet man die Satzspaltung nach folgendem Muster:

Hvor kommer Gert fra?	→ Hvor er det nu, Gert kommer fra?
Hvornår var det?	→ Hvornår var det nu, det var?

5. Die Modalverben *at burde* und *at turde*

Von der Konjugation her gehören *at turde* und *at burde* in die Gruppe der Modalverben (siehe Lektion 10):

at turde bedeutet »wagen, sich trauen«
at burde drückt eine *moralische* Verpflichtung aus und entspricht dem deutschen »sollen«.

et hundrede og syvoghalvtreds

D. Øvelser

1. Fragewörter. *Hvad for .../Hvilke(n) ...*

Gert og Marianne er ved at pakke til deres tur til Frederikshavn.

M Jeg tager *Det forsømte forår* med.
Hvad for en bog vil du have med?.... *Hvilken* bog vil du have med?

G Jeg tager min blå regnjakke med.
....? ....?

M Jeg tager mine brune Ecco-sko med.
....? ....?

G Jeg tager mit grønne halstørklæde med.
....? ....?

2. Fragewörter, Satzspaltung. Formen Sie bitte die Sätze nach folgendem Muster um:

Eks.: Hvor kommer Gert fra? — *Hvor er det nu, Gert kommer fra?*
Hvornår var det? — *Hvornår var det nu, det var?*

a. Hvor skal Gert og Marianne hen? ....

b. Hvor skal de mødes? ....

c. Hvornår skal de mødes? ....

d. Hvem skal de besøge? ....

e. Hvem bor Marianne hos nu? ....

f. Hvorfor vil Gert og Marianne hellere rejse over Kalundborg-Århus?

....

g. Hvem har skrevet ”Det forsømte forår”? ....

h. Hvem har komponeret ”Taagen letter”? ....

i. Hvad spiser Gert og Marianne på færgen? ....

j. Hvor har Gert set den lille båd henne? ....

3. *at turde, at burde*

a. Gert .... ikke ringe til politiet, fordi han var bange for at blive arresteret igen.

b. .... du godt springe ned fra tremetervippen?

c. Man .... børste tænder efter hvert måltid!

d. Gert og Marianne ventede til det blev deres tur, som det sig hør og ....

e. Man .... hjælpe de fattige!

f. Ekstra-Bladet ...., hvor andre tier.

4. »Brauchen«. Übersetzen Sie ins Dänische:

a. Das war hart – jetzt braucht Gert ein Bier!

....

b. Marianne braucht ihn gar nicht zu fragen, er hat immer Durst. *(Durst haben = at være tørstig).* ....

c. Wozu braucht man eigentlich ein Messer?

....

d. Brauchst du einen Hammer? *(en hammer)*

....

e. Ich habe Kaffee gekocht, nimmst du Milch und Zucker?

....

f. Brauchst du morgen dein Fahrrad, oder kann ich es leihen?

....

E. Repetition

1. Präpositionen

a. Gert er forelsket .... Marianne.

b. Han mødes .... hende inde .... Storkespringvandet.

c. De tænker .... at tage en tur til Frederikshavn.

d. Marianne er glad ...., at Gert har tid og lyst .... at tage med.

e. Marianne vil besøge sine bedsteforældre, og Gert vil gerne have et interview .... dronningen.

f. De glæder sig begge to .... sejlturen.

g. Da de er færdige .... at købe billetter, er der kommet en lang kø .... dem.

2. Präposition + Satz/Infinitivkonstruktion. Ergänzen Sie die richtige Präposition und übersetzen Sie anschließend den Text ins Deutsche. Achten Sie dabei darauf, wie die Präposition im Deutschen wiedergegeben wird.

a. Da Gert rejste til Danmark, tænkte han ...., hvad han skulle have med.

b. Han havde ikke så meget tid .... at pakke sin rygsæk, og han havde heller ikke lyst .... at slæbe så meget.

c. Da han så sad i toget, kom han selvfølgelig i tanke ...., at han havde glemt mange vigtige ting: sin barbermaskine, sin tandbørste, sit vækkeur ...

d. Det var vel nok ærgerligt! Han tænkte .... at spørge konduktøren, om der mon gik et til tog til København senere på dagen.

e. Men hvad ville Kirsten og Niels sige ...., at deres tyske ven ikke kom med det aftalte tog.

f. Gert blev altså siddende og ærgrede sig ...., at han havde været så glemsom.

3. Nebensatzeinleiter *når, hvis, da*. Setzen Sie bitte eine passende Konjunktion ein:

a. .... Gert var blevet løsladt, var han dødtræt.

b. .... han er så træt, kan han sove hvor som helst.

c. .... der ikke er nogen seng i nærheden, sætter han sig bare et eller andet sted.

d. »................. jeg tænker på, hvad jeg lige har oplevet!

e. .... jeg nogensinde kommer i fængsel igen, vil jeg huske at tage nogle billeder af fængselscellen.

f. .... jeg blev anholdt, havde jeg jo ganske vist mit kamera med, men det glemte jeg helt.

g. Det er altså typisk mig: .... jeg bliver nervøs, bliver jeg også altid så glemsom.

h. .... man gerne vil være en god journalist, er det faktisk et stort problem.

i. Det tænkte jeg selvfølgelig slet ikke på, ... jeg begyndte at læse til journalist i sin tid.

j. Det er anstrengende at tænke, ... man er så træt.«

k. Så faldt han i søvn og vågnede først, ... en stor dansk politibetjent prikkede ham på skulderen ...

F. Oversættelse

Gert hat sich den Arm gebrochen, und es tut weh! Jetzt sitzt er im Krankenhaus und wartet darauf, untersucht zu werden. Nach anderthalb Stunden kommt endlich eine Ärztin. Sie beginnt die Untersuchung. Leider muss der Arm eingegipst werden. Als Gert ins Wartezimmer kommt, in dem Marianne wartet, zeigt er ihr stolz seinen neuen Arm. Auf dem Gips steht der Name der Ärztin. Sie hat denselben Nachnamen wie ein berühmter dänischer Bildhauer, der auch viel mit Gips gearbeitet hat.

G. Mundtlig øvelse

A og B har set den færdselsulykke, som nævnes i teksten. Politiet afhører jer, men jeres to versioner af, hvad der er sket, er vidt forskellige!

H. Skriftlig øvelse

Hvem var Bertel Thorvaldsen? Skriv lidt om hans liv og værk.

I. Sundhedsvæsenet

Det danske sygesikringssystem finansieres via skatten. Alle, der bor i landet, har et gult sygesikringsbevis, som de skal vise, når de går til læge eller bliver indlagt på sygehuset. På sygesikringskortet står navn, adresse, personnummer og navn på den praktiserende læge, man har valgt som sin egen læge. Der er altså tale om én fælles sygekasse, som alle automatisk er medlem af. Sygesikringen dækker ikke alle udgifter. For eksempel skal man selv betale temmelig meget, når man går til tandlæge i Danmark. Derfor er der flere og flere danskere, der tegner en tillægsforsikring.
Sundhedsvæsenet tager sig også af ældreforsorgen. Hvis man ikke længere kan klare sig i eget hjem, kan man flytte på alderdomshjem eller plejehjem. Det kan være svært at få en plads, fordi der tit er ventelister, men betalingen er ikke noget problem. Det er også skatteindtægterne, der finansierer ældreforsorgen, og den enkelte pensionist skal så bare betale en bestemt procentdel af sin indtægt eller folkepension til institutionen.

sundhed, -en Gesundheit
sundhedsvæsen, -et, -er Gesundheitswesen
sygesikring, -en die gesetzliche Krankenversicherung
finansiere (1) finanzieren
skat, -ten, -ter Steuer
sygesikringsbevis, -et, -er Krankenversicherungsnachweis
indlægge, -r, ~lagde, har ~lagt einweisen
blive indlagt ins Krankenhaus eingewiesen werden
praktiserende læge Hausarzt
vælge, -r, valgte, har valgt wählen
egen eigen
der er tale om es geht um
fælles gemeinsam
dække (1) decken
udgift, -en, -er Ausgabe
selv selbst
tandlæge, -n, -r Zahnarzt
tegne (1) zeichnen
forsikring, -en, -er Versicherung
tegne en forsikring eine Versicherung abschließen
tage sig af ngt. sich um etw. kümmern
ældreforsorg, -en Altenfürsorge
hjem, -met, ÷ Heim
flytte (1) um-, ein-, wegziehen
alderdomshjem, -met, ÷ Altenheim
plejehjem, -met, ÷ Pflegeheim
tit oft
liste, -n, -r Liste
venteliste Warteliste
betaling, -en, -er Bezahlung
indtægt, -en, -er Einnahme
enkelt einzeln
pensionist, -en, -er Rentner
folkepension, -en Bürgerrente

Lektion 17

A. Lørdag den 15.6. Formiddag

Gert og Marianne tilbragte det meste af dagen i Århus, før de tog det sidste tog til Frederikshavn. De var først i Den Gamle By og bagefter i den lidt nyere. Kl. 19 gik de i biografen, hvor de så en sjov dansk film, »Olsen Bandens store kup«. De grinede meget, men Gert kom også til at tænke lidt på dommeren i København, der troede, at Gert hed Olsen. Og så tænkte han på havfruen og postrøveriet. Og på båden med mændene, han havde set på færgen, før han faldt og slog armen. Han er sikker på, at det var dem, der skulle reparere ... nåh nej, at det var dem, der stjal Den Lille Havfrue. Men mens han lå på dækket og havde andet at tænke på, forsvandt båden.
Mariannes mormor og morfar var glade for endelig at se deres barnebarn igen. Marianne var glad for, at de syntes godt om Gert. Mariannes mormor begyndte at snakke om, at Marianne snart var gammel nok til at tænke på at gifte sig, så de kunne få nogle oldebørn. Men Marianne skyndte sig at fortælle dem, at hun kun havde kendt den tyske journalist i nogle få dage.
Gert har prøvet på at komme til at tale med dronningen, men det var umuligt. I stedet ringede han til en grønlandsk forening i Aalborg. Han snakkede med en meget sød grønlandsk pige, der fortalte ham, at grønlænderne var kede af, at dronningen var blevet truet på livet, fordi hun gik i sælskindskamikker. Hendes beskrivelse af Grønland og grønlænderne var meget fascinerende. Pigen sagde, at kamikker var et ægte naturprodukt, og at de var dejligt varme. I øvrigt blev støvlerne ikke lavet af babysæler, men derimod af voksne sæler, der blev skudt af ægte grønlandske fangere, som de havde gjort det i tusinder af år. Gert fik også mange vigtige oplysninger om Grønland og grønlænderne, og han skrev med det samme en artikel om det hele, som han sendte pr. telefax til Tyskland. Redaktøren skrev tilbage, at det var en god idé at skrive om Grønland, for i Tyskland var der også hedebølge, så folk ville nok gerne læse om kolde steder i avisen.

I dag er de taget til Skagen. Marianne er gået en tur ned på havnen. Gert kan ikke selv tage billeder på grund af albuen, så Marianne har lovet at tage nogle for ham. Hun tager bl.a. nogle billeder af skibene i havnen. De mange fiskekuttere er maleriske i det berømte Skagenslys. Marianne bestemmer, at hun bagefter vil gå op for at se museet med Krøyers og Anchers og alle de andre Skagensmaleres billeder.
Mens Marianne går en tur, sidder Gert på en bænk og hviler sig. Den brækkede arm har også gjort ham træt i benene. I skraldespanden ved siden af bænken ligger der en helt ny avis. Da Gert er sikker på, at ingen bemærker det, fisker han avisen op. På forsiden står der med fede bogstaver:

Dronningen af Danmark halshugget

B. Wortschätze

El-apparater i hjemmet	Elektrische Geräte zu Hause
vaskemaskine, -n, -r	Waschmaschine
opvaskemaskine, -n, -r	Geschirrspüler
komfur, -et, -er	Herd
ovn, -en, -e	Ofen
emhætte, -n, -r	Dunstabzugshaube
støvsuger, -en, -e	Staubsauger
fjernsyn, -et, ÷	Fernseher
radio, -en, -er	Radio
stereoanlæg, -get, ÷	Stereoanlage
grammofon, -en, -er	Schallplattenspieler
cd-afspiller, -en, -e	CD-Player
cd, cd'en, cd'er	CD
dvd, dvd'en, dvd'er	DVD
computer, -en, -e	Computer
pc, pc'en, pc'er	PC
printer, -en, -e	Drucker
tastatur, -et, -er	Tastatur
mus, -en, ÷	Maus
skærm, -en, -e (computer~, fjernsyns~)	Bildschirm
telefon, -en, -er	Telefon
mobiltelefon, -en, -er	Handy
trådløs telefon	schnurloses Telefon

C. Grammatik

1. Wortstellung. Infinitivkonstruktionen

Die Wortstellung bei Infinitivkonstruktionen folgt der des Nebensatzes (vgl. Lektion 7), nur fehlen der Nebensatzeinleiter und das Subjekt:

Hauptsatz	Nebensatz / Infinitivkonstruktion						
	V.f.	n	a	v	V	N	A
Gert er glad for,	at	han	ikke	skal	skrive	en artikel	i nat
Gert er glad for			**ikke**	**at skulle**	**skrive**	en artikel	i nat
Gert håber,	at	han	alligevel	kan	få	et interview	med dronningen
Gert håber			**alligevel**	**at kunne**	**få**	et interview	med dronningen

!

1. *at* + Infinitiv können **nie** getrennt werden.
2. Zwischen dem Infinitiv und den dazu gehörenden Verbalformen kann auch nichts stehen.
3. Es steht kein Komma vor einer Infinitivkonstruktion im Dänischen.

2. Die Bedeutung der Verben *synes, tro, mene, tænke*

at synes finden, der Meinung sein	Jeg *synes*, at det er for koldt i Grønland.	Man kann einig sein oder nicht einig sein.
at tro glauben, annehmen	Jeg *tror*, at det begynder at regne om lidt.	Es kann sich als richtig oder falsch erweisen.
at mene meinen	»Nej, hvor er jeg dum«, sagde Gert, men det *mente* han naturligvis ikke.	Wie auf Deutsch.
at tænke an etwas denken	1. Gert *tænker* hele tiden på Marianne. 2. Gert *tænker*. Han vil ikke forstyrres.	Bezieht sich nur auf seine Gedanken.

! Das deutsche Verb *denken* bedeutet oft »finden«, »der Meinung sein« oder »glauben«. Das dänische *tænke* kann zwar »glauben« bedeuten, es empfiehlt sich aber, dies Verb zunächst nur im Sinne von »an etwas denken, über etwas nachdenken« zu verwenden:

Jeg *synes,* her er pragtfuldt. Hvad *synes* du?
Ich *finde* es herrlich hier. Was *denkst* du?

»Han er skør.« »Ja, det *synes* jeg også.«
»Er ist verrückt.« »Ja, das *denke* ich auch.«

Jeg *tror*, han kommer lige om lidt.
Ich *denke*, er wird gleich kommen.

Om aftenen *tænker* han bedst.
Abends *denkt* er am besten.

! In aller Regel steht das Satzadverb bei dem »Meinungsverb«:

Jeg tror *ikke*, at han kommer.
Ich denke, er wird nicht kommen.
Jeg synes *snart*, vi skulle holde op.
Ich finde, wir sollten bald aufhören.

3. Genitiv

3.1. Dänischer *s*-Genitiv statt »*von*-Genitiv«

Vor allem in der Umgangssprache wird im Deutschen der Genitiv manchmal durch eine Präpositionsverbindung mit *von* ersetzt. Wenn sich solche *von*-Verbindungen durch einen Genitiv ausdrücken lassen (Das Haus von meinen Eltern → Das Haus meiner Eltern), wird im Dänischen der *s*-Genitiv verwendet:

Han er min brors bedste ven.
Er ist der beste Freund von meinem Bruder.
Hun er min mors tante.
Sie ist die Tante von meiner Mutter.
Har du set Mariannes nye kjole?
Hast du das neue Kleid von Marianne gesehen?

3.2. Partitiver Genitiv

Der partitive Genitiv wird mit der Präposition *af* konstruiert:

Resten af dagen
Der Rest des Tages
Flertallet af befolkningen
Die Mehrzahl der Bevölkerung
Halvdelen af pizzaen
Die Hälfte der Pizza
Det smukkeste af alle sprog er dansk.
Die schönste aller Sprachen ist Dänisch.
Det bedste af det hele er, at vi kan sove længe.
Das Beste/Schönste von allem ist, ...

! Der partitive Genitiv wird auch in folgenden, häufig vorkommenden Ausdrücken verwendet:

Han er en af mine gode venner.
Er ist ein (sehr) guter Freund von mir.
De/det er nogle af mine meget gode venner.
Sie sind sehr gute Freunde von mir.
En af mine venner bor i Århus.
Einer meiner Freunde wohnt in Århus.
En af journalisterne spurgte, om ...
Einer von den Journalisten fragte, ob ...

4. Nebensätze eingeleitet mit: *hvem der, hvad der*

Ist das fragende Pronomen *hvem* oder *hvad* **Subjekt** im Nebensatz, wird generell *der* als Füllwort verwendet. Auf Deutsch steht *wer* bzw. *was* allein:

Jeg ved ikke, *hvem der* kommer i aften.
Ich weiß nicht, *wer* heute abend kommt.
Jeg kan ikke huske, *hvem der* besøgte Gert.
Ich weiß nicht mehr, *wer* Gert besuchte.
Hun vidste ikke, *hvad der* skete.
Sie wusste nicht, *was* geschah.
Han kunne ikke høre, *hvad der* blev sagt.
Er konnte nicht hören, *was* gesagt wurde.
Ved du, *hvad der* er galt?
Weißt du, *was* los ist?

Tritt aber im Deutschen ein *es* als Subjektsprädikat auf, heißt es im Dänischen *det*:

Jeg ved ikke, *hvad det* er.
Ich weiß nicht, *was es* ist.
Jeg ved ikke, *hvem det* er.
Ich weiß nicht, *wer es* ist.

D. Øvelser

1. Infinitivkonstruktionen. Wandeln Sie folgende Nebensätze in Infinitivkonstruktionen um:

Eks.: *Gert er glad for, at han har mødt Marianne*
Gert er glad for at have mødt Marianne

a. Gert er bange for, at han ikke har penge nok til billetten.

....

b. Marianne er ked af, at hun ikke kan se sine bedsteforældre ret tit.

....

c. Gert er glad for, at han igen kan tage billeder med sit kamera.

....

d. Han er nødt til at tale med en grønlandsk pige, for at han kan skrive en god artikel.

....

e. Mariannes mormor glæder sig til, at hun får nogle oldebørn.

....

f. Bedsteforældrene er glade for, at de endelig ser deres barnebarn igen.

....

2. Fügen Sie die Verben *synes, tro, mene, tænke* ein – achten Sie dabei auf das richtige Tempus:

Gert	Jeg ...., du er så stille. Hvad .... du på?
Marianne	Åh, jeg sad lige og .... på vores tur i Tivoli.
Gert	.... du ikke, det var en dejlig aften?
Marianne	Jo, og romantisk! .... du ikke, at Niels og Kirsten tit tager derind?
Gert	Jo, det .... jeg faktisk, de gør.
Marianne	Men jeg .... nu, at det er for dyrt at være der.
Gert	Hvad .... du med det?
Marianne	.... du virkelig, at man betaler 150 kroner for en papirsrose andre steder?
Gert	Nå, nu .... jeg, vi skulle snakke om noget andet. – .... du, at dine bedsteforældre kan lide mig?
Marianne	Ja, især min mormor. Hun ...., du er sådan en pæn og høflig ung mand. Men hun ved jo heller ikke, at du har siddet i fængsel og lige er blevet løsladt!
Gert	Nej, men det .... jeg heller ikke, du skal fortælle hende. Så .... hun bare, at jeg i virkeligheden er en farlig røver, der hedder Olsen og ...
Marianne	Åh, Gert altså. Jeg .... det jo slet ikke. Selvfølgelig har jeg ikke .... mig at fortælle hende sådan noget. Det var jo bare for sjov, jeg sagde det.
Gert	Jeg .... ikke, det er spor sjovt!

Übersetzen Sie:

a. Ich denke, dass er bald kommt. ....

b. Es ist zu schwierig. Was denkst du? ....

c. Ich finde, dass es in Italien zu warm ist. ....

d. Woran denkst du? ....

3. Fügen Sie *hvem der/hvad der* bzw. *hvem det/hvad det* in den Text ein:

a. Gert kunne ikke se, ... stod henne ved Den Lille Havfrue.

b. Han gik nærmere for at finde ud af, ... var.

c. Han opdagede nu, at det var en meget mistænkelig mand, som rodede i en tom sæk. Gert tænkte på at spørge, ... var galt.

d. Men det nåede han ikke, for pludselig løb manden sin vej, og så kom politiet. »Vi vil gerne vide, ... foregår her«, sagde en af betjentene.

e. Gert forstod slet ikke, ... skete.

f. »Du kunne måske fortælle os, ... er i din sæk.« »Det er ikke min sæk«, svarede Gert, men det troede politiet ikke på.

g. Han blev straks arresteret. Om natten sov Gert ikke ret godt. Han lå i en fængselscelle og tænkte på, ... kunne hjælpe ham.

h. Måske Kirsten og Niels? Senere blev han dog løsladt, og politiet har stadigvæk ikke fundet ud af, ... er, der har stjålet pengene.

4. »*von*-Genitiv«. Wie heißt es im Dänischen?

a. Hast du das neue Haus von meinem Onkel gesehen?

....

b. Hast du die neue Sonnenbrille von Gert gesehen?

....

c. Kirsten und Niels sind die besten Freunde von Gert.

....

d. Der Kofferraum von dem Auto ist sehr klein.

....

5. Partitiver Genitiv

5.1. Eks.: De spiste *kagen* (resten) De spiste *resten af kagen.*

a. De brugte *dagen* til at spille ludo (det meste)

....

b. *Duerne* er fede (mange)

....

c. *De studerende* snakker i timen (en stor del)

....

d. *Carl Nielsens musik* er smuk (det meste)

....

e. *Kierkegaards bøger* er vanskelige at forstå (de fleste)

....

5.2. Eks.: *Det er et flot hus.* — *Det er et af de flotteste huse.*
Han er hurtig. — *Han er en af de hurtigste.*

a. Hun er en høj pige. ....

b. Det er Gerts bedste artikel. ....

c. Han er gammel. ....

d. Hun er en smuk kvinde. ....

e. Gert er en flot fyr. ....

f. Niels er en god tysklærer. ....

5.3. Übersetzen Sie:

a. Er ist einer meiner besten Freunde. ....

b. Viele der Fähren sind alt. ....

c. Er ist ein guter Freund von mir. ....

d. Niels ist ein guter Freund von Gert. ....

E. Repetition

1. Zeitangaben. Übersetzen Sie ins Dänische:

a. Gestern abend sprach Gert mit dem Richter.

....

b. Heute Nachmittag wurde er entlassen.

....

c. Am Dienstag fährt er mit Marianne nach Jütland.

....

d. Vor zwei Tagen kam er nach Dänemark.

....

e. In vier Tagen muß er wieder nach Deutschland zurück.

....

f. Am Freitag fahre ich nach Paris.

....

g. Mittwochs trinkt er Bier.

....

h. Abends schläft er.

....

i. Nachmittags schläft er auch.

....

j. Morgens ist er müde.

....

k. Vor einer Woche waren sie im Tivoli.

....

l. Seit zwei Jahren arbeitet Gert als [som] Journalist.

....

2. Modalverben. Ergänzen Sie die Kursivsätze durch *at skulle, måtte, være nødt til* (und eventuelle Modalwörter)

Eks.: Jeg vil gerne en tur i skoven. *Men det regner, så jeg ... (at blive hjemme).*
Men det regner, så jeg er nødt til at blive hjemme / så jeg må blive hjemme.

a. Det var pænt af dig at lave mad i dag. *Jeg ... (at lave mad i morgen).* Det lover jeg!

....

b. Jeg er lige ved at pakke min kuffert. *Jeg ... til Køln i morgen.*

....

c. Jeg har ikke tid til at hjælpe dig nu. *Du ... (at vente).*

....

d. Dommeren kunne ikke bevise, at Gert hed Olsen, *så han ... (at løslade Gert).*

....

e. Min bus kører om fem minutter. *Jeg ... (at gå nu).*

....

f. *Du ... ikke låne min bil, men du ... låne min cykel!*

....

g. Vil du med i biografen i aften? Nej, jeg har desværre ikke tid. *Jeg ... (at skrive en artikel færdig).*

....

h. *... du noget i aften? Ja, jeg ... i biografen.*

....

i. Det kan ikke fortsætte på denne måde. *Vi ... (at gøre noget).*

....

j. Der er ikke sukker nok til kagen. *Jeg ... (at gå hen i Brugsen og købe noget).*

....

Übersetzen Sie den Kursivsatz:

k. Was musst du in deinem neuen Job machen? *Ich muss Zeitungen verkaufen.*

....

l. Er schafft es nie allein. *Ich muß ihm helfen.*

....

3. Umschreiben Sie die Sätze so, dass sie sich auf die Zukunft beziehen:

a. I går kom Gert til København.

I morgen ....

b. Da han ankom, blev han hentet af Kirsten og Niels.

Når ....

c. For to dage siden rejste han til Spanien.

Om ....

d. De spiste resten af kagen i går.

.... i morgen.

e. Kirsten skulle møde på arbejde klokken otte i går.

I morgen ....

f. Vi oplevede meget i sidste århundrede.

I det nye århundrede ....

g. Han var i biografen for tre dage siden.

Om ....

h. Han tog til København for en uge siden

Om en uge ....

Übersetzen Sie:

i. Sie werden nächstes Jahr das Haus verkaufen.

....

j. Sie müssen nächstes Jahr das Haus verkaufen.

....

4. Präpositionen

a. Han ringer .... banegården.
b. Gert kommer .... toget.
c. Han kommer ind .... perron syv.
d. I morgen tager jeg .... Hamborg.
e. Gert ser forelsket .... Marianne.
f. Hun er smuk .... sin røde kjole.
g. Niels læser en artikel .... avisen.
h. Kirsten er ude .... køkkenet.
i. Marianne kommer .... Paris.
j. Strøget løber tværs[1] .... det gamle København.
k. Gert køber en papirsrose .... Marianne.
l. Den bliver hun meget glad ....
m. Nu står han .... Storkespringvandet og venter .... Marianne.
n. De er glade .... at se hinanden.
o. Niels er lige gået hen .... bageren, og Kirsten er kommet hjem .... sit arbejde.

[1] tværs quer

5. Der bestimmte/unbestimmte Artikel. **Übersetzen Sie ins Dänische:**

a. Ein junger Däne liest die Zeitung. ....
b. Der junge Däne liest die neue Zeitung. ....
c. Die Deutschen sitzen auf der Bank. ....
d. Die jungen Deutschen liegen im Park. ....
e. Die alten Deutschen besuchen Kopenhagen. ....
f. Das Haus liegt in Nyhavn. ....
g. Die Häuser sind alt. ....
h. Es gibt vier Wohnungen in dem alten Haus. ....

6. Genitiv. Übersetzen Sie ins Dänische:

a. Gerts Koffer liegt im Kofferraum. ....

b. Der Kofferraum des Autos ist groß. ....

c. Die Zeitung des alten Mannes liegt in der Küche. ....

d. Gert sah die Augen der Katze. ....

e. Gert wartet am Bahnhof der Stadt. ....

7. Wortstellung

a. »Jeg kan ikke finde gaflerne.« Gert siger, at ....

b. »Jeg kommer måske i morgen.« Gert siger, at ....

c. »Jeg har ikke set Niels i dag.« Gert siger, at ....

d. »Jeg kender ikke postmesteren.« Gert siger, at ....

e. »Jeg kender ham ikke.« Gert siger, at ....

f. »Hvorfor har hun ikke købt bogen?« Gert spørger ....

g. Gert siger, at han ikke kender dommeren. »Jeg..

h. Gert siger, at han ikke kender hende. »Jeg..

F. Oversættelse

Marianne und Gert sind jetzt nach Frederikshavn gekommen, wo sie bei den Großeltern von Marianne wohnen. Gert ist ja nach Jütland gereist, um endlich ein Interview mit der Königin zu bekommen, aber es gelingt ihm auch diesmal nicht. Stattdessen spricht er mit einem Mädchen, das aus Grönland kommt. Sie ist eine der vielen Grönländer, die in Dänemark wohnen. Gert erzählt ihr, was in Kopenhagen geschehen ist. Er sagt auch, dass die Polizei immer noch nicht weiß, wer das Geld gestohlen hat. Das Mädchen versteht Aktion Neptuns Kritik an der Königin nicht und findet, dass die Geschichte merkwürdig klingt.

G. Mundtlige øvelser

1. Stil hinanden spørgsmål (to og to), idet I spørger med *hvem der/det* og *hvad der/det*. Den, der har svaret, stiller det næste spørgsmål. Her er et par eksempler på, hvordan I kan spørge og svare:

a. Ved du, hvem der vandt europamesterskabet i fodbold i 1992?
Ja, selvfølgelig gør jeg det! Det var da ...

b. Ved du, hvem der har skrevet eventyret *Den grimme ælling*?
Næh, det ved jeg faktisk ikke. Gør du?

c. Ved du, hvem der er statsminister i Danmark?
Ja, det ved jeg godt. Han hedder ...

d. Hvem var det nu, der opdagede Amerika?
Jeg ved det egentlig godt, men jeg kan ikke lige huske det!

Find selv på mindst fem spørgsmål mere!

2. Forestil dig, at det alligevel lykkes Gert at få et interview med dronningen. Forbered ti spørgsmål, som han (du) kan stille din sidemand (dronningen).

H. Skagen og malerne

Skagen, den nordligste smalle del af Jylland, som omgives af havene Skagerrak mod vest og Kattegat mod øst, er et yndet feriemål blandt danske og udenlandske turister. De to have reflekterer solen og himlen, og det giver et helt specielt hvidt lys over Skagen, som er særligt fantastisk om sommeren, i de lyse nætters tid.
Omkring århundredskiftet (1900) var Skagen også meget populær blandt kunstmalere, og der opstod en hel kunstnerkoloni omkring berømte navne som Anna Ancher, Michael Ancher og P. S. Krøyer. Malerne var nu i stigende grad begyndt at male ude i den frie natur. Før i tiden havde de måske nok lavet skitser udendørs, men de færdiggjorde billederne hjemme i atelieret – eller der blev slet og ret malet efter model. Det naturlige, det frie, det folkelige blev nye kunstneriske idealer. Mange af skagensmalernes billeder kan i dag ses på Skagens Kunstmuseum.

maler, -en, -e Maler
nordlig nördlich
del, -en, -e Teil
omgive, -r, -gav, har -givet umgeben
mod vest Richtung Westen
yndet beliebt
feriemål, -et, ÷ Urlaubsziel
udenlandsk ausländisch
reflektere (1) reflektieren
himmel, himlen, himle Himmel
speciel speziell
særlig besondere(r, -s)
skifte, -t, -r Wechsel, Wende
århundrede, -t, -r Jahrhundert
omkring århundredskiftet um die Jahrhundertwende
kunstnerkoloni, -en, -er Künstlerkolonie
i stigende grad zunehmend
før i tiden früher
skitse, -n, -r Skizze
udendørs draußen
færdiggøre, ~gør, ~gjorde, har ~gjort fertig stellen
atelier, -et, -er Atelier
slet og ret schlicht und einfach
model, -len, -ler Modell
folkelig volkstümlich
ideal, -et, -er Ideal

Lektion 18

A. Lørdag den 15.6. Middag

Gert læste videre. Det var sandt, at dronningen af Danmark var blevet halshugget, men alligevel passede det ikke helt. Da Gert havde læst artiklen, vidste han, at det ikke var den nuværende danske dronning, men derimod en statue af Margrethe I, som en eller anden havde savet hovedet af. Politiet troede, at det var den samme gerningsmand som ham, der havde savet armen af Den Lille Havfrue.

Ak ja, tænkte Gert, hvis jeg havde været en bedre journalist, ville jeg ikke være nødt til at læse i avisen, hvad der sker i en sag, jeg selv er med i. Men sådan har det været hele tiden: Hvis jeg havde passet bedre på allerede i lektion seks, ville jeg have opdaget postrøveren. Og hvis jeg havde gemt mig, havde politiet ikke forvekslet mig med postrøveren. Og havde jeg ikke været fuldstændig blind i lektion ti, ville jeg med det samme have opdaget, at de mænd, der sagde, de skulle reparere havfruen, i virkeligheden var ved at stjæle hende. Røverne kunne have været fanget nu, hvis jeg ikke havde slået armen om bord på færgen. Man skulle tro, det var en kriminalkomedie. Hvis jeg havde vidst, hvad der ville ske, før jeg rejste til Danmark i lektion et, ville jeg nok være blevet hjemme. Men hvis jeg var blevet i Braunschweig, havde jeg jo aldrig mødt Marianne, så måske er det i virkeligheden meget godt, at jeg blev arresteret af det danske politi.

»Er det mig, du snakker med?«, spurgte Marianne. Gert vendte sig forskrækket om. Han opdagede først nu, at han sad og snakkede højt med sig selv!
»Jeg har fotograferet en masse maleriske fiskere og fiskerbåde. Hvad har du lavet imens?«
Gert forklarede hurtigt Marianne, hvad han netop havde læst i avisen. De besluttede sig til at springe over museet for i stedet at tage til Viborg, hvor statuen af Margrethe I stod.
Da de var kommet tilbage til Frederikshavn, var der kommet brev til dem fra Niels og Kirsten. Der stod, at de havde lånt et sommerhus i Løkken, og at Marianne og Gert endelig skulle komme og besøge dem derovre.
»Ih, det var vel nok hyggeligt!«, sagde Marianne.
»Ja, men først må vi altså til Viborg!«, sagde Gert. Marianne spurgte sin bedstemor, om de kunne låne hendes bil. Hun skulle ikke bruge den, så de kunne beholde den en hel uge.
De forlod straks rødspættebyen, og efter tre timer stod de på Domkirkepladsen i Viborg og fotograferede den ødelagte statue. Bagefter gik de ind på politistationen. På politistationen mødte de en mand, der solgte dem et lille dannebrogsflag. Det var den femtende juni. Den dag fejrer danskerne deres flag, der faldt ned fra himlen i 1219. Manden, der solgte flag, viste sig at være politimesteren selv. Gert interviewede ham. Politimesteren sagde, at han troede, det drejede sig om en psykisk forstyrret person, og at man håbede at finde havfruens og Margrethes afhuggede legemsdele snart. Han fortalte også, at både dronningen, – den rigtige, altså – og justitsministeren havde lovet amnesti, hvis gerningsmanden skulle melde sig frivilligt. Alt i alt var man enige om, at historien med det afsavede hoved og den afsavede arm var trist.
Efter at have talt med politimesteren gik Gert og Marianne over til den nærmeste pølsevogn. De var sultne, så de spiste først en hotdog med det hele og så en halv grillkylling hver. Gert var stadigvæk ikke mæt, så til sidst fik han også to forårsruller. Maden fra pølsevognen gjorde dem tørstige, så til allersidst drak de danskvand. Middagen var nok ikke særlig sund, men den smagte godt, når man var rigtig sulten. Kl. 18.30 kørte Marianne og Gert til Nordjylland.

B. Wortschätze

Begejstring og skuffelse **Begeisterung und Enttäuschung**

Begejstring

Toll!	Det er fedt! Fedt nok! Det er en fed cd! Det lyder fedt!
Wahnsinn!	Kanon! Det er bare kanon fedt!
Stark! Voll cool! Super! Läuft ja wie geschmiert!	Nej, hvor er det bare sejt! Det er bare så sejt! Alle tiders! Det går bare derudad!

Skuffelse

Mist, Manno! Schade!	Æv, Øv! Nej, hvor ærgerligt! Nej, hvor er det synd for dig!
Das ist gemein!	Nej, hvor er det snyd!
Das ist echt nicht ok! Das ist echt zuviel! Die nervt!	Nej, hvor strengt! Det er bare for meget! Hun er bare for meget!
Pech gehabt!	Surt show! Nej, hvor surt!

Emfatiske (Begejstring eller skuffelse)

Boah! Das ist echt der Hammer!	Det er helt vildt! Er du vimmer, mand!

(Manche dieser Ausdrücke können – wie es für Slangausdrücke typisch ist – allerdings mit der Zeit veralten.)

C. Grammatik

1. Irreale Verwendung des Präteritums

Abgesehen von wenigen idiomatischen Redeweisen gibt es im Dänischen keine Konjunktivform der Verben (siehe auch Lektion 12). Um verschiedene Grade von Irrealität auszudrücken, werden – dem Englischen ähnlich – die indikativischen Vergangenheitsformen des Verbs verwendet, d.h. Präteritum, Plusquamperfekt und/oder eine Umschreibung mit dem Verb *at ville* (ähnlich der Umschreibung mit *werden* im Deutschen (Konditionalis I und II).

1.1. Die Formen

Präteritum	Hvis jeg *havde* tid, *kom* jeg med det samme.
Plusquamperf.	Hvis jeg *havde haft* tid, *var* jeg *kommet* med det samme.
Umschreibung	Hvis jeg havde tid, *ville* jeg *komme* med det samme.
Umschreibung	Hvis jeg havde haft tid, *ville* jeg *være kommet* med det samme.

Ob eine Umschreibung mit *ville* verwendet wird, ist generell eine stilistische Frage – oft werden beide Formen in einer »konjunktivischen« Konstruktion verwendet, um eine Häufung derselben Form zu vermeiden. Näheres zur Umschreibung mit *ville* unter Punkt 1.3.

1.2. Die Verwendung

Die o.a. Tempusformen verwendet man, um verschiedene Grade von Irrealität zu markieren und um sich vorsichtig und höflich auszudrücken. Ihr Gebrauch entspricht also weitgehend dem des Konjunktiv II im Deutschen. Beispiele:

1. Irrealität

Hvis Gert var blevet i Braunschweig, havde han ikke mødt Marianne.
Det skulle du ikke have gjort.

2. Vorsichtige, vage und vermutende Aussagen

Du skulle ikke gå i vandet, når du lige har spist.
Ville det ikke være bedre at vente lidt?
Det havde nok været bedre at blive hjemme.

3. Höfliche Aussagen

Kunne du ikke lige se her?
Jeg kunne godt tænke mig en is
Jeg måtte vel ikke lige låne telefonen?

1.3. Die Umschreibung mit *ville*

In *irrealen Konditionalsätzen* (Hvis ...) kann eine Umschreibung mit *ville* aus semantischen Gründen mitunter problematisch sein, weil *at ville* vor allem »wollen« bedeutet. Vgl.

Hvis jeg havde et æble, ville jeg spise det nu.
Hvis jeg ***ville have*** *et æble,* skulle jeg nok sige til.

Der erste Satz besagt, dass man keinen Apfel *hat*, der zweite bedeutet – und kann nur bedeuten –, dass man keinen Apfel *haben möchte.*

Weitere Beispiele:

Beispiel	Bedeutung
Hvis Gert havde en bil, ville han være glad.	Er *hat* aber kein Auto.
Hvis Gert ville have en bil, købte han da bare én!	Er *will* aber kein Auto.
Hvis Niels var journalist, ville han skrive om politik.	Er *ist* aber kein Journalist.
Hvis Niels ville være journalist, søgte han nok ind på journalisthøjskolen.	Er *will* aber nicht Journalist werden.
Hvis jeg var dig, ville jeg ikke tage af sted i morgen.	*Bin* ich aber nicht.

Abgesehen von irrealen Konditionalsätzen wird bei den Verben *være* og *blive*, sowie beim Subjekt *det* eine Umschreibung mit *ville* vorgezogen:

Jeg *ville være* meget interesseret i at høre mere om sagen.
Jeg *ville være* meget ked af at blive arresteret
Han *ville* sikkert *blive* meget glad for et brev.
Vejret er dejligt, så *det ville* da *være* en god idé at gå i Tivoli.
Det ville nok *hjælpe*, hvis Gert tog solbrillerne af.

1.4. Der Typ: *Das hättest du nicht tun sollen.*

Diese besondere Form der irrealen Aussage wird im Dänischen anders ausgedrückt und konstruiert:

Det skulle du ikke have gjort. Das hättest du nicht tun sollen.
Det kunne du godt have sagt til mig. Das hättest du mir schon sagen können.
Det burde jeg have vidst. Das hätte ich wissen müssen.

2. *efter at* + Infinitiv (statt *nachdem* + Subjekt)

Wenn im Dänischen jemand eine Handlung auf eine andere folgen lässt, wird oft eine Konstruktion mit *efter at* + Infinitiv verwendet.

Efter at have læst avisen faldt *Gert* i søvn. Nachdem *er* die Zeitung gelesen hatte, schlief *Gert* ein. **Aber**: Efter at *Marianne* var gået, faldt *Gert* i søvn. Nachdem *Marianne* gegangen war, schlief *Gert* ein.

D. Øvelser

1. Irrealis

Eks.: *Han har en kæreste. Det er han glad for.*
Hvis han havde en kæreste, ville han være glad.

a. Jeg har en øl. Derfor drikker jeg den.

....

b. Jeg vil have en øl. Derfor beder jeg om én.

....

c. Han sælger sin bil. Derfor har han flere penge.

....

d. Hun har flere penge. Derfor køber hun et hus.

....

e. Jeg er ung. Derfor rejser jeg jorden rundt.

....

f. Jeg havde en bil. Derfor kørte jeg til stranden.

....

g. Gert vandt en papirsrose. Derfor gav han den til Marianne.

....

h. Hun har meget fritid. Derfor tager hun tit på ferie.

....

i. Hun vil have mere fritid. Derfor søger hun et nyt job.

....

2. Vorsichtige, höfliche Äußerungen

Eks.: *Det er dejligt, at du kommer.* *Det ville være dejligt, hvis du kom.*

a. Det er skønt, at vandet er varmt.

....

b. Han bliver glad, hvis Marianne tager billeder i Skagen.

....

c. Jeg bliver ked af det, hvis du kommer for sent.

....

d. Det er spændende at tale med dronningen.

....

e. Det er en stor fordel, at jeg må låne din bil.

....

f. Det var hurtigst at cykle til stranden.

....

3. Der Typ: *Das hättest du nicht tun sollen*

Eks.: *Du skriver en artikel (skulle):* *Du skulle have skrevet en artikel.*

a. Du gør det ikke (skulle) ....

b. Det ved jeg (burde) ....

c. Hun har aldrig sagt det (skulle) ....

d. Han går ikke i vandet (skulle) ....

e. Han hjælper hende (kunne godt) ....

f. Du fortæller mig sandheden (kunne godt) ....

g. Jeg bider tungen af mig selv (kunne) ....

4. *efter at* + Infinitiv oder Nebensatz. Übersetzen Sie folgende Sätze, indem Sie – wo möglich – eine Infinitivkonstruktion statt eines Nebensatzes verwenden:

a. Nachdem sie gegessen hatten, fuhren sie nach Skagen.

....

b. Nachdem Gert den Artikel in der Zeitung gelesen hatte, rief er seinen Redakteur an.

....

c. Nachdem Marianne gegangen war, setzte sich Gert auf eine Bank.

....

d. Sie gingen ins Bett, nachdem sie gespült hatten.

....

e. Sie gingen erst ins Bett, nachdem es dunkel geworden war.

....

E. Repetition

1. Das Possessivpronomen

a. Gert sidder og tænker på .... liv og alle .... oplevelser som journalist.
b. Imens tager Marianne, der har lånt .... kamera, billeder af de mange skibe i havnen.
c. Hun nyder .... ferie og glemmer helt, at .... nye kæreste venter på hende oppe i byen.
d. Da hun kigger på .... ur, opdager hun, at klokken allerede er mange.
e. Hun lægger kameraet i .... taske og skynder sig tilbage til .... tyske ven.
f. Bagefter kører de tilbage til Frederikshavn, hvor .... bedstemor venter med maden.
g. Hun er glad for at besøge .... bedsteforældre og især glad for, at de kan lide .... tyske kæreste.

2. Präteritum oder Perfekt?

a. Jeg .... (at vaske op), så vi kan godt gå nu.
b. Jeg .... (at være) i biografen i går og .... (at se) en sjov film.
c. Det .... (at regne) hele sidste weekend, så vi .... (at blive) hjemme. Men nu er vejret blevet bedre.
d. Solen .... (at skinne) i to dage.
e. Marianne .... (at være) i USA for to år siden.
f. Gert .... (at arbejde) som journalist i fire år.

3. Adjektive/Adverbien. Komparation

3.1. Komparation

Eks.: *Gert er ung.*	*Marianne er yngre.*	*Kirsten er yngst.*
a. Gert er gammel.	....	....
b. Gert er pæn.	....	....
c. Gert har få penge.	....	....
d. Gert har mange penge.	....	....

e. Gert er lidt naiv. ....
f. Gert er systematisk. ....
g. Gert er høj. ....

3.2. *god*

a. Kirsten og Niels bor i et .... hus.
b. Gerts hus i Braunschweig er endnu ...., men Mariannes er ....
c. Marianne har læst mange .... bøger.
d. Hun synes, at *Det forsømte forår* er den .... bog, hun har læst.
e. Sejlturen til Århus går ikke så ...., fordi Gert falder og slår armen.

3.3. *mange*

a. Der bor .... mennesker i København, men .... i Berlin.
b. I London bor der .... mennesker end i Århus.
c. De .... mennesker kan godt lide at holde fri.
d. Gert har .... penge, Marianne har lidt ...., men Kirsten har ....

3.4. *meget*

Gert har .... at lave. I sin artikel skriver han .... om Den Lille Havfrue end om postrøveriet. Redaktøren synes ikke, at hans artikel er lang nok, så han bliver nødt til at skrive noget .... Han har nu .... lyst til at skrive om Marianne.

3.5. Vergleichende Ausdrücke

Gert er ældre .... Marianne, men han er ikke lige .... god til dansk, ... hun er. Niels er bedre til at lave pizza .... Kirsten. Der bor næsten .... mange mennesker i Ålborg .... i Odense. Marianne kan bedre lide at sejle .... at køre i bil.

4. Präpositionen

Smørret står .... bordet. Gert ligger .... sengen. Hun ser .... ham. Kirsten taler .... telefon .... Niels. De venter .... toget. De skal .... Århus. Hun glæder sig .... at se sine bedsteforældre. Gert bor .... Kirsten og Niels. Gert ringer .... sin redaktør .... at fortælle ham ...., hvad han har oplevet .... Danmark. Det er for mørkt .... at man kan se noget. Bogen handler .... et mord. Kirsten kommer tilbage .... to timer. Gert er glad .... sit arbejde som journalist.

F. Oversættelse

Während Marianne im Hafen fotografiert, bleibt Gert auf einer Bank sitzen. Nachdem er die Zeitung gelesen hat, weiß er, dass die jetzige Königin glücklicherweise noch lebt. Und dann denkt er daran, was geschehen wäre, wenn er zu Hause in Braunschweig geblieben wäre. Dennoch[1] ist er aber froh, dass er von der dänischen Polizei verhaftet wurde, weil er sonst nicht Marianne kennengelernt hätte. Später fahren sie nach Viborg, um Fotos von der zerstörten Statue zu machen. Am Abend müssen sie nach Løkken. Dort machen Kirsten und Niels Urlaub in einem Ferienhaus. Sie sind sehr gute Freunde von Gert und würden sich freuen, wenn Gert und Marianne sie besuchen würden.

[1] alligevel

G. Mundtlige øvelser

1. Pararbejde: Stil hinanden følgende spørgsmål:

a. Hvad tror du, der ville være sket, hvis Marianne ikke havde hjulpet Gert?

Så ville Gert nok stadig ....

b. Hvad ville du gøre, hvis du vandt ti millioner kroner?

Hvis jeg ...., så ....

c. Hvor ville du rejse hen, hvis du havde ferie nu?

Hvis ...., så ....

d. Hvor ville du helst bo, hvis du selv kunne bestemme?

Hvis jeg ...., så ....

2. Lav fem spørgsmål af denne type, som du kan stille din sidemand!

H. Dannebrog som nationalsymbol og festsymbol

Det rød-hvide danske flag, Dannebrog, har »fødselsdag« d. 15. juni på den såkaldte Valdemarsdag. Sagnet fortæller, at flaget i året 1219 faldt ned fra himlen, da den danske konge, Valdemar Atterdag, var ved tabe i slaget ved Reval (Tallin) i det nuværende Estland. Det siges, at danskerne sejrede over hedningene, så længe ærkebiskoppen, Anders Sunesen, holdt armene bønfaldende op mod himlen, men når han blev træt, fik esterne overtaget. Af den grund måtte de andre præster hjælpe Sunesen med at holde armene løftet. Pludselig dalede der imidlertid et rødt banner med et hvidt kors ned fra himlen, og Guds røst skal have lydt: »Bær det højt, så skal I sejre!« Det gjorde danskerne, og krigslykken vendte til danskernes fordel. I lang tid var Dannebrog først og fremmest nationalmagtens symbol, men samtidig med at den nationale idé opstår i det 19. århundrede, begynder private mennesker også at bruge flaget. Siden har Dannebrog været Danmarks nationalsymbol nummer ét. Faktisk er flaget så elsket, at det også har fået karakter af festsymbol. Det hejses til fødselsdage, konfirmationer og bryllupper, det hænges på juletræet i form af små papirguirlander – og så flager man tit, simpelthen fordi man er glad.

nationalsymbol, -et, -er Nationalsymbol
festsymbol, -et, -er Festsymbol
sagn, -et, ÷ Sage
slag, -et, ÷ Schlacht
det siges es heißt
sejre (1) siegen
hedning, -en, -e Heide
ærkebiskop, -pen, -per Erzbischof
bønfalde, -r, ~faldt, har ~faldt flehen
få overtaget die Oberhand bekommen
præst, -en, -er Pfarrer
dale (1) sinken
banner, -et, -e Fahne
kors, -et, ÷ Kreuz
gud, -en, -er Gott
røst, -en, -er Stimme
krigslykke, -n Kriegsglück
nationalmagt, -en, -er Nationalmacht
samtidig gleichzeitig
privat privat
siden seitdem
karakter, -en, -er Charakter
hejse (1) hissen
konfirmation, -en, -er Konfirmation
bryllup, -pet, -per Hochzeit
juletræ, -et, -er Weihnachtsbaum
form, -en, -er Form
i form af in Form von
guirlande, -n, -r Girlande
simpelthen »ganz einfach«

Lektion 19

A. Lørdag den 15.6. til fredag den 21.6.

Da Marianne og Gert havde kørt i nogle timer, fandt de Løkken. Klokken var blevet 22.30, da de kørte op foran det sommerhus, hvor Niels og Kirsten holdt sommerferie. Det var en dejlig køretur. Selv om det var sent, kunne de stadig nyde naturen, for solen gik først ned klokken ti. Man har ikke rigtig midnatssol i Danmark, men om natten bliver det ikke rigtigt mørkt. Det er det, danskerne kalder »De lyse nætters tid«.
Vejret var lunt, så Kirsten og Niels havde tændt grillen. Og så fik Gert og Marianne pølser for anden gang den dag, men det sagde de selvfølgelig ikke til danskerne.
Næste dag sov de alle sammen længe, så de sprang morgenmaden over. Hele eftermiddagen sad de ved stranden og tog solbad. Der var mange tyske, hollandske og norske turister i området, og overalt kunne man købe udenlandske aviser. Efter at have været i tre forskellige forretninger lykkedes det oven i købet Gert at finde en dansk.
I avisen stod der, at gerningsmanden, der havde savet armen af Den Lille Havfrue og hovedet af Margrethe I, var blevet fanget på det psykiatriske hospital i Viborg. Det viste sig at være en af lægerne. I hans hjem fandt politiet en stor antiroyalistisk samling af fotografier af kongelige personer. Lægen havde systematisk klippet hovedet af dem alle sammen. I hans kælder fandt man et stort lager af imiterede sælskindspelse. Ingen vidste endnu, om han var en fanatisk miljøforkæmper, en simpel profitmager, – eller om han bare var en lille smule skør. Foreløbig var han blevet på det psykiatriske sygehus – for at blive undersøgt ...
Da Gert havde læst avisen, skyndte han sig at skrive en artikel om sagen, som han straks faxede til Tyskland. Affæren var afsluttet, og Gert kunne igen begynde at slappe af og holde ferie.

Ugen gik hurtigt. De badede hver dag i Vesterhavet og i solen og blev først røde og så brune. Om fredagen skiftede vejret. Det begyndte først at tordne og så at regne. Danskerne, tyskeren og den franske pige sad hele dagen indendørs og hyggede sig med at spille Matador. Kirsten var heldig – hun fik med det samme hotel på Rådhuspladsen. Niels ejede alle færgerne, og Marianne havde tre huse på Vimmelskaftet samt begge bryggerierne. Gert sad det meste af tiden i fængsel ...

Efter frokosten viste Gert lysbilleder.

Gert	Her er så den sidste film. Det er den fra Skagen.
Kirsten	Sneede det deroppe?
Gert	Nej, det var en fejl. Det billede dér er fra min skiferie i Norge sidste vinter. Ham med den brækkede ski er min lillebror. Ham, der griner, er nordmand. – Se, dér er det første billede fra Skagen. Det er fra havnen.
Marianne	Ja, det er mig, der har taget det. Jeg synes, de danske fiskekuttere er enormt flotte.
Kirsten	Det dér er nu en båd fra Island. Det kan man se på nummeret. Jeg ved ikke, hvorfor den netop er i Skagen.
Marianne	Ved I egentlig, hvad den store kasse på dækket er til?
Gert	Det er jo dén! Havfruen. Det er jo båden med mændene, der stjal Den Lille Havfrue. At jeg kunne være så dum!!

B. Wortschätze

Husets indretning **Einrichtung des Hauses**

rum, -met, ÷	Raum
væg, -gen, -ge	Wand
gulv, -et, -e	Boden
vindue, -t, -r	Fenster
dør, -en, -e	Tür
trappe, -n, -r	Treppe
entré, -en, -er	Flur
gang, -en, -e	Flur
køkken, -et, -er	Küche
køkkenbord, -et, -e	Küchentisch
spisebord, -et, -e	Esstisch
køkkenvask, -en, -e	Spülbecken
stue, -n, -r	Wohnzimmer
sofa, -en, -er	Sofa
stol, -en, -e	Stuhl
lænestol, -en, -e	Sessel
reol, -en, -er	Regal
lampe, -n, -r	Lampe
tæppe, -t, -r	Teppich, Wolldecke
gulvtæppe, -t, -r	Teppich

værelse, -t, -r	Zimmer
skrivebord, -et, -e	Schreibtisch
skrivebordsstol, -en, -e	Schreibtischstuhl
soveværelse, -t, -r	Schlafzimmer
seng, -en, -e	Bett
madras, -sen, -ser	Matratze
lagen, -et, -er	Laken
dyne, -n, -r	Decke (zum Schlafen)
hovedpude, -n, -r	Kopfkissen
badeværelse, -t, -r	Badezimmer
toilet, -tet, -ter	Toilette
vask, -en, -e	Waschbecken
bruser, -en, -e	Dusche
spejl, -et, -e	Spiegel

C. Lückentext

.... var 22.30, ... Marianne og Gert .... foran det sommerhus, hvor Niels og Kirsten .... Vejret var ...., ... Niels og Kirsten havde .... Og .... Gert og Marianne pølser .... den dag. .... sov de allesammen ...., ... de sprang morgenmaden .... eftermiddagen sad de .... Overalt .... man købe .... aviser. I avisen ...., at gerningsmanden var .... det psykiatriske hospital i Viborg.

D. Grammatik

1. *så* als nebenordnende Konjunktion

Die nebenordnende Konjunktion *så* hat kein Pendant im Deutschen. Semantisch entspricht sie dem Adverb *derfor* »deshalb«. Vergleichen Sie vor allem hinsichtlich der Wortstellung u.a. folgende Beispiele:

Det regnede hele dagen, så de tog ikke i Tivoli. De var sultne, så de skyndte sig hen til en pølsevogn.
Det regnede hele dagen, og derfor tog de ikke i Tivoli. De var sultne. Derfor skyndte de sig hen til en pølsevogn.

2. *så* als unterordnende Konjunktion

Als unterordnende Konjunktion leitet *så (at)* u.a. Finalsätze (Intention/Absicht) ein. Dabei wird *at* häufig ausgelassen. Auf Deutsch verwendet man *damit*.

De lånte en bil, så de ikke skulle gå til Løkken. Politiet beholdt gerningsmanden, så de straks kunne identificere ham.

3. Das vorläufige Subjekt – *det* oder *der*

Im Dänischen wird entweder *det* oder *der* als vorläufiges Subjekt verwendet, wobei verschiedene Aspekte für die Wahl entscheidend sind.

3.1. *det*

Det wird stellvertretend für Nebensätze und Infinitivkonstruktionen verwendet, und wenn es kein eigentliches Subjekt gibt. *Det* hat im Grunde immer einen bestimmten Inhalt (»wer?« oder »was?«):

Det er let at lære dansk.	Det er skønt!
Det er dejligt, at du kommer.	Det gør ondt!
Det tager tre timer at køre hjem.	

! Det regner, stormer, sner, blæser ...

3.2. *der*

Der enthält einen räumlichen, mitunter auch einen temporalen Aspekt. Bei *der* spielt also die Frage nach dem »wo« (evtl. »wann«) eine Rolle. Außerdem gilt für die Verwendung von *der*:

1. Im aktiven Satz kann *der* nur bei *intransitiven Verben* auftreten.
2. Das eigentliche Subjekt muß in der *unbestimmten Form* stehen.
3. *Der* steht vor dem eigentlichen Subjekt, aber nicht unbedingt am Satzanfang.

Der er ingen mennesker i parken.	Der skete ikke noget.
På gaden kører der mange biler.	Der drikkes meget øl om sommeren.

! *Der* wird sehr konsequent gebraucht, viel häufiger als das entsprechende *es* im Deutschen.

! Bei Raum- und Zeitabständen wird *der* verwendet:

Der er 50 kilometer fra Roskilde til København.
Der er endnu længere til Århus.
Der er tre timer, til toget kører.
Der er længe til jul.

Welchen Bedeutungsunterschied gibt es zwischen diesen beiden Sätzen?

a. Det var en tysker, der gled på dækket.
b. Der var en tysker, der gled på dækket.

4. Die Präpositionen *fra* und *af*

4.1. *af*

Der Gebrauch von *af* beschreibt, was als Vorlage, Motiv, Quelle, Stoff oder auch oft als UrheberIn einer Sache dient.

De tog *billeder af* Skagen.	Skagen als Motiv
Statuen er *lavet af* marmor.	Marmor als Material für die Statue
Bogen er *skrevet af* H.C. Andersen.	H.C. Andersen als Autor des Buches
Fotografierne af Marianne er gode.	Marianne als Motiv
Maleriet *er af* Emil Nolde.	Emil Nolde als Maler des Gemäldes

4.2. *fra*

Die Präposition *fra* drückt aus, *wo* oder *wann* etwas oder jemand herkommt und besitzt damit oft eine konkret räumliche oder zeitliche Dimension.

De viste *billeder fra* Skagen.	Die Bilder stammen *aus der Zeit* in Skagen.
Statuen *stammer fra* det 18. århundrede.	Die Statue stammt aus dem 18. Jahrhundert.
Har du læst *artiklen fra* i lørdags?	Der Artikel war in der Samstagszeitung.
Der er *kommet* en bog *fra* forlaget.	Der Verlag hat das Buch geschickt.
I dag *kom* fotografierne *fra* Gert.	Gert hat die Fotos geschickt.

5. Die Präpositionen *til* und *for*

Til benutzt man, wenn etwas explizit an eine Person *gerichtet* ist und die Person etwas *empfängt*.
Der Gebrauch von *for* ist oft abstrakter und deutet an, dass etwas für jemanden *geeignet* ist oder im Hinblick auf jemanden oder etwas *organisiert* wird, vgl.

til	for
Bogen er til Marianne.	Det er eventyr for børn og voksne.
Der er gaver til børnene.	De holder fest for børnene.
Der er telefon til Gert.	Der er »Fjernsyn for dig«.
Niels laver pizza til Kirsten.	Pizza er lige noget for Kirsten.
Marianne køber en avis til Gert.	Gert arbejder for en tysk avis.

E. Øvelser

1. *Så* als nebenordnende bzw. unterordnende Konjunktion. Bestimmen Sie in jedem Satz den Satztypus (Haupt- oder Nebensatz) und übersetzen Sie dann ins Deutsche.

a. Gert ville finde en kiosk, så han endelig kunne købe sig en avis

....

b. Der var hedebølge, så folk ville gerne læse om kolde steder

....

c. De spillede Matador, så de ikke kedede sig. (at kede (1) sig = sich langweilen)

....

d. Gert spiste en masse grillpølser, så på kort tid var han meget mæt

....

e. De sad ude, så de rigtigt kunne nyde vejret

....

f. Om aftenen var vejret lunt, så de kunne godt sidde ude

....

2. Die Konjunktion *så*, das Adverb *derfor*. Fügen Sie das richtige Wort in den Text ein:

Gert har brækket armen, ... han kan ikke selv tage billeder. .... gør Marianne det for ham. Lyset i Skagen er helt specielt, ... hun kan næsten ikke holde op med at fotografere. Imens sidder Gert på en bænk. Han er lidt træt, ... han falder hurtigt i søvn. Han har oplevet utroligt meget, mens han har været i Danmark. .... blander han det hele sammen i sin drøm. Det er faktisk lidt uhyggeligt, ... han bliver meget glad, da Marianne kommer og vækker ham. De vil ikke komme for sent til aftensmaden, ... de skynder sig at køre tilbage til Mariannes bedsteforældre. Næste morgen vil de stå op klokken syv; .... beslutter de at gå tidligt i seng.

3. *Af* oder *fra*? Setzen Sie die richtige Präposition ein:

Jeg har lige læst et eventyr .... H.C. Andersen. Jeg har lige hentet fotografier .... vores ferie i Frankrig. Der går en fantastisk film .... Lars von Trier i biografen. Se, er det ikke et sødt billede .... Marianne? Kommer den bog .... Niels? Ja, det er en roman .... Hans Scherfig. Har du lavet nogle videooptagelser .... Kirsten og Niels ved stranden? Ja, jeg sender optagelserne .... ferien i næste uge. Det er pænt .... dig.

4. *Til* oder *for*? Setzen Sie die richtige Präposition ein:

Niels lavede mad .... Marianne og Gert. Gert havde en gave med .... sine venner. Kirsten ville lave en lille sommerfest .... de andre. Niels underviser i tysk .... danskere. Der er kun adgang .... voksne. Filmen egner sig ikke .... børn. Marianne skriver et kort .... en veninde. Niels beskriver vejen .... Løkken .... Gert. Der var næsten ingen aviser .... danskere på stranden. Marianne kom med en avis .... Gert. Det var lidt af en overraskelse .... ham.

5. *Det* oder *der*? Setzen Sie das richtige Wort ein:

»............ er vel nok dejligt, at vi kan låne dine bedsteforældres bil«, sagde Gert til Marianne, da de kørte til Løkken. .... var ikke mange biler på vejene, så .... var god mulighed for at nyde turen. Selv om .... kun er 100 kilometer fra Viborg til Løkken, tog .... næsten tre timer, før de var fremme. Da de ankom til Løkken, mærkede de straks, at .... var et stort turistområde, for .... var udenlandske biler overalt, og i forretningerne blev .... næsten kun solgt udenlandske aviser. .... viste sig, at sommerhuset lå tæt ved vandet. Nede på stranden var .... stadig masser af mennesker. .... var mest tyskere. Gert sprang straks i vandet. »............ er skønt!«, råbte han til Marianne, der stod inde på stranden, »men ih, hvor er .... koldt!« Bagefter blev de enige om, at .... er dejligt ved Vesterhavet.

F. Repetition

1. Irrealität. Übersetzen Sie folgende Sätze ins Dänische:

a. Wenn ich Zeit hätte, würde ich Dir helfen.

....

b. Wenn man die Diebe fangen könnte, wäre Gert froh.

....

c. Es wäre schön, wenn du kämst.

....

d. Gert würde sich freuen, wenn Marianne ihn besuchen würde.

....

e. Wenn er jung wäre, würde er Dänisch studieren.

....

f. Wenn ich es gewusst hätte, hätte ich Dir geholfen.

....

g. Gert hätte die Diebe fangen können, wenn er nicht so naiv wäre.

....

2. Relativsätze

a. Her er en mand. Gert taler med ham.
Her er en mand, ...

b. Her er en kvinde. Gert tænker på hende.

....

c. Her er en røver. Gert har hørt om ham.

....

d. Her et sommerhus. Gert har boet i det.

....

3. Präposition vor einer Infinitivkonstruktion

Eks.: Gert er glad. Han ser Marianne. Gert er glad for at se Marianne.

a. Gert glæder sig. Han ser Marianne. ....

b. Marianne er bange. Hun når ikke toget. ....

c. Gert er færdig. Han spiser pizza. ....

d. Marianne er spændt. Hun møder Gert. ....

e. Gert er flov. Han har dummet sig. ....

f. Gert er glad. Han bader i Vesterhavet. ....

G. Oversættelse

Nachdem Gert und Marianne in Viborg gewesen waren, fuhren sie nach Løkken, wo Kirsten und Niels schon seit einer Woche Urlaub machten. Das Wetter war schön, und am Abend blieben sie lange auf der Terrasse* vor dem Haus sitzen. Gert erzählte, dass die Polizei noch nicht wisse, wer das Geld gestohlen habe und was mit der Kleinen Meerjungfrau geschehen sei. Am nächsten Tag fuhr Gert mit Marianne in die Stadt, um eine Zeitung zu kaufen. Er fand sofort deutsche und englische Zeitungen, aber erst, nachdem er in zehn Geschäften gewesen war, entdeckte er einen Kiosk, wo auch dänische Zeitungen verkauft wurden. »Wenn ich das gewusst hätte«, sagte er zu Marianne, »wäre ich den ganzen Tag im Ferienhaus geblieben.« »Du hättest Niels fragen sollen«, antwortete Marianne, »dann hätten wir stattdessen am Strand liegen können.«

*terrasse, -n, -r: Terrasse

H. Mundtlig øvelse

Du vil leje et sommerhus i Danmark og ringer til et udlejningsbureau (f.eks. Dansommer). Du beder om oplysninger angående husets størrelse, antallet af senge, øvrige faciliteter (fjernsyn, telefon, vaskemaskine, opvaskemaskine, sauna, have, terrasse), beliggenhed i forhold til havet m.m. Spil telefonsamtalen!

I. Skriftlig øvelse

Skriv om, hvad du lavede i din sidste ferie.

J. Dansk design

Danmark har udviklet sin helt egen tradition for design, og navne som Georg Jensen, B&O (Bang & Olufsen), Arne Jacobsen, Poul Henningsen (i folkemunde PH) og Børge Mogensen er kendt langt ud over Danmarks grænser. De er repræsentanter for en stil, som på mange måder er typisk skandinavisk: enkel, funktionalistisk og meget stilren. PH er særlig kendt for sine lamper, Arne Jacobsen og Børge Mogensen mere for deres stole og sofaer. Arne Jacobsen har dog også i høj grad fungeret som arkitekt og har bl.a. tegnet rådhuset i Århus, som i sin tid vakte stor opsigt på grund af sit utraditionelle og »skrabede« udseende. I øvrigt er rådhuset i Mainz også tegnet af Arne Jacobsen.
Danskerne interesserer sig generelt meget for arkitektur og design, og selv de berømte designeres produkter har fundet vej til mange danske hjem. Det skyldes blandt andet, at Brugsforeningen ret tidligt startede et samarbejde med de danske møbeldesignere, så man i Brugsen kunne købe de arkitekttegnede møbler til en overkommelig pris. Og så går danskerne i det hele taget meget op i at indrette sig hyggeligt og smagfuldt, måske fordi de i vintertiden er nødt til at opholde sig meget inden døre.

design, -et, ÷ Design
udvikle (1) entwickeln
i folkemunde im Volksmund
grænse, -n, -r Grenze
repræsentant, -en, -er Vertreter
stil, -en Stil
typisk typisch
skandinavisk skandinavisch
enkel schlicht
funktionalistisk funktionalistisch
stilren »klar«
stol, -en, -e Stuhl
sofa, -en, -er Sofa
fungere (1) funktionieren, wirken
vække, -r, vakte, har vakt; ~ opsigt Aufsehen erregen
utraditionel untraditionell
skrabet karg
udseende, -t, -r Aussehen
interessere (1) interessieren
generel generell
Brugsforeningen genossenschaftliche Vereine, seit Mitte des 19. Jhs., heute weiterentwickelt als Brugsen oder Kvickly
ret recht
starte (1) starten
Brugsen Supermarktkette in Dänemark, auf den Ideen von Brugsforeningen basierend
arkitekttegnet von einem Architekten entworfen
overkommelig durchführbar; hier: erschwinglich
pris, -en, -er Preis
gå op i sich für etw. interessieren
i det hele taget überhaupt
indrette (1) einrichten
hyggelig gemütlich
smagfuld geschmackvoll
i vintertiden zur Winterzeit
opholde, -r, ~holdt, har ~holdt aufhalten
inden døre drinnen

Lektion 20

A. Fredag den 21. juni, eftermiddag, solhverv

Gert vil til Skagen, – og det skal være straks! Niels spørger forsigtigt, om det ikke kan vente til efter eftermiddagskaffen. Marianne har købt flødekager, der står og venter i køleskabet. Niels har personligt ingenting imod flødekager. Men Gert vil af sted med det samme. Han er sikker på, at det er kassen med Den Lille Havfrue, der står på dækket af den islandske fiskekutter i Skagen. De andre bestemmer sig for at tage med Gert. Marianne skal alligevel aflevere den bil, de har lånt af hendes bedstemor. Niels og Kirsten skal lige have tanket op, før de kører til Skagen.
De parkerer inde på havnen. Båden ligger der endnu, og kassen står stadigvæk midt på dækket. De nærmer sig forsigtigt fiskekutteren. Den ser ud til at være tom. Gert og Niels kravler om bord. De prøver at kigge ind i kassen, men den er lukket. Niels finder en stor jernstang og begynder at brække låget af. Snart kan de se ned i kassen. Jo, det er rigtigt nok. Dér sidder Den Lille Havfrue. Hun har stadig ingen arm.
»Den historie om en reparation i Sverige var det rene løgn!«, siger Gert.
»Hvad fanden laver I her?«, lyder en stemme bag dem. En mand er kommet ud af kahytten. Han ser temmelig skummel ud.
»Hvad laver Den Lille Havfrue her?«, spørger Gert.
»Det kommer ikke jer ved. I er på privat område! Det er jo hærværk, det, I laver dér. Forsvind, – eller jeg tilkalder politiet!«
»Det var da en god idé!« siger Niels. »Det havde vi netop tænkt os. Du har jo stjålet Den Lille Havfrue!«
»Du er sgu intelligent, din lille snushane!«, råber en anden mand, der kommer op fra lasten. »Måske skulle vi se, om I er så intelligente, at I også kan svømme til Norge!«
De to forbrydere starter motoren og kaster los. »Pas på!«, råber Kirsten. »De stikker af!« Faktisk er båden på vej væk fra kajen. Niels og Gert og de to skumle forbrydere er på vej ud i Kattegat.
Niels reagerer først. Med en blanding af skræk og hidsighed går han løs på den største forbryder. Det lykkes Niels at smide forbryderen i vandet. Men da den anden forbryder angriber Niels, er det pludselig den skæggede dansker, der ligger og plasker rundt i havnens grumsede vand.
»Du må nok hellere hoppe ud til din ven med det samme!«, siger den tilbageblevne forbryder til Gert, idet han griber en jernstang. Gert vil flygte, men han er trængt op i en krog. Manden med jernstangen kommer nærmere og nærmere ...

B. Wortschätze

Familierelationer **Verwandtschaftsbeziehungen***

min kone Frau	
min mand Mann	
min samlever Partner/Partnerin	
min kæreste Freund/Freundin	
mine forældre Eltern	
min mor Mutter	min far Vater
mit barn, mine børn Kind	
min datter (døtre) Tochter	min søn (sønner) Sohn
mine søskende Geschwister	
min søster (søstre) Schwester	min bror (brødre) Bruder
mine bedsteforældre Großeltern	
min bedstemor Großmutter	min bedstefar Großvater
min mormor	min morfar
min farmor	min farfar
mine oldeforældre Urgroßeltern	
mine tipoldeforældre Ururgroßeltern	
mine svigerforældre Schwiegereltern	
min svigermor Schwiegermutter	min svigerfar Schwiegervater
min tante Tante	min onkel Onkel
min moster	min morbror
min faster	min farbror
min kusine Kusine	min fætter Cousin
min niece Nichte	min nevø Neffe
min svigerinde Schwägerin	min svoger Schwager
min stedmor Stiefmutter	min stedfar Stiefvater
mit gudbarn Patenkind	
min gudmor Patentante	min gudfar Patenonkel

*Alle Pluralformen finden sich in der alphabetischen Vokabelliste.

C. Øvelser

1. Verwandtschaftsbezeichnungen. Hvad er det nu det hedder? Hjælp Gert!

a. Mine forældre har tre børn, så jeg har to ....
b. Vi er to drenge og en pige, så jeg har både en .... og en ....
c. Min far har en bror. Det er min ....
d. Min mor har en søster. Det er min ....
e. Min søster er mine forældres ....
f. Min bror er mine forældres ....
g. Min søster har en dreng. Det er min ....
h. Min bror har en pige. Det er min........................... .
i. Min mors forældre er min .... og ....
j. Min fars forældre er min .... og ....
k. Mine forældres forældre er mine ....
l. Jeg er mine bedsteforældres ....
m. Mine to søskende er også mine bedsteforældres ....
n. Min søsters mand er min ....
o. Min brors kone er min ....
p. Min far har en bror. Han er gift og har en dreng. Det er min ....
q. Min mor har en søster. Hun er også gift og har en pige. Det er min ....
r. Min søsters mand er mine forældres ....
s. Min brors kone er mine forældres ....
t. Min kones mor er min ....
u. Min kones far er min ....

2. Singular – Plural

en onkel	*to onkler*
en søster	....
en far	....
en mor	....
et barn	....
et barnebarn	....
en fætter	....
en onkel	....

D. Repetition

1. Präpositionen

Gert er ved at skrive en artikel .... Grønland. Han er flov ...., at han ved så lidt .... landet. Derfor ringer han .... en grønlandsk forening, som hjælper ham .... at skaffe oplysninger. Han får helt lyst .... at tage op til Grønland, men det har han vist desværre ikke råd .... Han sidder lidt og tænker ...., hvordan han kan få fat .... så mange penge. Gert har jo held .... kærlighed, så han har sikkert overhovedet ikke held .... spil. Han kan altså ikke regne .... at vinde en million i lotto. Gert er lidt ked ...., at han altid har så få penge.

2. Präpositionen. *Til* eller *for*?

Gert køber en is .... Marianne. Han gør det .... at glæde hende. »Nej Gert, synes du ikke, det er .... koldt .... at spise is? Jeg har heller ikke tid .... det. Jeg skal skrive et brev .... min bror i Paris, og nu hvor du har brækket armen, bliver jeg vel nødt til at skrive den næste artikel .... dig.«

3. Konjunktionen

Marianne spørger Gert, ... han vil med til Frederikshavn. .... Gert ikke kommer nu, kommer de for sent til færgen. Desværre var færgen sejlet, ... Gert endelig kom. Gert og Marianne spiste en softice, ... de ventede på den næste færge. De måtte vente i to timer, ... den næste færge endelig dukkede op. Kirsten og Niels tager også altid den lange sejltur, ... de skal til Jylland. .... længere tid de skal sejle, ... mere nyder de turen.

4. Adjektive, Adverbien. Unregelmäßige Steigerung

Eks.: De tyske studerende er *gode* til dansk.
Ja, og de bliver bedre og bedre.

a. De danske studerende er *gamle*, når de begynder på studiet.
Ja, og de bliver .... og ....

b. Til gengæld er skolebørnene *unge*, når de begynder i skolen.
Ja, de bliver .... og ....

c. Der er *mange*, der først tager ud at rejse efter gymnasiet.
Ja, det er der .... og ...., der gør.

d. Det var *slemt* for Gert at sove i fængslet
Ja, og næste dag fik han det bare .... og ....

e. Han havde kun *få* rolige øjeblikke, da han lå i fængselscellen.
Ja, og han fik .... og .... i nattens løb.

f. Han forstod kun *lidt* af, hvad dommeren spurgte ham om.
Ja, og han forstod .... og .... af det hele.

5. *det* oder *der*

.... er mange mennesker på gaden. .... er svært at se, hvem .... er, der kommer gående. Hvor langt er .... fra København til Århus? .... er nok to hundrede kilometer. .... står to øl på bordet. .... regnede, men .... var .... ingen, der lagde mærke til. Ved du, hvem .... kommer til festen? Hvor skulle jeg vide .... fra?! Er .... virkelig fest i aften? Ja, ... tror jeg nok.

6. Passiv. Setzen Sie folgende Sätze ins Passiv:

Eksempel:	*Politiet anholder Gert*
Präsens:	*Gert bliver anholdt af politiet.*
Präteritum:	*Gert blev anholdt af politiet.*
a.	Kirsten tanker bilen op.
Präsens:	....
Präteritum:	....
b.	Niels åbner kassens låg.
Präsens:	....
Präteritum:	....
c.	Forbryderne starter bådens motor.
Präsens:	....
Präteritum:	....
d.	Man må gerne smide forbrydere i vandet.
Präsens:	....
Präteritum:	....
e.	Man skal spise flødekagerne, mens de er friske.
Präsens:	....
Präteritum:	....
f.	Man bør se *Olsen Bandens store kup* i biografen.
Präsens:	....
Präteritum:	....

g. Man bør ikke lave sælskindskamikker af babysæler.
Präsens: ....
Präteritum: ....
h. 2 millioner danskere har set filmen.
Perfekt: ....
Plusquamperfekt: ....
i. Politiet i Viborg fanger den mystiske gerningsmand.
Perfekt: ....
Plusquamperfekt: ....

7. Satzspaltung

Eks.: *I har aldrig tid. → Det er jer, der aldrig har tid.*
a. Vi skal begynde: ....
b. Jeg kom først: ....
c. Han har vasket op: ....
d. Du sagde, at der var god tid: ....
e. Hun ville have brændende kærlighed: ....
f. I ville sejle med færgen: ....
g. Børnene lavede altid mad: ....

Eks: *Hvornår kommer du? → Hvornår er det nu, du kommer?*
a. Hvem kommer til festen? ....
b. Hvornår skal vi af sted? ....
c. Hvad hedder det? ....
d. Hvad hedder du? ....
e. Hvornår var det? ....

E. Oversættelse

»Ich wusste es! Ich hätte es nie tun sollen! Ich werde es nie wieder tun!« Gert ist gerade aufgewacht. Er hat einen schrecklichen[1] Traum gehabt. Marianne, die schon aufgestanden war, kommt ins Schlafzimmer gelaufen und fragt besorgt, was los sei. Gert erzählt ihr, was er geträumt hat. Sein Traum handelt natürlich von der Kleinen Meerjungfrau. Und im Traum sei er es gewesen, der ihr den Arm abgesägt habe. Marianne versucht, ihren armen deutschen Freund zu trösten. Es gelingt ihr fast. Aber beim Frühstück sagt der erschütterte[2] Journalist plötzlich: »Ich war es aber wirklich nicht, Marianne. Glaubst du mir?« Marianne lächelt ihn an. Sie sagt nichts, sondern gibt ihm eine Tasse Kaffee mit Milch und schmiert Gert zwei Brötchen, eins mit Käse und eins mit Marmelade. Nachdem Gert gegessen und getrunken hat, geht es ihm viel besser.

[1] skrækkelig
[2] ryste (1)

F. Mundtlig øvelse

Opfind en person (familie, bolig, job, hobby osv.) og lad din sidemand finde ud af, hvem du er!

G. Skriftlig øvelse

Hvad mener du om det tyske skole- og uddannelsessystem?

H. SU og ungdomsuddannelser

I 1814 blev der indført undervisningspligt – ikke skolepligt – i Danmark. Alle børn skulle undervises fra 6-7-årsalderen til konfirmationen. I 1972 blev undervisningspligten udvidet fra syv til ni år.
Den danske folkeskole er en enhedsskole. Det har den været siden midten af 1970'erne, hvor realskolen blev afskaffet. Fra 1980 er skolerne også i stigende omfang begyndt at integrere børn med særligt behov for specialundervisning. Alle børnene går i samme klasse fra børnehaveklasse/første klasse til niende eller tiende klasse. Ved siden af den kommunale folkeskole er der mange private (»frie«) grundskoler i Danmark. De sidste klasser kan også tages på en efterskole. Det er et godt tilbud til skoletrætte elever, eller til unge, som gerne vil flytte hjemmefra.
Efter ni eller ti års grundskole kan man tage en almen (gymnasial) eller erhvervsrettet ungdomsuddannelse, som varer to til fire år. Når de unge fylder atten, får de SU (Statens Uddannelsesstøtte) under deres uddannelse. Der er vel at mærke tale om en ydelse, som alle unge er berettiget til, uafhængigt af forældrenes indtægt. SU finansieres via det danske skattesystem og skal ikke betales tilbage efter endt uddannelse.

SU (Statens Uddannelsesstøtte) ≈ BaFöG
ungdom, -men Jugend
uddannelse, -n, -r Ausbildung
indføre (2) einführen
undervisning, -en, -er Unterricht
pligt, -en, -er Pflicht
fra 6-årsalderen ab dem 7. Lebensjahr
udvide (1) erweitern
enhedsskole, -n, -r Einheitsschule
siden midt i 1970'erne seit Mitte der 1970er Jahre
realskole, -n, -r Realschule
afskaffe (1) abschaffen
omfang, -et, ÷ Umfang
i stigende omfang in zunehmendem Maße
integrere (1) integrieren
særlig besondere(r, -s)
behov, -et, ÷ Bedürfnis
specialundervisning, -en Spezial-, Sonderunterricht
kommunal kommunal
grundskole, -n, -r Grundschule
efterskole, -n, -r Heimvolkshochschule für Jugendliche zw. 14 u. 18 Jahren
tilbud, -det, ÷ Angebot
skoletræt schulmüde
flytte hjemmefra von zu Hause wegziehen
almen allgemein
gymnasial gymnasial
erhvervsrettet berufsorientiert
vare (1) dauern
fylde (1) *hier:* werden
stat, -en, -er Staat
støtte, -n, -r Unterstützung, Förderung
uddannelsesstøtte, -n, -r Ausbildungsförderung
under während
vel at mærke wohlgemerkt
ydelse, -n, -r Leistung, Gewährung, Zahlung
ung, de unge jung, die Jugendlichen
uafhængig unabhängig
indtægt, -en, -er Einkommen
være berettiget til zu etw. berechtigt sein
ende (2) beenden

Lektion 21

A. Enden på historien

Inde på kajen har Marianne og Kirsten set det hele. Kirsten finder en telefon og ringer til politiet. Marianne hjælper Niels op af vandet. Forbryderen nede i vandet hjælper hun ikke. Han må blive ved med at svømme rundt i havnen. Ude på båden gør den anden forbryder sig klar til at give Gert et ordentligt slag med jernstangen. Da manden slår ud med stangen, når Gert lige netop at springe til side. Han prøver at løbe forbi den farlige røver. Men da han har taget to skridt, glider han. Det er ikke første gang, Gert glider på et skibsdæk i denne historie. Det er jo derfor, han går rundt med armen i gips ...

Men da Gert glider denne gang, er han lidt heldigere. Idet han falder, rammer han nemlig forbryderen med gipsarmen. Ren knockout! Forbryderen bliver liggende ubevægelig på dækket, og Gert må nu sejle sin egen sø. Fiskekutterens ror har sat sig fast, så båden tøffer rundt i en cirkel i havnen. Gert har ikke spor forstand på fiskekuttere, så han ved ikke, hvordan han skal slukke for motoren. Derfor holder han først op med at sejle i ring, da en Falckredder kommer om bord og henter ham. På kajen står der en masse mennesker, der er blevet tiltrukket af det mærkelige optrin ude på vandet. De klapper, da Gert kommer i land, og Marianne giver ham et stort kys.

»Min lille havmand«, siger hun kærligt og stryger hans våde hår.

Nu er alle glade. Turistchefen i København er glad, fordi Den Lille Havfrue er dukket op igen. Politimesteren i Skagen er glad, fordi det er ham, der har forbryderen siddende bag lås og slå. Og postmesteren i Sverigesgade er også glad. – Hvorfor?

Jo, for faktisk blev Havfruen ikke stjålet for sin egen skyld. Da politiet fik statuen ind på land, opdagede man, at den var fuld af pengesedler. Sådan cirka tre millioner kroner. Havfruerøverne havde kun fjernet statuen for at hente de penge, de havde gemt i den efter postrøveriet i Sverigesgade den ellevte i sjette klokken fem minutter over halv ti om aftenen. Det var en meget snedig plan, der var organiseret af en interskandinavisk forbryderbande. Pengene skulle have været bragt til forbrydernes hovedkvarter i Reykjavik. – Man ved endnu ikke, om psykiateren med bronzearmen og de imiterede sælskindspelse er medlem af banden. Meget tyder på, at han blot er en fanatisk idealist, der har ladet sig udnytte af de snu forbrydere.

Gert er nok den, der er mest glad af dem allesammen. Han er glad, fordi det ikke var ham, der blev arresteret denne gang. Han er også glad, fordi han nu har eneret til en øjenvidneskildring af en fantastisk historie om tyveriet af Danmarks største turistattraktion. Mest glad er han for Marianne og for det kys, hun gav ham på kajen.

Året efter i maj bliver Gert og Marianne gift i Roskilde Domkirke. De holder en stor bryllupsfest med tyskere, franskmænd og danskere. De er der alle sammen. Mariannes mormor og morfar fra Frederikshavn, hendes morbror og tante fra Roskilde, Gerts redaktør fra Braunschweig, postmesteren fra Sverigesgade, politimesteren fra Viborg, Dr. Thorvaldsen fra Århus, den grønlandske pige fra Aalborg, buschaufføren fra linie 19 til Langelinie. Og så selvfølgelig Niels og Kirsten. Psykiateren med bronzearmen er der også. Han har været på en langvarig levertranskur hos Dr. Thorvaldsen og har det nu meget bedre. Nej, de er der alligevel ikke alle sammen. Dronningen er der ikke, for hun er i Nuuk med Kongeskibet. Hendes Majestæt har sendt Marianne og Gert sine bedste lykønskninger – samt et par ægte sælskindskamikker.
Marianne har fået et stipendium ved Odense Universitet. Hun skal skrive om *H.C. Andersens forhold til Havet*. Gert er blevet skandinavienskorrespondent ved et tysk ugeblad. Han er nu verdensberømt i Danmark. Han har skrevet en bestseller om sine oplevelser med Havfruen. *Av, min arm!*, hedder den. Det er en utroligt spændende bog, og den bliver solgt i mange eksemplarer. For pengene køber Marianne og Gert et lille hus i Odense. Dér lever de lykkeligt til deres dages ende.

Se, det var et rigtigt eventyr!

B. Repetition

1. Zeitangaben. Fügen Sie die entsprechenden dänischen Zeitangaben ein:

a. Gert og Marianne rejste til Jylland .... (vor einer Woche).
b. De kørte til Skagen .... (am Freitag).
c. Niels underviser i tysk .... (mittwochs).
d. Kirsten skal til møde i børnehaven .... (am Dienstagabend).
e. Marianne skal skrive sin opgave færdig .... (am Donnerstag).
f. Vil du med i biografen .... (heute Abend)?
g. De får besøg af nogle venner .... (am Wochenende).
h. Hvor var du henne .... (gestern Abend)?
i. Hvad lavede du .... (heute Morgen)?
j. Skal du mødes med dine venner .... (heute Nachmittag)?

2. Übersetzen Sie ins Dänische:

a. Warst du schon in Dänemark?..
b. Sie wohnt seit zwei Jahren in Kopenhagen. ....
c. Er arbeitet als Journalist seit 1999. ....

3. Wortstellung. Fügen Sie das Wort in Klammern (ggf. in den kursivierten Satz) ein:

a. Når Gert går ud på et skibsdæk, *glider næsten altid.* [han]

....

b. Gert har et problem, *fordi han ved*, hvordan han skal slukke for motoren. [ikke]

....

c. Marianne hjælper ikke op af vandet. [røveren].

....

d. Og hun giver da slet ikke noget kys. [ham]

....

e. Men derimod giver hun gerne et stort kys på kinden. [sin tyske ven]

....

f. Gert er glad for, *at han har lært Marianne i Danmark.* [at kende]

....

g. Hvor har han lært hende? [at kende]

....

h. Han lærte at kende i toget [hende]

....

i. Dronningen måtte desværre melde afbud til brylluppet, *for hun var i Roskilde* [ikke]

....

4. Verben. Fügen Sie die Präteritumformen der Verben ein:

a. Inde på kajen .... (at have) Marianne og Kirsten set det hele.

b. Kirsten .... (at finde) en telefon og .... (at ringe) til politiet.

c. Marianne .... (at hjælpe) ikke forbryderen op af vandet.

d. Hun .... (at sige), at han .... (at måtte) blive ved med at svømme rundt i havnen.

e. Ude på båden .... (at gøre) den anden forbryder sig klar til at give Gert et slag med jernstangen.

f. Gert .... (at blive) bange, men .... (at vise) det ikke.

g. Da manden .... (at slå) ud med stangen, ... (at springe) Gert til side.

h. Han .... (at prøve) at løbe forbi den farlige røver.

i. Men da han .... (at tage) to skridt, ... (at glide) han.

j. Det .... (at være) ikke første gang, Gert .... (at falde) på et skibsdæk.

k. Det .... (at være) jo derfor, han .... (at gå) rundt med armen i gips ...

5. Adjektive. Tragen Sie die in der Klammer angegebenen Wörter in der richtigen Form ein:

a. Det .... flag er .... og .... (dansk, rød, hvid).

b. Røvernes .... skib var helt .... og meget .... (hvid, ny, moderne).

c. Det er vel nok ...., at de .... røvere er blevet fanget (heldig, farlig).

d. Marianne hjælper Niels op af det .... og .... vand (blå, kold).

e. Han er temmelig ...., da han kommer i land (våd).

f. Bagefter er alle .... (lykkelig)

g. Til brylluppet fik de et .... brev fra deres .... venner (lang, gammel).

h. Gerts .... redaktør gav det .... brudepar en .... gave (flink, ung, fin).

6. Adjektiv, Adverb

a. »Hvor er du .... (dygtig)«, sagde Marianne .... (munter) til sin nu .... (landskendt, tysk) ven og så .... (kærlig) på ham, da han endelig var kommet .... (sikker) i land.

b. Og så var det, hun gav ham dette .... (stor) kys lige midt på munden.

c. Inde på kajen havde en masse .... (nysgerrig) mennesker .... (opmærksom) fulgt optrinet ude på vandet.

d. De klappede . ... (høj) og var meget .... (imponeret) af tyskeren.

e. Det viste sig .... (hurtig), at røverne, ... (snedig) som de var, havde gemt alle pengene i den .... (demonteret) Havfrue.

f. Det kan endnu ikke .... (hel) udelukkes, at psykiateren er medlem af banden, men det viser sig .... (sikker) snart.

7. Adjektive. Komparation

a. Alperne er .... end Himmelbjerget. (høj)

b. Der er .... i Grønland end i Danmark. (kold)

c. Klimaet i Toscana er .... end i Skotland. (behagelig)

d. Hun er .... end sin bror, men .... end sin søster. (gammel, ung)

e. Hvem er den .... ? Mathilde eller Laura? (gammel)

f. Min farmor er ret .... , men min farfar er endnu .... (gammel)

g. Der er .... og .... mennesker, der foretrækker at cykle på arbejde. (mange)

h. Der bliver .... og .... biler i det indre København. (få)

i. De .... mennesker kan godt lide at holde ferie. (mange)

j. Marianne har altid været .... i en grøn kjole, men hun er endnu .... i en blå. Af en eller anden grund synes Gert, at hun er .... i sin røde kjole. (smuk)

8. Possessiv- und Reflexivpronomen

a. Han er glad for .... arbejde.

b. Hun er nervøs for .... eksamen.

c. Jeg tror, de glæder sig til .... ferie.

d. Glæder De .... også til .... ferie?

e. Vi må skynde .... hjem til .... børn.

f. Kvinden satte .... på .... plads.

g. Hun bestræber .... på at skrive .... opgave færdig inden jul.

h. Man skal altid vise .... fra .... bedste side.

i. Han rejste .... op fra .... plads i bussen, så .... kone kunne komme til at sidde ned.

j. Hun tænkte på, hvornår .... mor sidst havde besøgt hende.

k. Dengang Søren var lille, var .... forældre altid bekymrede for ham.

9. Modalverb *at skulle*. In welchen Fällen würde man *at skulle* mit dem Verb in Klammern verwenden, in welchen würde man das Modalverb eher weglassen?

a. Kan jeg træffe dig i morgen?

Ja, jeg .... hjemme hele dagen (at være).

b. Har du nogen planer for i aften?

Ja, jeg .... en opgave færdig (at skrive)

c. Kunne du tænke dig en is?

Ja, men den .... stor! (at være)

d. Du har tid hos tandlægen i morgen, ikke?

Jo, jeg .... der klokken elleve (at være)

e. Jeg tror ikke, jeg kan nå at være hjemme klokken fire.

Ok, så .... jeg klokken fem i stedet (at komme)

f. Jeg har tænkt mig at cykle til biografen i morgen. Hvad med dig?

Jeg .... (at gå)

g. Toget kører klokken halv syv, ikke?

Jo, så vi .... klokken seks for at nå toget (at køre)

h. Hvornår er det nu, I får besøg af din famile fra Tyskland?

De .... den 15. juni (at komme)

C. Oversættelse

Die ganze Geschichte war wie ein richtiges Märchen: Nachdem die Verbrecher verhaftet worden waren, heirateten Marianne und Gert im Dom von Roskilde. Sie feierten ein großes Hochzeitsfest und hatten ihre Familien und ihre ganzen Freunde eingeladen[1]: Die Großeltern von Marianne, ihren Onkel und ihre Tante, Gerts Redakteur aus Braunschweig und viele andere. Die Königin konnte leider nicht kommen, weil sie auf Grönland war. Es kamen aber die besten Glückwünsche und ein schönes Geschenk von ihr an das Brautpaar: ein paar Stiefel aus Seehundfell! Das junge Paar hat jetzt ein Haus in Odense, Marianne ist dabei, ihre Doktorarbeit[2] über H. C. Andersens Verhältnis zum Meer abzuschließen, und Gert hat einen Bestseller geschrieben, der *Av, min arm!* heißt. Das Buch erscheint jetzt in einer neuen Auflage[3] und ist unglaublich spannend ...

[1] at invitere (1)
[2] ph.d.-afhandling, -en, -er
[3] oplag, -et, ÷

D. Mundtlig øvelse

Bryllupsfesten er godt i gang. Marianne og Gert, Kirsten og Niels og alle de andre gæster går omkring og snakker med hinanden. Spil festen!

E. Skriftlig øvelse

Hvordan fortsætter historien om Gert og Marianne?

F. Hans Christian Andersen (1805 - 1875)

H. C. Andersen blev født i Odense den 2. april 1805 og voksede op i en fattig familie: hans far var skomager, og moren arbejdede som vaskekone. Kort efter sin konfirmation rejste han som 14-årig og uden en krone på lommen til København for at prøve lykken som skuespiller og balletdanser ved Det Kongelige Teater. Forsøget mislykkedes ganske vist, men teaterdirektionen sørgede dog for, at han kom på latinskole og blev student som 23-årig.
H. C. Andersen er i dag verdensberømt for sine eventyr. *Den grimme Ælling*, *Den Lille Havfrue*, *Hyrdinden og Skorstensfejeren* og mange, mange flere er oversat til utallige sprog. Eventyrene er fortalt i en tilsyneladende naiv form, men under denne »barnlige« overflade gemmer der sig vittige, satiriske, ironiske, poetiske lag, som nok især appellerer til den voksne (op)læser. Selv betragtede forfatteren sine *Eventyr, fortalte for Børn* (det første af i alt seks

hefter udkom i 1835) som ventrehåndsarbejde, der blot skulle sikre ham smør på brødet.
I samtiden var det romanerne (i 1830'erne udkom *Improvisatoren, O. T.* og *Kun en Spillemand*), der gjorde H. C. Andersen berømt i hele Europa. De blev med det samme oversat til tysk, svensk og hollandsk, senere også til engelsk og russisk. Inspirationen til romanerne hentede digteren dels i hjemlige forhold, dels på sine mange dannelsesrejser til udlandet.
Allerede som 27-årig gik H.C. Andersen i gang med at skrive sin selvbiografi. Den kom til at hedde *Mit Livs Eventyr*, og også her handler det lige som i *Den grimme Ælling* om, at det ikke gør noget at være født i andegården, når blot man har ligget i et svaneæg.

føde (2) gebären
vokse op (1) aufwachsen
fattig arm
skomager, -en, -e Schuster
uden en krone på lommen ≈ ohne einen Pfennig in der Tasche
prøve lykken (1) sein Glück versuchen
balletdanser, -en, -e Balletttänzer
forsøg, -et, ÷ Versuch
mislykkes (1) misslingen
sørge for (1) für etw. sorgen
dog jedoch
latinskole, -n, -r Lateinschule
student, -en, -er Abiturient
verdensberømt weltberühmt
Den Grimme Ælling Das hässliche Entlein
Hyrdinden og Skorstensfejeren Die Hirtin und der Schornsteinfeger
oversætte, -r, ~satte, har ~sat übersetzen
utallig unzählig
tilsyneladende anscheinend
barnlig kindlich, kindisch
overflade, -n, -r Oberfläche
gemme sig (2) sich verstecken
vittig witzig
lag, -et, ÷ Schicht
appellere (1) appellieren an
oplæser, -en, -e Vorleser
selv selbst
betragte (1) betrachten
forfatter, -en, -e Verfasser, Schriftsteller
hefte, -t, -r Heft
udkomme, -r, ~kom, er ~kommet erscheinen
venstrehåndsarbejde, -t, -r oberflächliche Arbeit, für die man nicht viel Zeit und Energie aufgewendet hat
blot bloß
sikre (1) sichern
smør på brødet ≈ Salz zum Brot
samtid, -en die damalige Zeit
Kun en Spillemand Nur ein Spielmann
hjemlig heimisch
forhold, -et, ÷ Verhältnis
dels ... dels teils ... teils
dannelsesrejse, -n, -r Bildungsreise
udland, -et Ausland
gå i gang med anfangen
selvbiografi, -en, -er Autobiografie
komme til at hedde wurde mit dem Titel versehen
Mit Livs Eventyr Das Märchen meines Lebens
det gør ikke noget es/das macht nichts
andegård, -en, -e Entenstall
svaneæg, -get, ÷ Schwanenei

Anhang

Liste der unregelmäßigen Verben

Infinitiv	Präsens	Präteritum	Perfekt	Bedeutung*
adlyde	adlyder	adlød	har adlydt	gehorchen
afgive	afgiver	afgav	har afgivet	abgeben
afholde	afholder	afholdt	har afholdt	abhalten
afstå	afstår	afstod	har afstået	verzichten
angribe	angriber	angreb	har angrebet	angreifen
angå	angår	angik	har angået	angehen
ankomme	ankommer	ankom	er ankommet	ankommen
ansætte	ansætter	ansatte	har ansat	anstellen
bede	beder	bad	har bedt	bitten, beten
beholde	beholder	beholdt	har beholdt	behalten
belægge	belægger	belagde	har belagt	belegen
besidde	besidder	besad	har besiddet	besitzen
beskrive	beskriver	beskrev	har beskrevet	beschreiben
bestå	består	bestod	har bestået	bestehen
blive	bliver	blev	er blevet	werden, bleiben
bryde	bryder	brød	har brudt	brechen
burde	bør	burde	har burdet	sollen
bære	bærer	bar	har båret	tragen
bønfalde	bønfalder	bønfaldt	har bønfaldet	anflehen
drikke	drikker	drak	har drukket	trinken
dø	dør	døde	er død	sterben
falde	falder	faldt	er faldet	fallen
fastlægge	fastlægger	fastlagde	har fastlagt	festlegen
finde	finder	fandt	har fundet	finden
findes	findes	fandtes	har fandtes	»es gibt«, existieren
flyve	flyver	fløj	er fløjet	fliegen
forstå	forstår	forstod	har forstået	verstehen
forsvinde	forsvinder	forsvandt	er forsvundet	verschwinden
fortsætte	fortsætter	fortsatte	er fortsat	fortsetzen
fortælle	fortæller	fortalte	har fortalt	erzählen
fremgå	fremgår	fremgik	er fremgået	hervorgehen
færdiggøre	færdiggør	færdiggjorde	har færdiggjort	fertig stellen
følge	følger	fulgte	har fulgt	folgen
få	får	fik	har fået	bekommen
give	giver	gav	har givet	geben
glide	glider	gled	er gledet	gleiten
gribe	griber	greb	har grebet	greifen
grundlægge	grundlægger	grundlagde	har grundlagt	gründen
gøre	gør	gjorde	har gjort	tun, machen
gå	går	gik	er gået	gehen
have	har	havde	har haft	haben
hedde	hedder	hed	har heddet	heißen
hjælpe	hjælper	hjalp	har hjulpet	helfen
holde	holder	holdt	er, har holdt	halten
komme	kommer	kom	er kommet	kommen
kunne	kan	kunne	har kunnet	können
lade	lader	lod	har ladet	lassen
ligge	ligger	lå	har ligget	liegen
lyde	lyder	lød	har lydt	klingen, anhören

lykkes	lykkes	lykkedes	er lykkedes	gelingen
lægge	lægger	lagde	har lagt	legen
løbe	løber	løb	er løbet	laufen
løslade	løslader	løslod	har løsladt	entlassen
modtage	modtager	modtog	har modtaget	empfangen
mødes	mødes	mødtes	har mødtes	sich treffen
måtte	må	måtte	har måttet	dürfen, (müssen)
nyde	nyder	nød	har nydt	genießen
omgive	omgiver	omgav	har omgivet	umgeben
opholde	opholder	opholdt	har opholdt	aufhalten
opstå	opstår	opstod	er opstået	entstehen
optage	optager	optog	har optaget	aufnehmen, belegen
oversætte	oversætter	oversatte	har oversat	übersetzen
påstå	påstår	påstod	har påstået	behaupten
se	ser	så	har set	sehen
ses	ses	sås	har sets	sich sehen
sidde	sidder	sad	har siddet	sitzen
sige	siger	sagde	har sagt	sagen
ske	sker	skete	er sket	geschehen
skrive	skriver	skrev	har skrevet	schreiben
skulle	skal	skulle	har skullet	sollen, müssen
skyde	skyder	skød	har skudt	schießen
skændes	skændes	skændtes	har skændtes	sich zanken
slå	slår	slog	har slået	schlagen
smide	smider	smed	har smidt	werfen, schmeißen
smøre	smører	smurte	har smurt	schmieren
sove	sover	sov	har sovet	schlafen
springe	springer	sprang	er sprunget	springen
spørge	spørger	spurgte	har spurgt	fragen
stige	stiger	steg	er steget	steigen
stikke	stikker	stak	har stukket	stechen, stecken
stjæle	stjæler	stjal	har stjålet	stehlen
stryge	stryger	strøg	har strøget	streicheln, streichen
strække	strækker	strakte	har strakt	strecken
stå	står	stod	har stået	stehen
synes	synes	syntes	har syntes	finden, der Meinung sein
synge	synger	sang	har sunget	singen
sælge	sælger	solgte	har solgt	verkaufen
sætte	sætter	satte	har sat	setzen
tage	tager	tog	har taget	nehmen
tilbringe	tilbringer	tilbragte	har tilbragt	verbringen
tilbyde	tilbyder	tilbød	har tilbudt	anbieten
tilstå	tilstår	tilstod	har tilstået	zugeben
tiltrække	tiltrækker	tiltrak	har tiltrukket	anziehen
turde	tør	turde	har turdet	sich trauen
udgive	udgiver	udgav	har udgivet	herausgeben
udkomme	udkommer	udkom	er udkommet	erscheinen
vide	ved	vidste	har vidst	wissen
ville	vil	ville	har villet	wollen
vinde	vinder	vandt	har vundet	gewinnen
vække	vækker	vakte	har vakt	wecken
vælge	vælger	valgte	har valgt	wählen
være	er	var	har været	sein
ødelægge	ødelægger	ødelagde	har ødelagt	zerstören

*In der Liste ist nur die Hauptbedeutung des jeweiligen Verbs angeführt.

Av, min arm! Vokabeln der einzelnen Lektionen

Lektion 1

en, et [unbest. Art.]	ein
tog, -et, ÷	Zug
mand, -en, mænd	Mann
komme, -r, kom, er kommet	kommen
ind [Adv.]	hinein, herein
i [Präp.]	in
det [Pers.pron.]	er, sie, es
være, er, var, har været	sein
goddag [Int.]	guten Tag
er der, der er	gibt es, es gibt
ledig [Adj.]	frei
plads, -en, -er	Platz
her [Adv.]	hier
tre [Num.]	drei
fint [Adj.]	gut, schön
jeg [Pers.pron.]	ich
have, har, havde, har haft	haben
pladsbillet, -ten, -ter	Platzreservierung
til [Präp.]	für, zu
nummer, -et, numre	Nummer
to [Num.]	zwei
dér [Adv.]	dort, da
sidde, -r, sad, har siddet	sitzen
allerede [Adv.]	schon
pige, -n, -r	Mädchen
men [Konj]	aber
hun [Pers.pron.]	sie
ikke [Adv.]	nicht
lige [Adv.]	gerade
nu [Adv.]	jetzt, nun
hvor [Adv.]	wo
tro (1)	glauben
hente (1)	holen
avis, -en, -er	Zeitung
nok [Adv.]	vermutlich
snart [Adv.]	bald
tilbage [Adv.]	zurück
igen [Adv.]	wieder
tage, -r, tog, har taget	nehmen
den [Pers.pron.]	er, sie, es
lige så god som	genau so gut wie
god, bedre, bedst [Adj.]	gut
kuffert, -en, -er	Koffer
kunne, kan, kunne, har kunnet	können
sætte, -r, satte, har sat	setzen
værsgo [Int.]	bitte
hej [Int.]	hallo
åh [Int.]	oh
undskylde (2)	entschuldigen
din [Poss.pron.]	dein
på [Präp.]	auf
udmærket [Adj.]	ausgezeichnet
hedde, -r, hed, har heddet	heißen
skulle, skal, skulle, har skullet	sollen, müssen
til [Präp.]	nach
dansker, -en, -e	Däne
nej [Int.]	nein
fra [Präp.]	aus, von
Tyskland [Eig.]	Deutschland
tale (2)	sprechen
lidt [Pron.adj.]	etwas, wenig
Frankrig [Eig.]	Frankreich
studere (1)	studieren
dansk	dänisch, Dänisch
hvad [Inter.pron.]	was
Hvad hedder du?	Wie heißt du?
lave (1)	tun, machen
journalist, -en, -er	Journalist
ferie, -n, -r	Urlaub, Ferien
nå [Int.]	aha, so
vi [Pers.pron.]	wir
bo (1)	wohnen
også [Adv.]	auch
af [Adv.]	heraus, aus
farvel [Int.]	auf Wiedersehen

Lektion 2

aften, -en, -er	Abend
de [Pers.pron.]	sie
bil, -en, -er	Auto
holde, -r, holdt, har holdt	halten
foran [Präp.]	vor
hovedbanegård, -en, -e	Hauptbahnhof
hente (1)	holen, abholen
komme, -r, kom, er kommet	kommen
med [Präp.]	mit
ankomme, -r, ankom, er ankommet	ankommen; hier: einfahren
på [Präp.]	auf
tro (1)	glauben
fjols, -et, -er	Dummkopf

selvfølgelig [Adv.]	selbstverständlich
mene (2)	meinen
hvilken, hvilket [Inter.pron.]	welcher
perron, -en, -er	Bahnsteig
vide, ved, vidste, har vidst	wissen
køreplan, -en, -er	Fahrplan
se, -r, så, har set	sehen
ved [Präp.]	an, bei
syv [Num.]	sieben
om [Präp.]	in (temp.)
ti [Num.]	zehn
minut, -tet, -ter	Minute
senere [Adv.]	später
jo [Int.]	doch
hej [Int.]	hallo
og [Konj.]	und
hvordan [Adv.]	wie
Hvordan har du det?	Wie geht es dir?
I [Pers.pron.]	ihr
tak, -ken	Dank
fint [Adj.]	ausgezeichnet, gut; eigtl. ›fein‹
træt [Adj.]	müde
lidt [Pron.adj.]	ein bisschen
gade, -n, -r	Strasse
tage, -r, tog, har taget	nehmen
bagagerum, -met, ÷	Kofferraum
lejlighed, -en, -er	Wohnung
hus, -et, -e	Haus
Nyhavn [Eig.]	Stadtteil in Kopenhagen (›Neuer Hafen‹)

Lektion 3

tirsdag, -en, -e	Dienstag
eftermiddag, -en, -e	Nachmittag
i går	gestern
da [Adv.]	da
mandag, -en, -e	Montag
i dag	heute
ligge, -r, lå, har ligget	liegen
seng, -en, -e	Bett
i morgen	morgen
vågne (1)	aufwachen
fængselscelle, -n, -r	Gefängniszelle
vide, ved, vidste, har vidst	wissen
endnu, ikke endnu [Adv.]	noch, noch nicht
arbejde, -t, -r	Arbeit
næsten [Adv.]	fast
menneske, -t, -r	Mensch
vej, -en, -e	Weg
køre (2), **er kørt**	fahren
bus, -sen, -ser	Bus
kvinde, -n, -r	Frau
barn, -et, børn	Kind
flag, -et, ÷	Flagge, Fahne
tag, -et, -e	Dach
for [Konj.]	denn
prins, -en, -er	Prinz, Prinzgemahl
fødselsdag, -en, -e	Geburtstag
rådhusplads, -en, -er	Rathausplatz
reklamere (1)	werben
for [Präp.]	für
tyve [Num.]	zwanzig
ko, -en, køer	Kuh
mælkeprodukt, -et, -er	Milchprodukt
Amalienborg [Eig.]	Königsschloss in Kopenhagen
dronning, -en, -er	Königin
femten [Num.]	fünfzehn
politi, -et	Polizei
heller ikke	auch nicht
sove, -r, sov, har sovet	schlafen
nemlig [Adv.]	nämlich
klokke, -n, -r	Uhr
tolv [Num.]	zwölf
så [Adv.]	dann
stå, -r, stod, har stået	stehen
stå op, er stået op	aufstehen
bord, -et, -e	Tisch
køkken, -et, -er	Küche
morgenmad, -en	Frühstück
drikke, -r, drak, har drukket	trinken
altid [Adv.]	immer
te, -en	Tee
om morgenen	morgens
sommetider [Adv.]	manchmal
bruge (2)	verwenden; hier: nehmen
mælk, -en	Milch
sukker, -et	Zucker
spise (2)	essen
rundstykke, -t, -r	Brötchen
smør, -ret	Butter
ost, -en, -e	Käse
syltetøj, -et, ÷	Konfitüre
bagefter [Adv.]	nachher, danach
gå, går, gik, er gået	gehen
ned [Adv.]	hinunter
mange [Pron.adj.]	viele
skib, -et, -e	Schiff
havn, -en, -e	Hafen
kamera, -et, -er	Kamera

billede, -t, -r	Bild, Foto
tage billeder af noget	etw. fotografieren, Fotos von etw. machen
af [Präp.]	von, aus
glemme (2)	vergessen
tid, -en, -er	Zeit
ven, -nen, -ner	Freund
hjem [Adv.]	nach Hause
tilbage [Adv.]	zurück
først [Adv.]	zuerst

Lektion 4

da [Konj.]	als
hjemme [Adv.]	zu Hause
mig [Pers.pron.]	mich, mir
igen [Adv.]	wieder
vente (1)	warten
også [Adv.]	auch
om lidt	bald, gleich
hjælpe, -r, hjalp, har hjulpet	helfen
jer [Pers.pron.]	euch
noget [Indef.pron.]	etwas
os [Pers.pron.]	uns
dække (1)	decken
dække bord [f.V.]	den Tisch decken
kniv, -en, -e	Messer
gaffel, gaflen, -ler	Gabel
ligge, -r, lå, har ligget	liegen
skuffe, -n, -r	Schublade
tallerken, -en, -er	Teller
glas, -set, ÷	Glas
skab, -et, -e	Schrank
finde, -r, fandt, har fundet	finden
til højre	rechts
dem [Pers.pron.]	sie, ihnen
hvor [Adv.]	wo
til venstre	links
som [Konj.]	wie
dog [Adv.]	doch, nur
spørge, -r, spurgte, har spurgt	fragen
lyde, -r, lød, har lydt	sich anhören, lauten
næsten [Adv.]	fast
bog, -en, bøger	Buch
begynderbog, -en, -bøger	Anfängerbuch
altså [Adv.]	also
ved du nu hvad! [f.V.]	na, hör mal! mein Gott!
pizza, -en, -er	Pizza
bruge (2)	verwenden
øje, -t, øjne	Auge
stå, -r, stod, har stået	stehen
lige [Adv.]	gerade, eben
foran [Präp.]	vor
dig [Pers.pron.]	dich, dir
måske [Adv.]	vielleicht
hvis [Konj.]	falls, wenn
tage noget af	abnehmen (Brille, Hut), ausziehen, ablegen (Kleidung)
solbriller (Pl.)	Sonnenbrille
et par solbriller	eine Sonnenbrille
efter [Präp.]	nach
tak for mad [f.V.]	danke für das Essen.
velbekomme	bitte
skal nok	(mit *at skulle* drückt *nok* ein Versprechen aus)
tage af bordet [f.V.]	den Tisch abräumen
møde, -t, -r	Sitzung, Treffen
børnehave, -n, -r	Kindergarten
arbejde (1)	arbeiten
undervise (2)	unterrichten
tysk [Adj.]	deutsch, Deutsch
aftenskole, -n, -r	Volkshochschule
først [Adv.]	erst
otte [Num.]	acht
sige, -r, sagde, har sagt	sagen
til [Präp.]	zu, in
hende [Pers.pron.]	sie, ihr
vaske op (1)	spülen
by, -en, -er	Stadt
alene [Adv.]	allein
købe (2)	kaufen
kiosk, -en, -er	Kiosk
begynde (2), **er begyndt**	anfangen, beginnen
læse (2)	lesen
side, -n, -r	Seite
arm, -en, -e	Arm
save (1)	sägen
ved [Präp.]	an, bei
Øresund [Eig.]	Sund zwischen Seeland und Schweden

Lektion 5

under [Präp.]	unter
overskrift, -en, -er	Überschrift
stor, større, størst [Adj.]	groß
grøn [Adj.]	grün
statue, -n, -r	Statue
ung [Adj.]	jung
som [Rel.pron]	der, die, das
sidde, -r, sad, har siddet	sitzen
sten, -en, ÷	Stein
i stedet for [f.V.]	(an)statt
ben, -et, ÷	Bein
lang [Adj.]	lang
fiskehale, -n, -r	Fischschwanz
pæn [Adj.]	hübsch
synes, synes, syntes, har syntes	finden, der Meinung sein
bortset fra	abgesehen von
hale, -n, -r	Schwanz
altså [Adv.]	also
mangle (1)	fehlen
Hun mangler en arm	Ihr fehlt ein Arm
kun [Adv.]	nur
men [Konj.]	aber, sondern
arm, -en, -e	Arm
usmagelig [Adj.]	widerlich, geschmacklos
trussel, truslen, trusler	Drohung
mod [Präp.]	gegen
mystisk [Adj.]	mystisch, verdächtig
gerningsmand, -en, -mænd	Täter
i nat	heute Nacht (vergangene)
havfrue, -n, -r	Meerjungfrau
bekræfte (1)	bestätigen
i morges	heute Morgen
modtage, -r, modtog, har modtaget	erhalten
bronze, -n, -r	Bronze
post, -en	Post, die Post
sammen [Adv.]	zusammen
kort [Adj.]	kurz
brev, -et, -e	Brief
kær [Adj.]	lieb
dræbe (2)	töten
jord, -en	Erde
hav, -et, -e	Meer
dyr, -et, ÷	Tier
babysæl, -en, -er	Heuler
lave (1)	machen
skindpels, -en, -e	Pelz
farlig [Adj.]	gefährlich
true (1)	(be)drohen
hel [Adj.]	ganz
eksistens, -en, -er	Existenz
høre sammen (2)	zusammengehören
eksempel, eksemplet, eksempler	Beispiel
forstå, -r, forstod, har forstået	verstehen
Deres Majestæt	höfliche Anrede für den Monarchen = Eure Majestät
stadig [Adv.]	immer noch
finde på	auf den Gedanken kommen können
gå med	tragen
sælskindskamik, -ken, -ker	lange Stiefel aus Seehundfell
sælskind, -et, ÷	Seehundpelz/-fell
skandale, -n, -r	Skandal
hvis [Konj.]	wenn, falls
ødelægge, -r, ~lagde, har ~lagt	zerstören
måtte, må, måtte, har måttet	müssen
selv [Indef.pron.]	selbst
dø, dør, døde, er død	sterben
denne [Dem.pron.]	dieser
forhåbentlig [Adv.]	hoffentlich
virkningsfuld [Adj.]	wirkungsvoll
advarsel, advarslen, advarsler	Warnung
ellers [Adv.]	sonst
rulle (1)	rollen
hoved, -et, -er	Kopf
aktion, -en, -er	Aktion
mærkelig [Adj.]	merkwürdig
helt [Adv.]	ganz
uhyggelig [Adj.]	unheimlich
land, -et, -e	Land
historie, -n, -r	Geschichte
ganske vist	zwar
altid [Adv.]	immer
lugte (1)	riechen
endnu [Adv.]	noch
lys [Adj.]	hell
udenfor [Adv.]	draußen
beslutte (1)	entschließen
beslutte sig til at	sich zu etw. entschließen
før [Adv.]	bevor
blive, -r, blev, er blevet	werden
for [Adv.]	zu (vor Adj.)
for mørk	zu dunkel
mørk [Adj.]	dunkel
Langelinie [Eig.]	Kai, an dem sich die Kleine Meerjungfrau befindet

Lektion 6

undskylde (2)	entschuldigen
sige, -r, sagde, har sagt	sagen
stå af	aussteigen (aus e-m Bus/ Zug)
næste [Adj.undekl.]	nächst
gang, -en, -e	Mal
stoppe (1), **er stoppet**	(an)halten
den, det (Dem.pron.)	der, die, das
stakkels [Adj., undeklinierbar]	arm
jo [Adv.]	ja
ene [Num., best.]	ein
den ene arm	der eine Arm
trække, -r, trak, har trukket	ziehen
så [Konj.]	so dass
få, -r, fik, har fået	bekommen
gigt, -en	Rheuma
skulder, -en, skuldre	Schulter
vel [Adv.]	wohl, aber
lem, -met, -mer	Glied
bare [Adv.]	nur
sandelig [Adv.]	aber, in der Tat
slem [Adj.]	schlimm
nok [Adv.]	genug
have travlt [f.V.]	es eilig haben, sehr beschäftigt sein
slagte (1)	schlachten
offer, -et, ofre	Opfer
rigtig [Adj.]	richtig
stoppested, -et, -er	Haltestelle
da [Konj.]	als
nå frem til (1)	erreichen
høre (2)	hören
mørkeblå [Adj.]	dunkelblau
vand, -et	Wasser
skvulpe (1)	rauschen, schlagen (Wasser)
se sig om	sich umsehen
stadig [Adv.]	immer noch
rode (1)	wühlen, kramen
et eller andet	irgendetwas
meget [Pron.adj.]	sehr, viel
mystisk [Adj.]	verdächtig
mumle (1)	murmeln
nær, nærmere, nærmest [Adv.]	nah
videre [Adv.]	weiter
pludselig [Adv.]	plötzlich
høj [Adj.]	hoch, laut (in Bezug auf Personen = groß)
sirene, -n, -r	Sirene
ved [Präp.]	bei
først [Adj.]	erst
først nu	erst jetzt
opdage (1)	entdecken
kaste (1)	werfen
noget [Indef.pron.]	etwas
jord, -en	Erde, Boden
så [Adv.]	dann
løbe, -r, løb, er løbet	laufen
løbe væk	weglaufen
hen [Adv.]	hin
til [Präp.]	zu
sæk, -ken, -ke	Sack
tom [Adj.]	leer
hånd, -en, hænder	Hand
stemme, -n, -r	Stimme
bag [Präp.]	hinter
modstand, -en, -e	Widerstand
nytteløs [Adj.]	zwecklos
lov, -en, -e	Gesetz
navn, -et, -e	Name
i lovens navn [f.V.]	im Namen des Gesetzes
anholde, -r, anholdt, har anholdt	festnehmen

Lektion 7

vågne (1), **er vågnet**	aufwachen
sige, -r, sagde, har sagt	sagen
lektion, -en, -er	Lektion
dengang [Adv.]	damals
sove, -r, sov, har sovet	schlafen
bare [Adv.]	einfach
seng, -en, -e	Bett
nok [Adv.]	genug, wohl
tænke (2)	denken
for meget	zu viel
halv [Adj.]	halb
politibetjent, -en, -e	Polizist
følge, -r, fulgte, har fulgt	folgen
følge med (Perf.: er fulgt med)	mitkommen, folgen
grundlovsforhør, -et, ÷	Haftprüfungstermin (24 Stunden nach der Festnahme)
grundlov, -en, -e	Grundgesetz
så [Konj.]	≈ und deshalb
adlyde, -r, adlød, har adlydt	gehorchen
lokale, -t, -r	Zimmer, Raum (kann nicht ›Kneipe‹ bedeuten)

føle (2)	fühlen
sig [reflex. Pron.]	sich
temmelig [Adv.]	ziemlich
skyldig [Adv.]	schuldig
dommer, -en, -e	Richter
oplyse (2)	erläutern, erklären
passer det? (1)	stimmt das?
det vil sige (d.v.s.)	das heißt (d.h.)
misforståelse, -n, -r	Missverständnis
vise (2)	zeigen
lave (1)	machen, tun
rejse (2)	reisen
snakke (1)	reden, sprechen
en eller anden	irgendjemand
derfor [Adv.]	deshalb, darum
ville, vil, ville, har villet	wollen
nemlig [Adv.]	nämlich
lyde, -r, lød, har lydt	sich anhören
aldrig [Adv.]	nie
stamme fra (1)	herstammen
posthus, -et, -e	Post(amt)
røve (1)	rauben, stehlen
million, -en, -er	Million
krone, -n, -r	Name der dänischen Währung, Krone
seddel, sedlen, sedler	Schein
penge (nur Pl.)	Geld
postsæk, -ken, -ke	Postsack
røver, -en, -e	Räuber, Dieb
accent, -en, -er	Akzent
forklare (1)	erklären
netop [Adv.]	eben
venlig [Adj.]	freundlich
fortælle, -r, fortalte, har fortalt	erzählen
tom [Adj.]	leer
fange (1)	fangen
stoppe (1)	aufhören, stoppen
teaterforestilling, -en, -er	Theatervorstellung (hier: ›Hören Sie auf mit dem Theater‹)
holde op, -r, holdt, er holdt op	aufhören
bevise (2)	beweisen
pas, -set, ÷	Pass, Reisepass
rode (1)	wühlen, kramen, stöbern
lomme, -n, -r	Tasche (in Kleidern usw.)
glemme (2)	vergessen
hos [Präp.]	bei
medskyldig [Adj.], **en ~, den ~e**	Komplize
streng [Adj.]	streng
gøre, gør, gjorde, har gjort	tun, machen
tro på nogen/noget (1)	jdm./etw. glauben
banke (1)	klopfen
dør, -en, -e	Tür
før [Adv.]	schon mal

Lektion 8

få øje på	erblicken
vinke (1)	(zu)winken
lægge, -r, lagde, har lagt	legen
lægge mærke til	bemerken
om [Konj.]	ob
kende (2)	kennen
anklaget, en ~, den anklagede	Angeklagter
svare (1)	antworten
møde (2)	treffen
vej, -en, -e	Weg
på vej [f.V.]	auf dem Weg, unterwegs
forstå, -r, forstod, har forstået	verstehen
ikke noget	nichts
heller ingenting	auch nichts
komme, -r, kom, er kommet	kommen
skrive, -r, skrev, har skrevet	schreiben
opgave, -n, -r	Aufgabe, Referat, Aufsatz, Seminararbeit
retsvæsen, -et	Gerichtswesen
endnu [Adv.]	noch
fortsætte, -r, fortsatte, er fortsat	fortsetzen
forhør, -et, ÷	Vernehmung, Verhör
ringe til (1)	anrufen
hviske (1)	flüstern
ved siden af [f.V.]	neben
skynde sig (2)	sich beeilen
ud af	aus
undskyld [Int.]	entschuldigen Sie, Entschuldigung
telefonboks, -en, -e	Telefonzelle
gammel, ældre ældst [Adj.]	alt
anden [Num.]	zweite(r, -s)
forbi [Präp.]	an … vorbei …
supermarked, -et, -er	Supermarkt
bank, -en, -er	Bank (Ökon.)
første [Num.]	erst-
mange tak	vielen Dank
det var så lidt [f.V.]	nichts zu danken, gern geschehen

hurtig [Adj.]	schnell
telefonbog, -en, -bøger	Telefonbuch
ødelagt [Adj.]	zerstört
virke (1)	funktionieren
taste (1)	eingeben, wählen
gnaven [Adj.]	mürrisch, verdrießlich
ret, -ten, -ter	Gericht
ikke nogen	niemand
vist [Adv.]	wahrscheinlich, gewiss, sicherlich
få, -r, fik, har fået	bekommen
gal [Adj.]	falsch
nummer, -et, numre	Nummer
få galt nummer	sich verwählen
fortvivlet [Adj.]	verzweifelt
bede, -r, bad, har bedt	bitten, beten

Lektion 9

sort på hvidt	schwarz auf weiß
for (+ Adj.)	zu (+ Adj.)
alt for mange	viel zu viele
endelig [Adv.]	endlich
rigtig [Adj.]	richtig
adresse, -n, -r	Adresse
mene (2)	meinen
væk [Adv.]	weg
over [Präp.]	über; hier: mehr
døgn, -et, ÷	24 Stunden
kort [Adj.]	kurz
bekymret [Adj.]	besorgt
være bekymret for	sich Sorgen machen
kvarter, -et, ÷	eine Viertelstunde
kvart, -er, -en	Viertel
Klokken er kvart i ni	Es ist Viertel vor neun
ærgrelse, -n, -r	Ärger, Verdruss
tilstå, -r, tilstod, har tilstået	gestehen
skifte (1)	wechseln
ansigt, -et, -er	Gesicht
farve, -n, -r	Farbe
løslade, -r, løslod, har løsladt	entlassen, freilassen
glad [Adj.]	froh
fordi [Konj.]	weil
gæst, -en, -er	Gast
redde (1)	retten
postmester, -en, ~mestre	Amtsvorsteher des Postamts
så [Adv.]	so
tilfreds [Adj.]	zufrieden
bange [Adj.], **være bange for noget**	vor etw. Angst haben, besorgt sein, beunruhigt sein
meget [Pron.adj.]	viel

Lektion 10

al, alt, (Pl.) **alle** [Indef.pron.]	all, alle(r, -s)
enig [Adj.]	einig
være enige om	sich über etw. einig sein
fejre (1)	feiern
løsladelse, -n, -r	Entlassung
skulle, skal, skulle, har skullet	sollen, müssen
arbejde, -t, -r	Arbeit
måtte, må, måtte, har måttet	müssen, dürfen
til [Präp.]	zu
aftale (2)	verabreden, vereinbaren
altså [Adv.]	also
Tivoli [Eig.]	Vergnügungspark in Kopenhagen
om aftenen	am Abend, abends
blive, -r, blev, er blevet	bleiben, werden
politigård, -en, -e	Polizeirevier
sætte sig, -r, satte, har sat	sich setzen
bænk, -en, -e	Bank (zum Sitzen)
lille, (Pl. **små**), **mindre, mindst** [Adj.]	klein
park, -en, -er	Park
træt [Adj.]	müde
snart [Adv.]	bald
falde, -r, faldt, er faldet	fallen
søvn, -en	Schlaf
falde i søvn [f.V.]	einschlafen
mens [Konj.]	während
drømme (2)	träumen
rejse (2)	reisen
møde (2)	treffen
gerne [Adv.]	gern
snakke (1)	reden
stå af, -r, stod, er stået	aussteigen
efterlade, -r, efterlod, har efterladt	hinterlassen
billet, -ten, -ter	Fahrkarte
hverken … eller	weder … noch
koste (1)	kosten (Ökon.)
betale (2)	bezahlen
derfor [Adv.]	darum

arrestere (1)	festnehmen
begge [Dem.pron, Pl.]	beide
først [Adv.]	erst
efter [Präp.]	nach
bare [Adv.]	nur
kunne, kan, kunne, har kunnet	können
igen [Adv.]	wieder
vist [Adv.]	aber, wahrscheinlich
forelske (1)	verlieben
forelske sig i nogen/ noget	sich in jdn./etw. verlieben
gå op for	klar werden
noget går op for én	etw. wird e-m klar
da [Konj.]	als, weil
nå (1)	erreichen, schaffen
hen [Adv.]	hin
sted, -et, -er	Ort, Stelle
arbejdstøj, -et	Arbeitskleidung
være ved at	dabei sein, etwas zu tun
demontere (1)	demontieren
hurtig [Adj.]	schnell
løfte (1)	heben
bære, -r, bar, har båret	tragen
fiskekutter, -en, -e	Fischkutter
anker, -et, ankre	Anker
ligge for anker [f.V.]	ankern
få, færre, færrest [Pron.adj., zählbar]	wenig
kyst, -en, -er	Küste
Sverige [Eig.]	Schweden
gå om bord [f.V.]	an Bord gehen
reparation, -en, -er	Reparatur
midt i	mitten in
turistsæson, -en, -er	Touristensaison
nåh ja [Int.]	ach so, natürlich, verstehe
forsvinde, -r, forsvandt, er forsvundet	verschwinden
retning, -en, -er	Richtung
i retning af	in Richtung
svensk [Adj.]	schwedisch
bedring, -en, -er	Besserung
råbe (2)	rufen
japansk [Adj.]	japanisch
turist, -en, -er	Tourist
mistænksom [Adj.]	misstrauisch
mod [Präp.]	gegen; hier: zu, in
by, -en, -er	Stadt

Lektion 11

torv, -et, -e	Marktplatz
læne sig (1)	sich anlehnen
due, -n, -r	Taube
fodre (1)	füttern
skilt, -et, -e	Tafel
både ... og	sowohl ... als auch
voksen, en voksen, den voksne [Adj.]	erwachsen, ein Erwachsener, der Erwachsene
den ene...den anden	der eine...der andere
fed [Adj.]	fett
end [Konj., nach Komp.]	als
federe end ...	fetter als ...
tyk [Adj.]	dick
snart [Adv.]	bald; hier: fast (= næsten)
ben, -et, ÷	Bein
længere [Adv.]	mehr, länger
vejr, -et	Wetter
fin [Adj.]	schön
sol, -en, -e	Sonne
skinne (1)	scheinen
hel [Adj.]	ganz
varm [Adj.]	warm, heiß
grad, -en, -er	Grad
skygge, -n, -r	Schatten
mange, flere, flest [Pron.adj.]	viele
genere (1)	stören
stærk [Adj.]	stark
varme, -n	Wärme, Hitze
håbe (1)	hoffen
hedebølge, -n, -r	Hitzewelle
snart [Adv.]	bald
holde op, -r, holdt, er holdt	aufhören
rar [Adj.]	nett
berømt [Adj.]	berühmt
regnvejr, -et	Regenwetter
luft, -en	Luft
behagelig [Adj.]	angenehm
efterhånden [Adv.]	allmählich, nach und nach
jo ... jo	je ... um so
natur, -en, -er	Natur
egen, eget (Pl.), **egne** [Adj.]	eigen
logik, -ken, -ker	Logik
nikke (1)	nicken
lidt, mindre, mindst [Pron.adj., unzählbar]	wenig, ein bisschen
nordmand, -en, ~mænd	Norweger/in
have på	tragen, anhaben
kjole, -n, -r	Kleid
endnu [Adv.]	noch
pæn [Adj.]	schön, hübsch
tak for sidst [f.V.]	wörtlich etwa: danke für letztes Mal
køn [Adj.]	hübsch
historie, -n, -r	Geschichte
Det er jo en køn historie [idiom.] ≈	Das ist ja eine schöne Bescherung

sådan [Adv.]	so
grund, -en, -e	Grund
på grund af [f.V.]	aufgrund
nej, hvor ...	Ausdruck der Überraschung, etwa: Wie (blöd)
fjollet [Adj.]	blöd, albern
trods [Präp.]	trotz
trods alt	trotz allem
stjæle, -r, stjal, har stjålet	stehlen
rolig [Adj.]	ruhig
sulten [Adj.]	hungrig
være sulten	Hunger haben
som [Konj., vergleichend]	wie
ulv, -en, -e	Wolf
jamen [Konj., einwendend]	aber

Lektion 12

sige, -r, sagde, har sagt	sagen
radioavis, -en, -er	Nachrichtensendung im Radio
ukendt [Adj.]	unbekannt
gerningsmand, -en, ~mænd	Täter
indtil [Konj.]	bis
ingen [Indef.pron.]	kein, niemand
spor, -et, ÷	Spur
slem, værre, værst [Adj.]	schlimm, schlecht
først [Adv.]	erst
uhyggelig [Adj.]	unheimlich
lille (Pl. små), **mindre, mindst** [Adj.]	klein
efter at [Konj.]	nachdem
halvanden, ~andet [Num.]	anderthalb
komme i tanke om noget [f.V.]	einfallen; etw. fällt jdm. ein
gerne, hellere, helst [Adv.]	gern
netop [Adv.]	eben
nogen, noget, (Pl.) **nogle** [Indef.pron.]	jemand, einige, etwas
jamen [Konj.]	aber (einwendend)
tyv, -en, -e	Dieb
forklæde sig (2)	sich verkleiden
arbejder, -en, -e	Arbeiter
nå, nå [Int.]	hier etwa: ›langsam‹
løbe, -r, løb, er løbet	laufen
noget løber af med én	etw. geht mit e-m durch
ret, -ten	recht
have ret	recht haben
fortælle, -r, ~talte, har ~talt	erzählen
turde, tør, turde, har turdet	wagen, sich trauen
nok bare	≈ vermutlich
idé, -en, -er	Idee
imens [Adv.]	währenddessen
restaurant, -en, -er	Restaurant
derhenne [Adv.]	dort
vente (1)	warten
bestille (2)	bestellen
få se	sehen werden
Vi får se	Wir werden sehen
finde på	einfallen
heldig [Adj.]	Glück haben
terrasse, -n, -r	Terrasse
tjener, -en, -e	Kellner
spisekort, -et, ÷	Speisekarte
forret, -ten, -ter	Vorspeise
alle sammen	alle
stykke, -t, -r	eine Scheibe Brot (mit etw. belegt)
reje, -n, -r	Krabbe, Garnele
hovedret, -ten, -ter	Hauptgericht
flæskesteg, -en, -e	Schweinebraten mit Kruste
rødkål, -en	Rotkohl
lun [Adj.]	lauwarm
frikadelle, -n, -r	Frikadelle
kold [Adj.]	kalt
kartoffelsalat, -en, -er	Kartoffelsalat
brændende kærlighed	›Brennende Liebe‹ (Kartoffelpüree mit Speckwürfeln)
dessert, -en, -er	Dessert, Nachtisch
jordbær, -ret, ÷	Erdbeere
fløde, -n	Sahne
øl, -let	Bier (unzählbar)
øl, -len, ÷	Bier (zählbar)
vin, -en, -e	Wein
meget, mere, mest [Pron.adj.]	sehr, viel
dyr [Adj.]	teuer
Lotto [Eig.]	Lotto
uge, -n, -r	Woche
smage (2)	schmecken, probieren
mæt [Adj.]	satt
tak for mad [f.V.]	danke fürs Essen
velbekomme	≈ nichts zu danken
tur, -en, -e	Fahrt
rutschebane, -n, -r	Achterbahn
teater, -et, teatre	Theater
Pantomime-teateret [Eig.]	das Pantomimetheater im Tivoli
sejle (1)	segeln, fahren
sø, -en, -er	(der) See
Tivolisøen [Eig.]	See im Tivoli

så, så	≈ ›langsam‹, ›beruhigt euch‹
en ting ad gangen	eins nach dem anderen
for resten	übrigens
fin [Adj.]	hier: gut
i orden [f.V.]	in Ordnung
slut [Adj., undeklinierbar]	fertig, vorbei

Lektion 13

dejlig [Adj.]	schön
måske [Adv.]	vielleicht
tilfældig [Adj.]	zufällig
samme [Adj.]	derselbe, der gleiche
vogn, -en, -e	Wagen
bange [Adj., undeklinierbar],	
blive bange	Angst bekommen
klamre sig til (1)	sich klammern an
give, -r, gav, har givet	geben
give slip	loslassen
bruge (2)	verwenden, ausgeben
skydetelt, -et, -e	Schießbude
vinde, -r, vandt, har vundet	gewinnen
papirsrose, -n, -r	Papierrose
nu engang	nun mal
romantisk [Adj.]	romantisch
sted, -et, -er	Stelle, Ort
storby, -en, -er	Großstadt
ses, ses, sås, har set(e)s	sich treffen
stige, -r, steg, er steget	steigen
stige ind	einsteigen
S-tog, -et, ÷	S-Bahn
snakkes ved [f.V.]	sich sprechen
arrestation, en, -er	Verhaftung
røveri, -et, -er	Raub, Raubüberfall
redaktør, -en, -er	Redakteur
love (1)	versprechen
artikel, artiklen, artikler	Artikel
endda [Adv.]	sogar
interview, -et, -er	Interview
Kongeskibet [Eig.]	die königliche Yacht
officiel [Adj.]	offiziell
besøg, -et, ÷	Besuch
fri [Adj.]	frei
sende (2)	übersenden
check, -en, -s	Scheck
lyst, -en, -er	Lust
halvsove, -r, ~sov, har ~sovet	leicht schlafen, dösen
pludselig [Adj.]	plötzlich
prøve (1)	versuchen
lede (2)	suchen
soveværelse, -t, -r	Schlafzimmer
tak for sidst [f.V.]	wörtl.: danke für das letzte Mal
selv tak [f.V.]	≈ nichts zu danken
i lige måde [f.V.]	danke gleichfalls
tage over til	hinüberfahren (nach/zu)
mormor, -en, mormødre	Oma mütterlicherseits
morfar, -en, morfædre	Opa mütterlicherseits
tante, -n, -r	Tante
onkel, onklen, onkler	Onkel
tage med	mitkommen
hellere end gerne [f.V.]	sehr gerne
mon [Adv.]	hier: vielleicht
sikken [Adv.]	als Ausruf: Welch ein …
sammentræf, -fet, ÷	das Eintreten mehrerer voneinander unabhängiger Ereignisse, Zufall
ske, sker, skete, er sket	geschehen
ellers [Adv.]	sonst
billig [Adj.]	billig
roman, -en, -er	Roman
mødes, mødes, mødtes, har mødtes	sich treffen
Strøget [Eig.]	bekannteste Fußgängerzone Kopenhagens
Storkespring-vandet [Eig.]	Springbrunnen auf Strøget
stork, -en, -e	Storch
hej så længe	bis dann

Lektion 14

gågade, -n, -r	Fußgängerzone
påstå, -r, påstod, har påstået	behaupten
oven i købet [f.V.]	obendrein, noch dazu
synge, -r, sang, har sunget	singen
spille (1)	spielen
skændes, skændes, skændtes, har skændtes (2)	sich streiten
elske (1)	lieben
hinanden [Pron.]	einander
atter [Adv.]	wieder
begge dele	beides

på én gang [f.V.]	auf einmal, gleichzeitig
spændt [Adj.]	gespannt
være spændt på noget	auf etw. gespannt sein
sen [Adv.]	spät
folk (ohne Art.)	die Leute
folk, -et, ÷	ein Volk
i hvert fald [f.V.]	auf jeden Fall, jedenfalls
ad [Präp.]	auf, entlang
forbi [Adv./Präp.]	vorbei (an ... vorbei)
billetluge, -n, -r	Schalter
DSB [Eig.]	De Danske Statsbaner (dänische Eisenbahngesellschaft)
dame, -n, -r	Dame
dav [Int.]	hallo
Frederikshåb [Eig.]	Stadt in Grönland
vist [Adv.]	wahrscheinlich; sicherlich
hellere [Adv.]	lieber
SAS [Eig.]	Scandinavian Airlines
Frederiksværk [Eig.]	Stadt auf Seeland
Frederiksstad [Eig.]	Stadt in Norwegen
vrøvlehoved, -et, -er	Quatschkopf
hverken ... eller	weder ... noch
Frederikshavn [Eig.]	Stadt in Jütland
tage, -r, tog, har/er taget	nehmen; hier: fahren, reisen
Kalundborg [Eig.]	Hafenstadt auf Seeland
forskel, -len, -le	Unterschied
sejle (1)	segeln, mit e-m Schiff fahren
både...og	sowohl ... als auch
bro, -en, -er	Brücke
Storebælt [Eig.]	Großer Belt
Lillebælt [Eig.]	Kleiner Belt
stykke, -t, -r	Stück
kunne lide	mögen
lyde, -r, lød, har lydt	sich anhören
faktisk [Adv.]	tatsächlich
herfra [Adv.]	von hier aus
færge, -n, -r	Fähre
middag, -en, -e	Mittag
tidlig [Adj.]	früh
afgang, -en, -e	Abfahrt
passe (1)	passen
Det passer mig fint	Es passt mir gut
enkeltbillet, -ten, -ter	einfache Fahrkarte
returbillet, -ten, -ter	Rückfahrkarte
enkelt [Adj.]	einzeln, einfach
billig [Adj.]	billig, günstig
dobbelt [Adj.]	doppelt
gyldig [Adj.]	gültig
hver for sig [f.V.]	getrennt, jeder für sich
lige	gerade; hier: genau, passend
værsgo [Int.]	bitte schön
desværre [Adv.]	leider
småpenge (Pl.)	Kleingeld
give tilbage	herausgeben
give tilbage på 100 kroner	auf 100 Kronen herausgeben
tusindekroneseddel	Tausendkronenschein
seddel, sedlen, sedler	Schein, Zettel
kø, -en, -er	Stau, Schlange
vare (1)	dauern

Lektion 15

båd, -en, -e	Boot
heldig [Adj.], **være heldig med noget**	(bei etw.) Glück haben
cafeteria, cafeteriet, cafeterier	Cafeteria
madpakke, -n, -r	Lunchpaket
sørge for (1)	sich um etw. kümmern
smørrebrød, -et	Butterbrot
drikkevarer (Pl.)	Getränke
rugbrød, -et, ÷	Roggenbrot
spegepølse, -n, -r	Salami
leverpostej, -en, -er	Leberpastete
torskerogn, -en	Dorschrogen
drikke/spise noget til	etw. dazu essen/trinken
kaffe, -n	Kaffee
gråvejr, -et	trübes Wetter
komme frem	hervorkommen
tåge, -n	Nebel
lette (1)	hier: sich lichten
pege på (1)	auf etw. zeigen
vindue, -t, -r	Fenster
ø, -en, -er	Insel
netop [Adv.]	gerade (temp.)
være ved at	dabei sein, etw. zu tun
trøje, -n, -r	Pullover
discman, -en, discmen	Discman
genkende (2)	wiedererkennen
fløjte, -n, -r	Flöte
flov [Adj.], **være flov over noget**	etw. ist e-m peinlich
dumme sig (1)	sich blamieren
dæk, -ket, ÷	Deck
derude [Adv.]	da draußen
vist [Adv.]	hier: anscheinend
stille [Adj.]	leise
herinde [Adv.]	hier drin
solbad, -et, -e	Sonnenbad
tage solbad [f.V.]	sich sonnen
lede (2)	suchen
lede efter noget	etw. suchen
liggestol, -en, -e	Liegestuhl
fantastisk [Adj.]	phantastisch

syn, -et	Anblick	**først** [Adv.]	zunächst
måge, -n, -r	Möwe	**tænke sig om** (2)	sich überlegen, nachdenken
flyve, -r, fløj, er fløjet	fliegen	**sikker** [Adj.]	sicher
fredelig [Adj.]	friedlich	**være sikker på noget**	sich etw. sicher sein
forsømme (2)	versäumen	**et eller andet sted**	irgendwo
forår, -et, ÷	Frühjahr	**Hvor var det nu, det var?**	Wo war es noch mal?
handle om (1)	handeln von	**våd** [Adj.]	nass
mord, -et, ÷	Mord	**glide, -r, gled, er gledet**	ausrutschen
spændende [Adj.]	spannend	**nå** (1)	schaffen (temp.)
Kattegat [Eig.]	das Meer zwischen Jütland und Schweden	**slå sig, -r, slog, har slået**	sich weh tun
krydse (1)	kreuzen	**hård** [Adj.]	hart
tæt forbi	dicht vorbei an		
rejse sig (2)	aufstehen		

Lektion 16

burde, bør, burde, har burdet	sollen	**javel så** [Int.]	ach so
sygehus, -et, -e	Krankenhaus	**masser af**	jede Menge, eine Menge
taxa, -en, -er	Taxi	**blad, -et, -e**	Zeitschrift, Illustrierte
skadestue, -n, -r	Unfallstation	**intelligent** [Adj.]	intelligent
heldigvis [Adv.]	zum Glück	**kede sig** (1)	sich langweilen
nødvendig [Adj.]	notwendig	**bevæge** (1)	bewegen
papir, -et, -er	Papier	**gøre ondt** [f.V.]	weh tun
problem, -et, -er	Problem	**albue, -n, -r**	Ellenbogen
tur, -en, -e	Reise, Ausflug, Fahrt, Gang	**tør** [Adj.]	trocken
Det er min tur	Ich bin dran/Ich bin an der Reihe	**sikkerhed, -en, -er**	Sicherheit
færdelsulykke, -n, -r	Verkehrsunfall	**bange, være bange for, at ...**	hier: befürchten, dass ...
kryds, -et, ÷	Kreuzung	**brud, -det, ÷**	Bruch
bilist, -en, -er	Autofahrer	**røntgenfotografere** (1)	röntgen
knallert, -en, -er	Moped	**foreløbig** [Adj.]	vorläufig
knallertkører, -en, -e	Mopedfahrer	**gips, -en**	Gips
cyklist, -en, -er	Fahrradfahrer	**lægge i gips**	eingipsen
behandle (1)	behandeln	**få lov til at** [f.V.]	dürfen
med det samme [f.V.]	sofort	**gipsafstøbning, -en, -er**	Gipsabdruck
time, -n, -r	Stunde	**for min skyld** [f.V.]	meinetwegen
læge, -n, -r	Arzt	**venteværelse, -t, -r**	Wartezimmer
se på noget	ansehen, sich etw. ansehen	**stolt** [Adj.]	stolz
hvis [Inter.pron]	wessen (Genitiv von *hvem*)	**masse, -n, -r**	Menge
		signere (1)	signieren
		ægte [Adj.]	echt
		dårlig [Adj.]	schlecht

Lektion 17

formiddag, -en, -e	Vormittag	**have andet at tænke på** [f.V.]	anderes zu tun haben
tilbringe, -r, tilbragte, har tilbragt	verbringen	**barnebarn, -et, børnebørn**	Enkelkind
Den Gamle By [Eig.]	Freilichtmuseum in Århus	**synes godt om** [f.V.]	mögen
biograf, -en, -er	Kino	**gifte sig** (1)	heiraten
sjov [Adj.]	lustig	**oldebarn, -et, oldebørn**	Urenkel
kup, -pet, ÷	Coup	**umulig** [Adj.]	unmöglich
grine (1)	lachen	**grønlandsk** [Adj.]	grönländisch
komme til at tænke på [f.V.]	einfallen; etw. fällt e-m ein	**forening, -en, -er**	Verein

sød [Adj.]	nett
grønlænder, -en, -e	Grönländer
ked [Adj.] **være ked af det/noget**	bedauern, traurig sein, etw. tut e-m Leid
true nogen på livet	jdn. mit dem Tode bedrohen
beskrivelse, -n, -r	Beschreibung
fascinerende [Adj.]	faszinierend
naturprodukt, -et, -er	Naturprodukt
støvle, -n, -r	Stiefel
sæl, -en, -er	Seehund
skyde, -r, skød, har skudt	schießen
fanger, -en, -e	Fänger
i tusinder af år	jahrtausendelang
oplysning, -en, -er	Auskunft
sende (2)	senden
gå (en) tur [f.V.]	e-n Spaziergang machen
fiskekutter, -en, -e	Fischkutter
malerisk [Adj.]	malerisch
lys, -et, ÷	Licht
bestemme (2)	sich entscheiden
museum, museet, museer	Museum
hvile sig (1)	sich ausruhen
brække (1)	brechen
skraldespand, -en, -e	Mülleimer
bemærke (1)	bemerken
fiske op (1)	herausangeln
forside, -n, -r	Titelseite
bogstav, -et, -er	Buchstabe
halshugge (1)	köpfen

Lektion 18

sand [Adj.]	wahr
passe (1)	stimmen
nuværende [Adj.]	jetzig
derimod [Adv.]	dagegen
Margrethe I	Königin von Dänemark (1353 – 1412)
sag, -en, -er	Sache, Fall
passe på (1)	aufpassen
gemme sig (2)	sich verstecken
forveksle (1)	verwechseln
fuldstændig [Adj.]	völlig
blind [Adj.]	blind
virkelighed, -en, -er	Wirklichkeit
vende sig om (2)	sich umdrehen
forskrække (1)	erschrecken
fisker, -en, -e	Fischer
fiskerbåd, -en, -e	Fischerboot
springe, -r, sprang, er sprunget	springen
springe over noget	etw. sein lassen
låne (2)	leihen, ausleihen
sommerhus, -et, -e	Ferienhaus
endelig [Adv.]	endlich; hier: unbedingt
besøge (2)	besuchen
vel nok	hier: aber
hyggelig [Adj.]	gemütlich, hier: schön
bedstemor, -en, bedstemødre	Großmutter
bruge (2)	hier: brauchen, gebrauchen
beholde, -r, beholdt, har beholdt	behalten
rødspætte, -n, -r	Scholle
domkirke, -n, -r	Dom
ødelægge, -r, ødelagde, har ødelagt	zerstören
politistation, -en, -er	Polizeiwache
sælge, -r, solgte, har solgt	verkaufen
dannebrogsflag, -et, ÷	dänische Fahne; *Dannebrog* ist der Name der dänischen Fahne
vise sig at være	sich herausstellen als
politimester, -en, ~mestre	Polizeipräsident
interviewe (1)	interviewen
dreje sig om (1)	sich um etw. drehen, um etw. gehen
psykisk [Adj.]	psychisch
forstyrret [Adj.]	gestört
person, -en, -er	Person
afhugge (1)	abschlagen, abhauen
legemsdel, -en, -e	Körperteil
justitsminister, -en, ~ministre	Justizminister
amnesti, -en, -er	Amnestie
melde sig (2)	sich stellen, sich melden
frivillig [Adj.]	freiwillig
alt i alt [f.V.]	alles in allem
trist [Adj.]	traurig
pølsevogn, -en, -e	Wurststand, Wurstbude
hotdog, -gen, -s	Hotdog
grillkylling, -en, -er	Brathähnchen
forårsrulle, -n, -r	Frühlingsrolle
mad, -en	Essen
tørstig [Adj.]	durstig
være tørstig	Durst haben
aller-	aller-
til allersidst	zu allerletzt
danskvand, -en, ÷	Mineralwasser
middag, -en, -e	Mittag; hier: Mahlzeit

Lektion 19

sommerferie, -n, -r	Sommerurlaub
holde ferie [f.V.]	Urlaub machen
selv om [Konj.]	obwohl
køretur, -en, -e	Fahrt
midnatssol, -en	Mitternachtssonne
grill, -en, -er	Grill
pølse, -n, -r	Wurst
for første, anden, ... gang	zum ersten, zweiten, ... Mal
strand, -en, -e	Strand
hollandsk [Adj.]	holländisch
norsk [Adj.]	norwegisch
forretning, -en, -er	Geschäft
lykkes, lykkes, lykkedes, er lykkedes	gelingen
psykiatrisk [Adj.]	psychiatrisch
hospital, -et, -er	Klinik, Krankenhaus
antiroyalistisk [Adj.]	antiroyalistisch
samling, -en, -er	Sammlung
fotografi, -et, -er	Fotografie
systematisk [Adj.]	systematisch
klippe (1)	schneiden
lager, -et, lagre	Lager
imitere (1)	imitieren
sælskindspels, -en, -e	Seehundfell
fanatisk [Adj.]	fanatisch
miljøforkæmper, -en, -e	Umweltaktivist
simpel [Adj.]	einfach, gemein
profitmager, -en, -e	Profitmacher
en smule [undeklinierbar]	ein bisschen
skør [Adj.]	verrückt
undersøge (2)	untersuchen
faxe (1)	faxen
affære, -n, -r	Affäre
afslutte (1)	abschließen, beenden
slappe af (1)	sich entspannen
bade (1)	baden
Vesterhavet [Eig.]	die Nordsee entlang der jütländischen Küste
tordne (1)	donnern
regne (1)	regnen
indendørs [Adj., undeklinierbar]	drinnen
hygge sig (1)	es sich gut gehen lassen
Matador [Eig.]	Monopoly
hotel, -let, -ler	Hotel
eje (1)	besitzen
Vimmelskaftet [Eig.]	Straße in Kopenhagen, Teil von Strøget
bryggeri, -et, -er	Brauerei
sidde i fængsel [f.V.]	im Gefängnis sitzen
lysbillede, -t, -r	Dia
sne (1)	schneien
fejl, -en, ÷	Fehler
skiferie, -n, -r	Skiurlaub
vinter, -en, vintre	Winter
ski, -en, ÷	Ski
lillebror, -en, lillebrødre	kleiner Bruder
se på	sehen an
kasse, -n, -r	Kiste, Kasse
dum [Adj.]	dumm, doof

Lektion 20

straks [Adv.]	sofort
forsigtig [Adj.]	vorsichtig
eftermiddags-kaffe, -n	Nachmittagskaffee
flødekage, -n, -r	Sahnetörtchen
køleskab, -et, -e	Kühlschrank
ingenting [Indef.pron.]	nichts
have noget imod [f.V.]	etw. gegen etw. haben
af sted	los
aflevere (1)	abgeben
tanke op (1)	tanken
parkere (1)	parken
se ud til [f.V.]	scheinen
kravle (1)	klettern
kigge (1)	sehen, gucken
jernstang, -en, ~stænger	Eisenstange
låg, -et, ÷	Deckel
løgn, -en, -e	Lüge
Det er det rene løgn	Das ist eine glatte Lüge
hvad fanden [ugs.]	was zum Teufel
kahyt, -ten, -ter	Kajüte
skummel [Adj.]	unheimlich, verdächtig
det kommer ikke dig ved [f.V.]	das geht dich nichts an
tilkalde (2)	herbeirufen
tilkalde politiet/en ambulance	die Polizei/einen Krankenwagen rufen
tænke sig (2)	hier: etw. vorhaben
snushane, -n, -r	Schnüffler
last, -en, -er	Lastraum, Last
svømme (1)	schwimmen
forbryder, -en, -e	Verbrecher
starte (1)	hier: anlassen
motor, -en, -er	Motor
kaste los (1)	los machen, ablegen (Schifffahrt)
stikke, -r, stak, har stukket	stechen

stikke af, er stukket af	abhauen
kaj, -en, -er	Kai
reagere (1)	reagieren
hidsighed, -en	Jähzorn
gå løs på nogen [f.V.]	auf jdn. losgehen
smide, -r, smed, har smidt	schmeißen
angribe, -r, angreb, har angrebet	angreifen
skægget [Adj.]	bärtig
plaske (1)	planschen
rundt [Adv.]	umher
grumset [Adj.]	trüb
hoppe (1)	hüpfen, springen
tilbagebleven [Adj.]	zurückgeblieben
gribe, -r, greb, har grebet	greifen, packen
trænge (2)	drängen
trænge én op i en krog	jdn. in eine Ecke drängen
krog, -en, -e	Ecke

Lektion 21

blive ved med at [f.V.]	weiterhin etw. tun
klar [Adj.]	hier: bereit
gøre sig klar	sich bereit machen
ordentlig [Adj.]	ordentlich; hier: gewaltig
slag, -et, ÷	Schlag, Hieb
slå ud	ausschlagen
til side	zur Seite
skibsdæk, -ket, ÷	Schiffsdeck
denne gang	diesmal
idet [Konj.]	indem, als
ramme (2)	treffen
ren [Adj.]	rein, sauber; hier: total
knockout, -en, -er	Knockout
ubevægelig [Adj.]	unbeweglich
sejle sin egen sø [idiom.]	sich selbst überlassen sein
ror, -et, ÷	Ruder
sætte sig fast	sich festsetzen, sich verkanten
tøffe (1)	tuckern
cirkel, cirklen, cirkler	Kreis, Zirkel
ikke spor	nicht im geringsten, überhaupt nicht(s)
have forstand på noget [f.V.]	sich auf etw. verstehen
slukke for (1)	ausstellen, ausmachen
i ring	im Kreis
Falck [Eg.]	der Rettungsdienst in Dänemark
redder, -en, -e	Retter
tiltrække, -r, tiltrak, har tiltrukket	anziehen
optrin, -et, ÷	kurzes, ungewöhnliches Ereignis
klappe (1)	applaudieren
kys, -set, ÷	Kuss
havmand, -en, ~mænd	Meermann
kærlig [Adj.]	zärtlich, liebevoll,
stryge, -r, strøg, har strøget	streicheln
hår, -et	Haar
turistchef, -en, -er	Leiter des Fremdenverkehrsamtes
dukke op (1)	auftauchen
bag lås og slå [idiom.]	hinter Gittern
for sin egen skyld [f.V.]	seinet-, ihretwegen
pengeseddel, ~sedlen, ~sedler	Geldschein
fjerne (1)	entfernen
snedig [Adj.]	schlau
organisere (1)	organisieren
skandinavisk [Adj.]	skandinavisch
forbryderbande, -n, -r	Verbrecherbande
hovedkvarter, -et, -er	Hauptquartier
psykiater, -en, psykiatre	Psychiater
udnytte (1)	ausnützen
snu [Adj.]	schlau
eneret, -ten	Alleinrecht
øjenvidneskildring, -en, -er	Augenzeugenbericht
turistattraktion, -en, -er	Touristenattraktion
bryllupsfest, -en, -er	Hochzeitsfest
franskmand, -en, franskmænd	Franzose, Französin
langvarig [Adj.]	lange dauernd
levertranskur, -en, -e	Lebertrankur
lykønskning, -en, -er	Gratulation, Glückwünsche
stipendium, stipendiet, stipendier	Stipendium
forhold, -et, ÷	Beziehung
korrespondent, -en, -er	Korrespondent, Berichterstatter
ugeblad, -et, -e	Wochenzeitschrift
verdensberømt [Adj.]	weltberühmt
bestseller, -en, -e	Bestseller
oplevelse, -n, -r	Erlebnis
utrolig [Adj.]	unglaublich
spændende [Adj.]	spannend
eksemplar, -et, -er	Exemplar
leve (1)	leben
lykkelig [Adj.]	glücklich
ende, -n, -r	Ende
til deres dages ende [idiom.]	bis ans Ende ihrer Tage

Erläuterungen zu den Vokabellisten

Substantive, Angaben zur Deklination

pige, -n, -r	= en pige, pigen, piger
plads, -en, -er	= en plads, pladsen, pladser
tog, -et, ÷	= et tog, toget, tog (Plural gleich Singular)
forstand, -en	= en forstand, forstanden (keine Pluralform)
billet, -ten, -ter	= en billet, billetten, billetter (Konsonantenverdoppelung)
bedstefar, -en, ~fædre	= en bedstefar, bedstefaren, bedstefædre

Verben, Angaben zur Konjugation

(1)gibt die Konjugation *-ede* (Präteritum) bzw. *-et* (Part. Perf.) an:
Beispiel: hente (1) = hente, henter, hent*ede*, har hent*et*

(2)gibt die Konjugation *-te* (Präteritum) bzw. *-t* (Part. Perf.) an:
Beispiel: købe (2) = købe, køber, køb*te*, har køb*t*

In der Vokabelliste werden schwache Verben, die mit *at have* konjugiert werden, ohne Hilfsverb angegeben. In anderen Fällen wird das Hilfsverb mit angeführt.

Adjektive/Adverbien, Angaben zur Komparation

høj [Adj.]	regelmäßige Komparation
stor, større, størst [Adj.]	unregelmäßige Komparation

Hinweise

(L.4) Vokabel tritt erstmals im Lektionstext der Lektion 4 auf
(W.8) Vokabel findet sich unter *Wortschätze* der Lektion 8
(R.12) Vokabel tritt im landeskundlichen Text (Realia) der Lektion 12 auf
(G.9) Wird im grammatischen Teil der Lektion 9 behandelt

Es wird auf das erste Vorkommen einer Vokabel in den Lektionstexten hingewiesen, auch wenn sie schon in anderen Textteilen (Wortschätze oder Landeskunde) angeführt ist.

Abkürzungen

Adj.	Adjektiv	Indef.pron.	Indefinitpronomen	Pl.	Plural
Adv.	Adverb	indir. Obj.	indirektes Objekt	pol.	politisch
Art.	Artikel	Int.	Interjektion	Poss.pron.	Possessivpronomen
best.	bestimmt	Inter.pron.	Interrogativpronomen	Präp.	Präposition
Dem.pron.	Demonstrativpronomen	jdm.	jemandem	Pron.	Pronomen
		jdn.	jemanden	Pron.adj.	Pronominaladjektiv
dep. Vb.	deponentes Verb	jds.	jemandes	reflex.	reflexiv
dir. Obj.	direktes Objekt	jur.	juristisch	Rel.pron.	Relativpronomen
e-m	einem	kond.	konditional	rez. Vb.	reziprokes Verb
e-n	einen	Konj.	Konjunktion	s.	siehe
Eig.	Eigenname	Komp.	Komparativ	Sg.	Singular
eigtl.	eigentlich	Num.	Numerale, Zahlwort	Subst.	Substantiv
etw.	etwas	od.	oder	temp.	temporal
f.V.	feste Verbindung	Ökon.	Ökonomie	ugs.	umgangssprachlich
gastron.	gastronomisch	Part.	Partizip	unbest.	unbestimmt
Gen.	Genitiv	Perf.	Perfekt	vgl.	vergleiche
idiom.	idiomatisch	Pers.pron.	Personalpronomen	wörtl.	wörtlich

Zeitangaben

1. Gegenwart und Zukunft

i dag	heute
i eftermiddag	heute Nachmittag
i aften	heute Abend
i nat	heute Nacht
i morgen	morgen
i overmorgen	übermorgen
i weekenden	am Wochenende
i år	dieses Jahr
(i) næste uge	nächste Woche
på mandag, ...	am Montag, ...
mandag morgen	am Montagmorgen
mandag eftermiddag	am Montagnachmittag
mandag aften	am Montagabend
om lidt	bald
om en time	in einer Stunde
om nogle dage	in einigen Tagen
om to år	in zwei Jahren
til vinter	im Winter
til sommer	im Sommer
til oktober, ...	im Oktober
(til) næste år	nächstes Jahr

2. Vergangenheit

i morges	heute Morgen
i formiddags	heute Vormittag
i eftermiddags	heute Nachmittag
i går	gestern
i forgårs	vorgestern
i går morges	gestern Morgen
i går eftermiddags	gestern Nachmittag
i går aftes	gestern Abend
i mandags, ...	am Montag, ...
i weekenden	am Wochenende
(i) sidste uge	letzte Woche
(i) sidste måned	letzten Monat
i 1999	(im Jahre) 1999
sidste år	letztes Jahr
for en uge siden	vor einer Woche
for to år siden	vor zwei Jahren
for fem minutter siden	vor fünf Minuten
for lidt siden	vor kurzem

3. Wiederkehrende Zeit

om dagen	am Tag, tagsüber
om morgenen	morgens
om aftenen	abends
om natten	nachts
om mandagen, ...	montags, ...
mandag aften, ...	montagabends, ...
en gang om ugen	ein Mal die Woche
i weekenden	am Wochenende

Grammatikregister

Finnisch: Lehrwerk »Yksi, kaksi, kolme«

Senja Riekkinen-Gebbert

Yksi, kaksi, kolme
Finnisch für Deutschsprachige

Lehrbuch: 2003, 20,5 x 29,2cm, 224 Seiten, Fadenheftung, broschiert, 3-934106-23-4; € 18,60

Schlüssel: 2003, 17 x 24 cm, 40 Seiten, 3-934106-24-2; € 6,60

Audio-CD m. den Lektionstexten: 2003, 59'28 Min., 3-934106-25-0; € 14,80

»Paket« (= Lehrbuch, Schlüssel + CD): 3-934106-28-5; € 35,-

»Yksi, kaksi, kolme« ist für den Anfängerunterricht, vor allem an Volkshochschulen, konzipiert und führt den Lernenden anhand zahlreicher Alltagssituationen auf der Grundlage der kommunikativen Methode an das Finnische heran. Schon nach kurzer Zeit sind die Lernenden in der Lage, einfache Sätze zu verstehen und zu bilden. Die 12 Lektionen bestehen jeweils aus einem Dialogteil mit typischen Alltagssituationen, einem umfangreichen Übungsteil, einem landeskundlichen Text in deutscher Sprache sowie den Vokabeln. Der Wortschatz, der am Ende des Buches noch einmal in alphabetischer Reihenfolge erscheint, umfasst etwa 800 Vokabeln. Zur Ergänzung des Lehrbuchs liegen ein Schlüssel und eine Audio-CD vor. Somit eignet sich das Lehrwerk auch sehr gut zum Selbststudium.

»Sisulla eteenpäin!«

Senja Riekkinen-Gebbert

Yksi, kaksi, kolme 2
Finnisch für Deutschsprachige

Lehrbuch: 2004, 20,5 x 29,2cm, 260 Seiten, Fadenheftung, broschiert, 3-934106-31-5; € 22,80

Schlüssel: 2004, 17 x 24cm, 58 Seiten, 3-934106-32-3; € 6,60

Audio-CD: mit den Lektionstexten. 2004, 79'35 Min., 3-934106-33-1; € 15,80

»Paket« (= Lehrbuch, Schlüssel + CD), 3-934106-34-X; € 39,80

Der 2. Teil des Lehrwerks »Yksi, kaksi, kolme« setzt die bewährte Methode des kommunikativen Lernens fort. Nachdem die Lernenden in Teil 1 leichte Sätze verstehen und bilden sowie einfache Gespräche führen können, werden sie in Teil 2 in die Lage versetzt, sich in typischen Situationen angemessen zu verständigen, an Gesprächen über vertraute Themen teilzunehmen und einfache Texte zu schreiben und zu verstehen. Die 12 Lektionen bestehen aus einem Dialogteil, einem umfangreichen Übungsteil mit jeweils einer Hörübung, einem landeskundlichen Text in deutscher Sprache sowie den Vokabeln. Einige Lektionen enthalten darüber hinaus kurze Texte, um die Lernenden auch an andere Textformen heranzuführen. Ein wichtiger Aspekt ist erneut die gezielte Wiederholung von Vokabeln und Grammatik.

Dr. Ute Hempen Verlag, Carl-Schurz-Str. 87, D-28209 Bremen, Tel: +49/(0)421/3479901
Fax: +49/(0)421/341566, www.hempen-verlag.de, ute.hempen@hempen-verlag.de

Randi Rosenvinge Schirmer

Et år i Norge

Norwegisch für Deutschsprachige

Lehrbuch
2001, 2. Aufl. 2003. 17x24cm, XVI, 274 S.
Fadenheftung, broschiert, € 18,80; 3-934106-15-3

Schlüssel
2001. 17x24cm, 64 S., € 6,60; 3-934106-16-1

Audio-CD
2001. Laufzeit: 68'19 Min., € 13,80; 3-934106-18-8

Paket
Lehrbuch, Schlüssel und Audio-CD zusammen: € 34,80; 3-934106-19-6

»Et år i Norge« richtet sich speziell an deutschsprachige Lernende. In den 23 Lektionen verschlägt es die Hauptfiguren des Buches in die unterschiedlichen Regionen Norwegens, in einem weiteren Textteil werden jeweils landeskundliche Themen behandelt, die uns die norwegische Kultur, Geschichte und Küche näherbringen.
In jeder Lektion finden sich darüber hinaus Ausdrucksweisen bzw. Redewendungen zu ausgewählten Themenbereichen. Die Grammatik wird präzise und verständlich erläutert, zahlreiche abwechslungsreiche Übungen vertiefen das Gelernte. Mit mehr als 2200 Vokabeln wird ein umfassender Grundwortschatz vermittelt, der am Ende des Buches noch einmal in alphabetischer Reihenfolge erscheint.
Der Schlüssel zu den Übungen sowie die Audio-CD mit den Lektionstexten machen »Et år i Norge« zu einem Lehrwerk, das sich auch zum Selbststudium sehr gut eignet.

Et år i Norge – Ergänzungen zum Lehrwerk:

Kurzgrammatik - Deutsch-norwegischer Wortschatz

2005. 17x24cm, 96 Seiten, Fadenheftung, Broschur. 3-934106-39-0, € 9,80

In der Kompaktgrammatik sind die grammatischen Themen, die im Lehrbuch nach päda-gogischen Gesichtspunkten »verstreut« in den einzelnen Lektionen behandelt werden, systematisch zusammengefasst.

Das Wörterverzeichnis dient dem schnellen Nachschlagen von Wörtern, die im Lehrbuch eingeführt worden sind. Die norwegischen Begriffe sind mit grammatischen Hinweisen versehen, die dem deutschen Leser die notwendigen Informationen zur korrekten Formenbildung an die Hand geben.

Tilleggsøvelser - Zusatzübungen (mit CD)

2005. 17x24cm, 96 Seiten, Fadenheftung, Broschur. 3-934106-38-2, € 15,80

Die »Tilleggsøvelser« bestehen aus schriftlichen Übungen und einer CD mit Aussprache- und Grammatikübungen. Bei den Übungen sind jeweils drei Lektionen des Lehrbuchs zu einem Kapitel zusammengefasst, das jeweils eine Übersetzungsübung, eine Hörverständnisübung und ein Diktat sowie Grammatikübungen enthält. Auf der CD finden Sie zunächst Ausspracheübungen zu den ersten 4 Lektionen des Lehrbuchs, danach folgt eine Auswahl von Grammatikübungen.

Dr. Ute Hempen Verlag, Carl-Schurz-Str. 87, D-28209 Bremen, Tel: +49/(0)421/3479901
Fax: +49/(0)421/341566, www.hempen-verlag.de, ute.hempen@hempen-verlag.de